Mai 68 et ses vies ultérieures

« Ouvrage traduit avec le concours du Centre national du livre »

ISBN 2-8048-0020-2
D/1638/2005/4

Kristin Ross

Mai 68
et ses vies ultérieures

Traduit de l'anglais par Anne-Laure Vignaux

« Questions à l'Histoire »

EDITIONS COMPLEXE

Le Monde diplomatique

Remerciements

L'idée de ce livre vient à l'origine de Adrian Rifkin, qui m'a pressée de l'écrire, mais ne devrait pas craindre d'être tenu responsable du résultat. Je le remercie, ainsi que Donald Reid, Alice Kaplan, Fredric Jameson, les membres du groupe d'écriture Molly Nesbit, Anne Higonnet et Margaret Cohen, et enfin, Gloria Kury pour leur soutien de la première heure. Jean Chesnaux, Jean-Louis Comolli, Paol Keineg, Annette Michelson, Andrew Ross, Michel Trebitsch, Steven Ungar et Jay Winter m'ont donné de précieux conseils de recherche dans les moments cruciaux. Mes remerciements vont également à Denis Echard, à Adrian et à Jonathan Strong pour leurs lectures attentives et critiques du manuscrit tout entier.

Mes recherches dans le cadre de ce projet ont bénéficié du soutien généreux de la Fondation Simon Guggenheim, du *National Endowment for the Humanities* et de l'Université de New York. Je dois aussi à l'*Institute for Advanced Study* de Princeton une bourse d'un an qui m'a permis d'écrire l'essentiel de ce livre dans un environnement agréable et stimulant, tout en ayant accès aux ressources et à l'assistance d'une équipe de bibliothécaires dévoués. En France, j'ai reçu l'aide gracieuse de l'équipe de la BDIC de Nanterre, du Centre de recherche de l'histoire des mouvements sociaux et du syndicalisme, de l'ISKRA et de l'Institut d'histoire du temps présent. Ce fut un plaisir de travailler avec mon éditrice, Susan Bielstein, et ses collègues de la Chicago University Press, responsables de la production de l'ouvrage.

Pour leur énergie intellectuelle et leur engagement enthousiaste dans ce projet, je suis également très reconnaissante à Harry Harootunian, Alice Kaplan et Joan Scott, qui ont non seulement relu la totalité du manuscrit, mais aussi plusieurs brouillons progressifs. Leurs propos, leurs critiques et leurs exemples m'ont fait aborder des points que j'avais esquivés et reconsidérer certains autres que j'avais pris pour des certitudes. Je remercie spécialement Harry, un compagnon de voyage, pour les bons moments passés pendant la préparation et l'écriture de ce livre. B. et W., votre absence m'a aidée autant que votre présence !

Enfin, je voudrais dédier ce livre à une lectrice attentive, Anita Brown Ross, et à un esprit éclairé, Walter Ross.

Pour la traduction française, je tiens à remercier Geneviève Sellier, pour le soutien qu'elle m'a apporté, Gretchen Linder, de l'université de Chicago, pour la ténacité dont elle a fait preuve, et j'adresse un remerciement particulier à Aurore Labenheim, pour sa contribution à la présente version.

Introduction

Je ne connais pas d'épisode de l'histoire de France qui me donne au même degré le sentiment de l'irrationnel.
(Raymond Aron, 1968)

L'important, c'est que l'action ait eu lieu, alors que tout le monde la jugeait impensable. Si elle a eu lieu cette fois-ci, elle peut se reproduire...
(Jean-Paul Sartre, 1968)

L'objectif de cet ouvrage n'est pas d'apporter une pierre supplémentaire à l'immense édifice des représentations de Mai 68. Il se soucie plus de la France des années 2000 que de celle de 1968, s'intéresse davantage à l'écho qu'au bruit et à la fureur. Son objet est de montrer comment l'événement en lui-même s'est trouvé dépassé par ses représentations successives, comment son statut événementiel a résisté aux tentatives d'annihilation, à l'amnésie sociale et aux assauts conjugués des sociologues et des ex-leaders étudiants qui, tour à tour, ont voulu l'interpréter ou en réclamer le monopole.

Mon intention n'est pas de faire l'inventaire des erreurs et des réalisations de Mai 68, ni de faire la démonstration des « leçons » que l'on pourrait en tirer. J'utilise l'expression « vies ultérieures » pour bien marquer que ce que l'on désigne aujourd'hui comme « les événements de Mai 68 » ne peut être considéré indépendamment de la mémoire et de l'oubli collectifs qui les entourent. C'est l'histoire des manifestations concrètes de ce couple mémoire/oubli que je souhaiterais retracer dans ce livre. Trente ans après, la gestion de la mémoire de Mai 68 – ou, autrement dit, la façon dont les commentaires et les interprétations ont fini par vider l'événement de ses dimensions politiques – est au centre même de sa perception historique.

Lorsque l'on aborde le problème de la mémoire collective du passé, si proche soit-il, force est de constater que notre approche de l'ensemble des mécanismes de la mémoire sociale est directement issue de l'analyse de cet autre événement de masse que constitue la Seconde Guerre mondiale. C'est à partir de l'analyse de ce moment crucial de l'Histoire que s'est créée « l'industrie de la mémoire » qui caractérise de nos jours l'érudition contemporaine, en France comme ailleurs. Les composantes du désastre – catastrophe, massacres organisés, atrocités, collaboration, génocide – ont à leur tour permis à certaines catégories de pathologie psychanalytique – comme le « trauma » ou le « refoulement » – de gagner une légitimité croissante comme instruments d'investigation de la mémoire collective, de ses excès comme de ses déficiences. Cette intrusion du psychologique dans l'histoire nous a, je pense, fait perdre l'habitude de comprendre, ou même de percevoir, tout « événement de masse » en dehors des catégories « catastrophe » ou « extermination de masse ». Autrement dit, la notion de « masses » ne s'entend plus comme une « masse de gens prenant ensemble en charge leur existence collective » mais signifie désormais « masse de cadavres ».

Que cette transposition se justifie ou non dans le cas de la Seconde Guerre mondiale – de récents travaux de Peter Novick et Norman Finkelstein ont critiqué son usage, tout au moins dans le contexte américain[1] –, elle m'a semblé tout à fait inappropriée dans le cadre de l'histoire de Mai 68, qu'il me paraît difficile d'associer à des catégories telles que « trauma » ou « refoulement », tant à l'échelle individuelle que collective. Il est impossible de traduire par des termes pathologiques la gamme d'émotions – plaisir, pouvoir, excitation, bonheur, désillusion – généralement associées aux années 1960 : ces termes ne peuvent rien nous apprendre, ou si peu, sur la manière dont le passé politique récent s'inscrit dans la mémoire ou sombre dans l'oubli, ou sur la façon dont la culture politique – de gauche en particulier – s'est trouvée remaniée, reconfigurée ou encore brouillée.

Il est certain que dans l'histoire sociale, et notamment parmi les historiens du mouvement ouvrier, la manière d'aborder ces questions a évolué. Mais jusqu'à présent, le problème de la mémoire a été majoritairement formulé, dans cette discipline, en termes de renforcement de l'*identité* : il s'agit, dans cette perspective, de renouer des liens générationnels afin de confirmer la permanence d'un sous-groupe ou d'une sous-culture donnés ; ou encore, de consolider les schémas traditionnels – habitudes, modes de vie ou pratiques sociales – qui cimentent une identité sociale particulière – comme celles, par exemple, des militants, des habitants d'un quartier déterminé, des populations rurales ou encore des membres d'un groupe religieux. Dans un tel système, la mémoire est réduite à une propriété inaliénable dont le seul but serait d'affirmer, ou, le cas échéant, de réaffirmer les spécificités des différents corps sociaux auxquels elle appartient ; elle n'est plus alors qu'un simple instrument au service d'une conquête (d'une reconquête) d'identité, qui tend de plus en plus à se restreindre à la notion étroite d'identité « ethnique » ou « régionale ».

Pourtant, Mai 68 ne trouve pas ses origines profondes dans le groupe social – « étudiants » ou « jeunesse », au choix – qui l'a lancé, et avec lequel, en définitive, il n'a pas grand-chose à voir. Il semble davantage lié à un mécanisme de fuite face aux déterminations imposées par la société, qui s'enracine certainement dans une mobilité sociale exacerbée par le divorce entre subjectivité politique et groupe social. De nombreuses personnes perdent alors la place qui leur était traditionnellement assignée. Ce que l'on oublie trop souvent avec Mai 68 est davantage lié à la promotion du politique née de la destruction de l'identité sociale qu'à la perte d'habitudes à proprement parler. L'école de la catastrophe ou du « trauma », comme celle de l'identité sociale, qui dominent pourtant dans ce domaine, ne nous ont guère aidés à comprendre les vicissitudes de la mémoire d'un événement politique de masse comme Mai 68. Pis encore, leur hégémonie dans le champ intellectuel et l'ubiquité de leurs tropes – que ce soit les grandes figures du goulag ou de l'holocauste, ou la stabilité des *habitus* (au sens de Bourdieu) – pourraient bien être perçues comme les symptômes d'une répugnance généralisée à prendre en compte la notion même de politique ou d'action politique collective.

Comme tout mouvement embarrassant ou « événement obscur » – l'expression est de Sylvain Lazarus –, Mai 68 a connu des fortunes diverses au cours des trente dernières années, ayant été tour à tour enterré, passé au crible, trivialisé ou encore présenté comme une monstruosité. C'est l'énorme littérature sur le sujet – et non son occultation – qui, paradoxalement, a favorisé l'oubli des événements en France. On ne peut dire en effet que Mai 68 ait souffert d'un manque d'attention ; la somme de mémoires, d'autocélébrations, de reniements, de commémorations télévisées, de traités philosophiques et d'analyses sociologiques qui lui ont été consacrés est là pour en témoigner. Cette étonnante prolifération de commentaires a commencé dès le mois de juin 1968, soit quelques jours à peine après la fin des événements. Elle ne s'est jamais tarie depuis, avec cependant des flux et des reflux bien repérables. Un discours a été produit, certes, mais avec pour conséquence de liquider (pour reprendre une formule de l'époque), d'effacer ou, au mieux, de brouiller l'histoire de Mai 68.

Cependant, cela n'est pas toujours vrai. Le journal quotidien tenu par la romancière canadienne Mavis Gallant au cours des mois de mai et juin à Paris offre, grâce à l'acuité de ses observations, une image très vivante de la nature de l'événement. L'auteur y note, par exemple, que les ventes de livres dans la capitale ont augmenté de 40 % au cours de ces deux mois. Cela n'a rien de très surprenant. Dans une ville où aucune école ne fonctionnait, où personne ne pouvait poster une lettre, trouver un journal, envoyer un télégramme, encaisser un chèque, prendre un bus, un métro, rouler en voiture, trouver des cigarettes, acheter du sucre, regarder la télévision ou écouter la radio publique, où l'on ne ramassait plus les ordures, où il n'était plus possible de prendre un train pour sortir de la ville, d'écouter un bulletin météorologique ou de passer la nuit dans certaines parties de la ville parce que les gaz lacrymogènes envahissaient les appartements jusqu'au cinquième étage, dans une telle ville, la lecture *pouvait* servir de passe-temps. C'est ce genre de détails qui permettent de comprendre ce qui se passe au quotidien quand neuf millions de gens (si l'on prend en compte la France entière), tous secteurs professionnels, publics ou privés, confondus, depuis les vendeurs de grands magasins jusqu'aux ouvriers des chantiers navals, arrêtent tout bonnement de travailler. Mai 68 a été le plus grand mouvement de masse de l'histoire de France, la grève la plus importante de l'histoire du mouvement ouvrier français et l'unique insurrection « générale » qu'aient connue les pays occidentaux surdéveloppés depuis la Seconde Guerre mondiale. Elle s'est étendue au-delà des centres traditionnels de production industrielle pour gagner les travailleurs du secteur tertiaire (services, communications, culture) – autrement dit, l'ensemble de la sphère de reproduction sociale. Aucun secteur professionnel, aucune catégorie de travailleurs n'ont été épargnés ; il n'y a pas de région, de ville ou de village de France qui ait échappé à la grève générale.

Cependant, ce moment hors du temps que constitue précisément la grève générale, tout comme le vaste champ des possibles qui s'est alors ouvert dans le vif de l'action n'ont pas vraiment trouvé d'écho au sein des textes et des documents, pas plus en 1968 que par la suite.

En mai 1968, une succession d'arrêts de travail à travers tout le pays a immédiatement suivi les violentes manifestations organisées par les étudiants au cours des premiers jours du mois. Pendant cinq à six semaines, la France s'est trouvée totalement paralysée. Parmi les insurrections qui se sont produites dans le monde au cours des années 1960 – au Mexique, aux États-Unis, en Allemagne, au Japon ou ailleurs – la France et, dans une moindre mesure, l'Italie sont les seuls pays à avoir connu une « rencontre » entre le refus intellectuel de l'idéologie dominante et la révolte des travailleurs. L'extension rapide de la grève générale, sur un plan tant géographique que professionnel, a dépassé tous les cadres d'analyse ; en France, trois fois plus de travailleurs se sont mis en grève que pendant le Front populaire en 1936, et ce, dans un laps de temps exceptionnellement court. L'ampleur particulière de cet événement, qui, au fur et à mesure de son développement, a surpassé les attentes et le contrôle des plus vigilants de ses protagonistes, constitue selon moi un facteur important dans deux des « confiscations » ultérieures que je décris dans ce livre : la version biographique (personnalisation) et la version sociologique. Ces deux stratégies de défiguration n'ont rien d'inédit. L'oubli, comme le souvenir, résulte de l'interaction de diverses configurations narratives, qui modèlent l'identité des protagonistes d'une action tout en délimitant ses contours. Réduire un mouvement de masse aux itinéraires de quelques-uns de ses soi-disant leaders, porte-parole ou représentants (plus particulièrement ceux qui ont désavoué leurs « erreurs du passé »), constitue une vieille tactique de confiscation, aussi efficace qu'éprouvée. Ainsi circonscrite, toute révolte collective est désamorcée, et donc réduite à l'angoisse existentielle de destinées individuelles. Elle se trouve ainsi confinée à un petit nombre de « personnalités » auxquelles les médias offrent d'innombrables occasions de réviser ou de réinventer leurs motivations d'origine.

La sociologie, pour sa part, s'est toujours présentée comme le tribunal devant lequel le réel, c'est-à-dire l'événement, doit comparaître afin d'être mesuré, catégorisé et circonscrit. Dans le cas de Mai 68, cette tendance s'est encore accentuée. En effet, les universitaires français spécialistes d'histoire contemporaine, qui peuplent, comme tout un chacun, la mémoire collective de Mai 68, ont, jusqu'à il y a peu, manifesté une grande indifférence vis-à-vis de l'événement en tant que sujet de recherche – indifférence qu'ils ont eux-mêmes très rapidement remarquée. « *Pourquoi les historiens du présent – espèce alors il est vrai peu prolifique – ont-ils si volontiers abandonné le terrain à une sociologie qui, elle, savait parler très haut sur toutes les estrades* ? », se demandait Jean-Pierre Rioux en 1989. À la même époque, un autre historien, Antoine Prost, notait la « pauvreté » de la recherche en France depuis 1972 et condamnait l'« attitude majoritairement prudente » des historiens, qui avaient gravement délaissé l'étude et la mise en valeur de la documentation déjà disponible – un symptôme qu'il qualifie de négligence intellectuelle[2]. Il se peut cependant que, face à un événement si ambigu, la société ne ressente nul besoin d'en savoir davantage. À ce jour, seuls deux actes de colloque réunis par des historiens français et quelques mémoires de maîtrise ont été publiés[3]. Qu'ils soient davantage préoccupés par Vichy, peu enclins, voire embarrassés, à l'idée d'affronter les difficultés spécifiques que pose une culture militante encore récente dans un climat devenu économiquement libéral, ou réticents à l'idée d'en finir avec les fantômes de leur passé, les historiens ont renoncé à leurs responsabilités et abandonné cet événement, plus qu'aucun autre, à toutes les manipulations médiatiques et politiques. Cette abdication a créé un vide interprétatif que d'autres, sociologues et gauchistes réformés, se sont empressés de combler. Bénéficiant d'un crédit croissant auprès des médias, ces deux groupes d'« autorité » ou de « gardiens de la mémoire » se sont emparés du discours sur Mai 68 et ont, à partir du milieu des années 1970, travaillé en tandem pour produire une histoire officielle, une *doxa*[4] bien visible. L'ensemble relativement systématique de mots, d'expressions, d'images et de récits qui ont posé les jalons de ce qui peut être pensé à propos de Mai 68 résulte dans une large mesure de leur travail. Et le plus gros de cette production a, dans la chronologie que j'établis, été livré entre 1978 et 1988, soit entre le dixième et le vingtième anniversaire de Mai 68.

L'histoire officielle qui a été enregistrée, puis célébrée publiquement dans nombre de spectacles commémoratifs produits par les médias de masse pour être enfin véhiculée jusqu'à nous, est celle d'un drame familial ou générationnel, totalement dénué de violence, d'aspérités ou de dimension politique déclarée, une transformation bénigne des mœurs et des styles de vie inhérente à la modernisation de la France et à son passage d'un ordre bourgeois autoritaire à une nouvelle bourgeoisie moderne et économiquement libérale.

Non contente d'affirmer haut et fort que certaines des idées et des pratiques les plus radicales de Mai 68 ont été récupérées et recyclées au bénéfice du « marché », l'histoire officielle affirme que la société capitaliste d'aujourd'hui, bien loin de symboliser le déraillement ou l'échec des aspirations du mouvement de Mai, représente au contraire l'accomplissement de ses aspirations les plus profondes. En établissant une téléologie du présent, elle gomme les souvenirs d'alternatives passées qui recherchaient ou imaginaient d'autres résultats que ceux qui se sont effectivement produits.

Selon cette perspective, Mai 68 devait être compris comme l'affirmation du statu quo, une rébellion au service du consensus, une révolte générationnelle de la jeunesse contre les raideurs structurelles qui bloquaient la nécessaire modernisation culturelle de la France. En réinsérant la rupture dans une logique du même, et en renforçant les identités des systèmes et des groupes qui permettent la reproduction des structures sociales, la version officielle de l'après-68 a servi les intérêts des sociologues, tout comme ceux des militants repentis désireux d'exorciser leur passé, même si l'autorité revendiquée par ces deux groupes diffère radicalement. Les ex-leaders prétendent fonder leur discours sur leur expérience personnelle et s'appuient sur ces données pour nier ou déformer certains aspects clés de l'événement. À l'inverse, les sociologues ont recours à des structures et à des mécanismes abstraits, à des moyennes et à des quantifications, et élaborent des typologies construites sur des oppositions binaires – le tout étant bien évidemment fondé sur une méfiance viscérale vis-à-vis des enquêtes de terrain. En dépit de leurs prétentions contradictoires, les deux groupes ont travaillé de concert pour établir les codes déshistoricisés et dépolitisés qui servent à interpréter Mai 68 de nos jours. Dans cette perspective, je m'intéresse moins aux termes révisionnistes de l'« histoire officielle » – qu'il s'agisse de la grande rébellion des jeunes en colère contre les restrictions de leurs pères, ou de son corollaire, l'émergence d'une nouvelle catégorie sociale nommée « jeunesse » – qu'à la façon dont cette version particulière de l'histoire a peu à peu prévalu et dont les deux méthodes ou tendances contradictoires, subjective et structurelle, ont convergé pour formuler, à long terme, des catégories (« génération », par exemple) aux effets dépolitisants. Le paradoxe de la mémoire de Mai peut s'énoncer simplement : comment un mouvement de masse qui cherchait avant tout à contester la confiscation de la politique par des experts, autrement dit à mettre en cause l'idée de sphères de compétence « naturelles » (particulièrement dans le domaine de la politique), a-t-il pu être réduit, au cours des années suivantes, à une simple « connaissance » de 68, sur laquelle une génération entière de spécialistes ou d'autorités autoproclamés ont pu asseoir leur expertise ? Ce mouvement a balayé les catégories et les définitions sociales, réalisé des alliances et des rencontres imprévisibles entre secteurs sociaux et personnes d'origine hétérogène qui ont lutté ensemble pour résoudre leurs problèmes collectivement. Comment un tel mouvement a-t-il pu être reclassé au sein de catégories « sociologiques » aussi restreintes que « milieu étudiant » ou « génération » ?

Dans ce livre, j'ai d'abord voulu concentrer l'essentiel de mes efforts sur la façon dont l'histoire officielle a pu acquérir son autorité. C'est du reste la manière dont j'ai formulé le projet dans un premier temps : comment Mai 68 a-t-il été commémoré et commenté en France dix ans, vingt ans, trente ans après les faits ? Mais, au cours du travail, un deuxième objectif, non moins capital, s'est progressivement imposé : évoquer, ou plutôt, ressusciter un climat politique qui n'existe plus qu'à l'état de traces ; en d'autres termes, donner une « seconde vie » à Mai 68, distincte aussi bien du social des sociologues que du témoignage de ceux qui ont prétendu après-coup incarner la mémoire officielle du mouvement. Si mon but était de révéler la manière dont l'histoire officielle s'est progressivement imposée, il me fallait, pour ce faire, non seulement affranchir les années post-68 de la tutelle de leurs anciens acteurs, ceux qui ont formé la « génération » de stars des années 1980, mais aussi d'un ensemble de catégories sociales dominantes, « jeunes en rébellion » par exemple. Les événements de 1968 furent avant tout un refus massif de la part de milliers, voire de millions, de personnes, de continuer à concevoir le social de manière traditionnelle, c'est-à-dire comme un ensemble de catégories séparées et étroites. Il m'a donc semblé qu'écrire l'histoire de ce refus, de sa mise en mémoire et de son oubli, exigeait une forme différente, un autre type de récit qui, comme le mouvement lui-même, serait à la fois en deçà et au-delà de la sociologie, qui s'efforcerait de reprendre la critique philosophique des écrivains et des activistes qui avaient nourri, au cours des années 68, un effort constant pour comprendre ce qui rendait la politique possible et pour penser l'action historique. Mon choix s'est donc porté sur les intellectuels et les militants pour qui Mai 68 a constitué un moment clé, voire l'événement fondateur, de leur parcours intellectuel et politique : les philosophes Jean-Paul Sartre, Alain Badiou,

Jacques Rancière, Maurice Blanchot et Daniel Bensaïd, l'activiste et éditeur français François Maspero, ou encore les militants et écrivains Martine Storti et Guy Hocquenghem. Puis, dans un second temps, je me suis penchée sur la langue spécifique de cette époque, sur les pratiques d'acteurs généralement anonymes, qui composaient les comités de quartier et d'usine : travailleurs, étudiants, paysans et tous les autres qui se sont retrouvés à questionner le système dans son ensemble, non en fonction de leurs propres intérêts, mais au nom des intérêts de la société dans son ensemble.

Mon enquête sur la langue politique du mouvement de Mai 68 ne s'est pas contentée de l'inestimable compilation de documents réalisée par Alain Schnapp et Pierre Vidal-Naquet en 1969. J'ai estimé que les films documentaires, les petites publications, les nombreux tracts pamphlétaires ronéotypés, les revues, souvent éphémères, ou encore les commentaires écrits sur le vif, m'étaient plus utiles que les interprétations – d'Edgar Morin, de Claude Lefort, de Michel de Certeau, parmi d'autres – tant admirées par la suite. Il suffit en effet de se référer aux pamphlets et aux tracts réunis par Schnapp et Vidal-Naquet pour identifier clairement les cibles idéologiques du mouvement de Mai 68 en France, qui étaient en fait au nombre de trois : capitalisme, impérialisme et gaullisme. Comment donc en sommes-nous arrivés, trente ans plus tard, à ce consensus autour de Mai 68, qui n'est plus perçu que comme une sympathique « révolte de jeunes » aux accents poétiques, ou comme une mutation du style de vie ? La réponse se trouve dans les formes narratives adoptées par l'histoire officielle, qui, le plus souvent, enserrent étroitement l'événement, le réduisant alors à la portion congrue. La première de ces stratégies, la réduction temporelle, interprète littéralement l'expression « Mai 68 » comme « ce qui s'est produit pendant le mois de mai 1968 », abrégeant ainsi considérablement la chronologie des événements. Selon cette optique, « Mai 68 » commence le 3 mai, lorsque les forces de l'ordre appelées à la Sorbonne procèdent aux premières arrestations d'étudiants, ce qui déclenche de violentes manifestations populaires dans les rues du Quartier latin au cours des semaines suivantes. Il se termine le 30 mai, lorsque de Gaulle, brandissant la menace d'une intervention armée, annonce qu'il ne démissionnera pas de la présidence et dissout l'Assemblée nationale. Mai 68 se limite donc au seul mois de mai – pas même à celui de juin, au cours duquel pourtant près de neuf millions de travailleurs, tous horizons géographiques ou sociaux confondus, poursuivirent leur grève. La plus grande grève générale de l'histoire de France se trouve ainsi reléguée à l'arrière-plan, tout comme la genèse de l'insurrection, dont on peut déjà trouver les ferments à la fin de la guerre d'Algérie, soit au début des années 1960. Ni la violente répression d'État qui mit un terme aux événements de mai-juin, ni la violence gauchiste qui a perduré jusqu'au début des années 1970, ne sont évoquées. Ce ne sont pas moins de quinze à vingt ans de radicalisme politique qui sont ainsi occultés, dont les symptômes étaient déjà manifestes dans l'émergence progressive d'une opposition limitée mais significative à la guerre d'Algérie et dans l'adhésion de nombreux Français, dans la foulée de l'énorme secousse des révolutions anticoloniales, à une analyse « tiers-mondiste » de la politique globale. Il était également manifeste dans la récurrence de troubles, vers le milieu des années 1960, parmi les ouvriers des usines françaises, ainsi que dans l'émergence d'un marxisme critique, antistalinien, exprimé dans les innombrables journaux qui fleurirent entre le milieu des années 1950 et celui des années 1970. La conjoncture politique en France était en fait dominée par un marxisme très dynamique, que ce soit à l'intérieur du mouvement ouvrier, à l'université par le biais des idées d'Althusser, dans les petits groupes maoïstes, trotskistes ou anarchistes, ou encore dans la recherche, en tant que cadre de pensée dominant en philosophie et en sciences humaines depuis la Seconde Guerre mondiale. Tout cela s'évanouit pourtant au profit d'un récit dans lequel Mai 68 jaillit soudain de nulle part, de manière tout à fait spontanée. Cet oubli est sans doute le prix à payer pour « sauver » le joli mois de mai au cours duquel est née la « libre expression ».

Cette restriction des événements au seul mois de mai a des répercussions importantes. Le raccourci temporel non seulement fonde mais renforce la réduction géographique du théâtre d'activité à la seule ville de Paris et, plus spécifiquement encore, au Quartier latin. Une fois de plus, le rideau tombe sur les travailleurs en grève dans les faubourgs de la capitale et dans tout le pays. Les expériences réussies de solidarité entre ouvriers, étudiants et agriculteurs en province comme ailleurs restent dans l'ombre. Selon certaines sources, la province a connu, pendant les mois de mai et juin, des manifestations plus soutenues et plus violentes que Paris, mais l'histoire officielle reste muette sur le sujet. Pas un mot sur ce qui a été vécu dans les usines à Nantes, à Caen et loin de Paris, ni sur la constellation de pratiques et d'idées sur l'égalité qui ne peuvent s'intégrer après-coup dans le paradigme libéral/libertaire actuel adopté par nombre d'anciens protagonistes de Mai 68. Pour prendre un exemple significatif, la naissance, dans la région du Larzac, d'un nouveau mouvement paysan antiproductiviste au début des années 1970 – mouvement qui devait connaîtrc une « vie ultérieure » dans le radicalisme rural égalitaire de la Confédération paysanne, avec ses attaques contre les McDonald's et les organismes génétiquement modifiés (OGM), ne laisse aucune trace dans le discours officiel sur Mai 68.

L'effervescence politique qui règne aujourd'hui autour des problèmes de l'agriculture semblerait pourtant confirmer l'hypothèse avancée par Élisabeth Salvaresi et d'autres, selon laquelle un réseau de résistances dérivées de

Mai 68 aurait survécu dans la France rurale, loin de Paris et de ses nouveaux entrepreneurs, philosophes et journalistes sans cesse en quête de nouveauté. Selon Salvaresi, en effet, on retrouve plus souvent les échos politiques de 1968 en province qu'à Paris. Si tel est le cas – mon étude n'avait pas pour objectif de mener à terme une recherche qui aurait permis d'aller au-delà de ces hypothèses –, une nouvelle conception de Mai 68 pourrait se mettre en place, avec pour conséquence de faire régresser le statut légendaire d'un Serge July ou d'un Daniel Cohn-Bendit, et de promouvoir d'autres personnalités dans les rôles théoriques et politiques qui étaient les leurs à la fois pendant, mais aussi après les événements de Mai. On pourrait alors redécouvrir des militants oubliés, comme Bernard Lambert, activiste agricole d'obédience catholique et maoïste en 1968, auteur, en 1970, d'une étude visionnaire sur l'exploitation des fermiers par l'industrie agroalimentaire – « travailleurs, paysans, même combat » – dans un contexte où la politique alimentaire globale attire plus que jamais l'attention[5].

L'histoire officielle, pour dissimuler sa réduction narcissique de Mai 68 aux seules limites du Quartier latin, tente de lui donner une certaine dimension internationale. Ce faisant, elle occulte l'unique facteur international dont on puisse affirmer avec certitude le rôle majeur dans les événements français, comme, du reste, dans les insurrections survenues en Allemagne, au Japon, aux États-Unis, en Italie et ailleurs – à savoir la critique de l'impérialisme américain et de la guerre du Viêtnam. L'importance du Viêtnam a considérablement diminué dans les représentations françaises de Mai 68, au point, par exemple, de disparaître totalement des commémorations télévisées des années 1980 au seul profit de la thématique de la révolution sexuelle. Cette occultation a été compensée par la création d'une autre dimension « internationale », à travers toute une série de révoltes souvent informes et mal définies de jeunes aux quatre coins du monde, au nom ou en quête de liberté et d'autonomie personnelle – ce que Serge July a jadis appelé « la grande révolution culturelle libérale/libertaire ». Après avoir réduit Mai 68 à une quête individualiste et spirituelle, les ex-leaders étudiants et autres porte-parole autorisés ont, au moment de son vingtième anniversaire, élargi cette quête à une génération entière, à toute une classe d'âge à travers le monde pour qui le mot d'ordre des années 1980, « liberté », a définitivement (et de façon anachronique) remplacé ce qui me paraît l'aspiration profonde des années 1960, à savoir l'égalité.

Ces réductions opérées par l'histoire officielle ont permis aux étudiants et au monde universitaire d'obtenir l'exclusivité du rôle de représentant des événements de Mai 68. Cela ne saurait nous surprendre. Les barricades, l'occupation de la Sorbonne et du théâtre de l'Odéon, les graffitis poétiques surtout, sont devenus aussi incontournables que les visages des mêmes trois ou quatre anciens leaders étudiants que l'on voit vieillir au fil des commémorations diffusées tous les dix ans à la télévision française.

Pourtant, dans les années 1960, la politisation massive de la jeunesse des classes moyennes françaises s'est développée sur fond de relations polémiques et d'identifications impossibles avec deux figures totalement absentes de ce tableau : l'ouvrier et le militant anticolonialiste. Ces deux figures, les « Autres » de la modernité politique, servent de fil rouge à mon enquête, aussi bien dans les « années de Mai », que j'ai choisies, dans ce livre, d'étendre du milieu des années 1950 au milieu des années 1970, que par la suite. J'entends le mot « figure » au sens d'acteurs historiques et théoriciens qui revendiquent leurs propres droits et deviennent des objets de désir politique et de représentation fictionnelle et théorique, et enfin au sens de participants, d'interlocuteurs au sein d'un dialogue fragile, éphémère et historiquement daté. Le tiers-mondisme français n'était, dans une certaine mesure, rien de plus que la reconnaissance, dès la fin des années 1950, du fait que les anciens colonisés, grâce aux guerres d'indépendance, formaient désormais une nouvelle figure du *demos,* du peuple au sens politique du terme (« les damnés de la terre »). Par l'universalisation ou la dénonciation d'un mal politique qui, à son tour, mobilisait entre autres les étudiants du monde occidental, ils éclipsaient toute manifestation de la classe ouvrière européenne. Le tiers-mondisme du début des années 1960 s'est maintenu même après la guerre d'Algérie, avant de bénéficier, au milieu de la même décennie, du durcissement de l'engagement américain au Viêtnam. C'est le maoïsme qui, selon de nombreux militants de la gauche française, a assuré la transition, détournant l'attention jusqu'alors accordée au paysan luttant contre la colonisation vers l'ouvrier de la métropole, pour reconnaître, avec les grévistes des usines automobiles de Turin, que le « *Viêtnam est dans nos usines* ». C'est ainsi que l'ouvrier français devient la figure centrale des mouvements sociaux de Mai 68 *stricto sensu.* Le maoïsme n'en était cependant pas seul responsable. En France, au cours des années 1960, anticapitalisme allait de pair avec anti-impérialisme, et leurs discours s'enchevêtraient dans une trame complexe. À cette époque, le slogan « Tous debout, camarades, pour la Bolivie socialiste ! » suffisait à mobiliser 3 000 trotskistes un soir de semaine à la Mutualité de Paris.

L'idée force de Mai 68 résidait dans l'union de la contestation intellectuelle et de la lutte des travailleurs. En d'autres termes, la subjectivité politique qui émergea en Mai était de type *relationnel*, construite autour d'un débat sur l'égalité ; une expérience quotidienne d'identifications, d'aspirations communes, de rencontres plus ou moins réussies, de réunions, de déceptions et de désillusions. L'égalité, telle qu'elle fut massivement expérimentée à ce moment-là – c'est-à-dire comme une pratique inscrite dans le présent et éprouvée comme telle, et non pas comme un objectif à atteindre – constitue un énorme défi pour toute représentation future. Qu'il s'agisse de la création de formes d'activités qui mirent fin à la tradition de représentation et de délégation politique en minant les divisions entre leaders et militants de base, ou de la mise en place de pratiques symptomatiques de l'engagement de masse dans une politique non plus réservée aux seuls spécialistes, mais sujet de préoccupation de tout un chacun – une telle expérience ne peut que menacer les méthodes, déjà peu nombreuses, dont nous disposons pour décrire la vie quotidienne et ses représentations sociales. Le problème devient plus épineux encore vingt ans plus tard, au cours des années 1980, dans un climat idéologique marqué par une offensive générale contre l'égalité, menée sous le couvert d'une critique de l'égalitarisme. L'attaque a pour ambition de faire de l'égalité un synonyme d'uniformité, de contrainte ou d'aliénation, ou encore d'adversaire farouche de la libre concurrence. Lorsque l'idée même d'union entre contestation intellectuelle et lutte ouvrière en vient à s'estomper ou à tomber dans l'oubli, il ne subsiste plus guère de Mai 68 que la préfiguration d'une contre-culture « émancipatrice », une métaphysique du désir et de la libération, la répétition générale d'un monde constitué de « machines désirantes » et d'« individus autonomes » irrémédiablement enracinés dans leur expérience subjective.

À partir du milieu des années 1970, de nouvelles figures prennent le relais de l'ouvrier et du militant anticolonialiste et mobilisent l'attention des médias. L'image abstraite d'une « plèbe » incarnant détresse et impuissance a servi de modèle pour élaborer la figure emblématique de la souffrance, aujourd'hui au cœur du discours sur les droits de l'homme. Et la figure du « dissident » va focaliser à nouveau l'attention des Français sur la guerre froide, plutôt que sur la problématique Nord-Sud qui avait dominé les années 1960. La victime humanitaire étant désormais au centre des représentations, les « damnés de la terre » deviennent tout simplement des « damnés », privés de toute subjectivité politique, incapables d'universaliser le tort qui leur est fait, réduits à une figure de pure altérité : victime ou barbare. En France tout au moins, ainsi que je le montre dans le chapitre « Autres fenêtres, mêmes visages », le nouveau discours éthique autour des droits de l'homme, qui se trouve surtout formulé par d'ex-gauchistes désireux de prendre leurs distances avec leur passé militant et d'échapper aux désillusions de Mai 68, a joué un rôle majeur dans l'oubli de 1968. En d'autres termes, on peut dire que le besoin de renier Mai 68, qui commence à se manifester vers 1976, entraîne un retrait de la sphère politique vers la sphère éthique, ce qui déforme non seulement l'idéologie de Mai, mais aussi l'essentiel de son héritage. Les ex-gauchistes qui en avaient revendiqué la garde, étaient alors particulièrement bien placés pour réviser la signification des événements à la lumière de leur

« transformation spirituelle ». Alors que la culture de 1968 s'était radicalement opposée, parfois même avec violence, au type même de discours moralisant qui devait prévaloir à partir de la fin des années 1970, voilà qu'elle se trouve redéfinie, non par la politique, mais par la morale personnelle. Une nouvelle étape sera franchie avec l'avènement de ce que Guy Hocquenghem nomme le « moralisme guerrier » des Nouveaux Philosophes. Dans la seconde moitié du livre, j'expose comment le besoin d'enterrer Mai 68 a été servi par les discours de ces Nouveaux Philosophes sur le totalitarisme, et par les deux figures du nouveau régime de représentation à partir desquelles la fin des années 1970 va distinguer le bien du mal, à savoir les droits de l'homme et le couple goulag/holocauste.

« *Personne n'est mort en 68.* » En réalité, cette phrase souvent entendue est fausse. On doit interpréter sa récurrence quasi obsessionnelle comme une volonté de donner à l'insurrection, tout comme aux militants et à l'État, une dimension inoffensive, presque « bon enfant ». Doit-on mesurer l'importance d'un événement au nombre de ses morts ? Quand il s'agit d'un événement culturel, certainement pas ; et c'est bien sous ce label que l'histoire officielle de la fin des années 1980 a classé Mai 68. Car, d'un point de vue politique, il ne s'est absolument rien passé ; ses effets n'ont été que purement culturels – du moins, c'est ce qu'affirme la version consensuelle que l'histoire a retenue, autorisée, imposée, célébrée et commémorée dans les livres et les programmes télévisés dont je parle dans le chapitre « Autres fenêtres, mêmes visages ». On employait communément l'adjectif « culturel » pour faire référence aux nombreuses transformations opérées à la fois dans le style de vie et dans la vie quotidienne, mais aussi pour désigner les nouveaux comportements apparus dans les années 1970 – la généralisation, par exemple, du port du pantalon pour les femmes ou du tutoiement. Cependant, dans quelle mesure peut-on établir une relation de cause à effet entre l'événement lui-même et son prétendu impact culturel ? Comme Jean-Franklin Narot l'a autrefois noté, tout ce qui a fait une percée au cours de ces mois, de même que tout ce qui s'est passé par la suite, n'était pas forcément imputable au mouvement. La plupart des bouleversements de la vie quotidienne figurant sous la rubrique « Conséquences culturelles de Mai » se sont produits de manière comparable dans tous les pays occidentaux soumis à une accélération de la modernisation capitaliste, qu'ils aient ou non connu leur Mai 68[6].

Et si une expression aussi vague qu'« effets culturels » était comparable à ce qu'on nomme, dans les pays anglo-saxons, « contre-culture » ? Contrairement aux États-Unis ou à la Grande-Bretagne, qui ont connu au cours des années 1960 et 1970 des développements contre-culturels aussi florissants qu'inventifs, dans le domaine musical en particulier, la France d'après 1968 n'a fait que les importer. En Grande-Bretagne ou aux États-Unis, ainsi que l'a souligné Peter Dews, il était tout à fait concevable que l'accès à la culture politique se fasse par la porte dérobée de la contre-culture ; en France et en Italie, en revanche, la « contre-culture » des années 1970 n'était le plus souvent que le reliquat d'un militantisme politique bien plus radical que celui qui avait vu le jour aux États-Unis[7]. Bien entendu, les événements de 68, au même titre que la philosophie et, de manière générale, les sciences humaines, ont une large part de responsabilité dans l'avènement en France, au cours des années 1970, d'une période d'invention et de créativité sans précédent. Dans les années qui suivirent 1968, il ne semblait pas y avoir de limites aux projets et aux entreprises de propagation des idées ; de nombreux journaux et formules éditoriales virent le jour. Tous avaient comme souci commun de prolonger les événements, ou d'orienter l'action politique dans cette direction. Dans le chapitre « Formes et pratiques », j'illustre ce point à partir de plusieurs exemples, notamment de revues qui ont soudainement germé dans le champ de l'historiographie. Ces revues s'inscrivent dans un cadre plus large, dont on peut saisir l'étendue grâce à l'inventaire effectué par Françoise Proust, trop long à citer ici de manière exhaustive. Parmi quelques exemples d'innovations éditoriales, citons la création de 10/18 (1968), Lattès (1968), Champ libre (1968), « Points » Seuil (1970), Galilée (1971), « Folio » Gallimard (1972), les Éditions des Femmes (1974), Actes Sud (1978) et, dans le domaine des revues culturelles, la création de *Change* (1968), *L'Autre Scène* (1969), *Nouvelle revue de psychanalyse* (1970), *Actuel* (1970), *Tel Quel* (1972), *Afrique-Asie* (1972), *Actes de la recherche en sciences sociales* (1975), *Révoltes logiques* (1975) et *Hérodote* (1976). Enfin, dans la presse, *Hara-Kiri Hebdo* (1969), *L'Idiot international* (1969), *Tout* (1970), *Libération* (1973) et *Le Gai Pied* (1979) font leur apparition. Selon Proust, l'affirmation d'une pensée novatrice ne peut manquer de susciter une réaction. C'est ainsi que la période 1976-1978, qui coïncide avec les débuts de la médiatisation d'un nouveau genre d'intellectuels, les Nouveaux Philosophes, marque le commencement de la fin de cette effervescence créative issue de Mai 68[8].

Mai 68 n'a guère eu d'influence dans les sphères de la haute culture française, plus particulièrement en littérature. Patrick Combes a montré que le roman n'a que très timidement essayé de traduire la dimension politique de l'événement. L'écrasante majorité des romans postérieurs à 1968 a tout bonnement calqué sa démarche sur celle des médias, choisissant, par exemple, de présenter les événements à travers la conscience tourmentée d'un héros souvent caricatural, en pleine crise existentielle, le tout sur fond de barricades – et ce, en dépit du fait, comme je n'ai cessé de le constater au cours de mes recherches, que les souvenirs des individus implantés dans Mai 68 mettent tous l'accent sur leur appartenance active à un groupe social. Ce n'est qu'au début des années 1980, dans les pages d'œuvres plus populaires comme les romans policiers, que j'ai pu relever les tentatives réelles de comprendre le sens de cette volonté de faire table rase d'un passé récent – la guerre d'Algérie ou Mai 68 – et la dimension politique d'une nouvelle sociabilité, manifestée à ces moments-là.

J'ai voulu par ce livre m'opposer au courant dominant depuis les années 1980, qui ne donne à Mai 68 que des dimensions culturelles, sinon morales et spirituelles. La position que j'adopte en est le contre-pied : Mai 68 fut selon moi avant tout un événement politique – j'emploie ici « politique » dans un sens fort différent de l'actuelle « politique politicienne ».

Car Mai 68 n'avait rien en soi d'un événement artistique. Il n'a d'ailleurs laissé que très peu d'images ; après tout, la télévision française était elle aussi en grève. En revanche, dessins et caricatures politiques – signées Willem, Siné, Cabu et d'autres – ont proliféré ; nombre de photographies ont été prises. Seuls les moyens artistiques les plus rudimentaires ont pu, semble-t-il, suivre le rythme des événements. Mais dire cela, c'est déjà montrer à quel point la politique exerçait une irrésistible force d'attraction sur la culture, au point de la faire renoncer à toute autonomie. Comment expliquer, sinon, que l'art ait soudainement estimé qu'il lui fallait non seulement suivre les événements au plus près, mais aussi fusionner avec eux, ne faire plus qu'un avec l'actualité du moment ?

Mai 68 ne fait que confirmer l'asymétrie et l'étanchéité qui semblent régir en France la relation entre culture et politique. En fait, leur absence de relation est au cœur même de l'événement : l'échec des solutions culturelles à fournir une réponse, la création et le développement de formes politiques totalement opposées aux formes culturelles déjà en place, l'exigence des pratiques politiques vis-à-vis des pratiques culturelles. L'expérience menée par les étudiants des Beaux-Arts illustre cette tendance mieux que toute autre : au cours de mai 1968, ces derniers occupèrent en effet leur école, qu'ils rebaptisèrent « Atelier populaire des Beaux-Arts », et se mirent à produire à une cadence infernale les affiches de soutien à la grève qui, à l'époque, tapissaient les murs de Paris. Le « message » fort et direct de la plupart de ces affiches était d'affirmer, parfois de manière péremptoire, que, quoi qu'il arrive, cela continuait : « Continuons le combat. » « La grève continue. » « Contre offensive : la grève continue. » « Chauffeurs de taxi : la lutte continue. » « Maine Montparnasse : la lutte continue. » L'ambition de ces affiches n'était pas de « représenter » ce qui était en train de se passer, mais d'épouser les événements, de faire corps avec eux. Pour cela, il fallait être rapide. Les étudiants ne tardèrent pas à le comprendre ; ils abandonnèrent rapidement la lithographie qui, à raison de dix à quinze impressions par heure, était bien trop lente pour couvrir un tel mouvement de masse. La sérigraphie, légère et facile à utiliser, permettait de produire jusqu'à 250 exemplaires à l'heure. Mais si l'utilisation d'un médium rapide et flexible avait rendu possible, grâce aux affiches, la fusion de l'art et de l'événement, ce n'était cependant pas le facteur essentiel. Trente ans après, Gérard Fromanger, un des militants actifs au sein de l'Atelier populaire, revient sur la façon dont ces affiches ont vu le jour. Le titre de son essai, *L'art c'est ce qui rend la vie plus intéressante que l'art*, en dit déjà long sur l'éventail des possibilités qui se créent lorsque l'art refuse d'être isolé du social, ou lorsque l'art a pour ambition de participer plutôt que de représenter : « *Mai 68, c'est ça ! Les artistes ne sont même plus dans leurs ateliers, ils ne travaillent plus, ils ne peuvent plus peindre parce que le réel est beaucoup plus puissant que toutes leurs inventions. Naturellement, ils deviennent militants, moi le premier. On crée l'atelier populaire des Beaux-Arts et on fait des affiches. Tout le pays est en grève et nous, nous n'avons jamais autant travaillé de notre vie. On est enfin nécessaires.* »[9]

Fromanger décrit plus en détail les étapes de l'éclatement du milieu artistique au cours du mois de mai ; il rapporte comment, lors des manifestations de masse de la mi-mai, les étudiants en art sont « *descendus de leurs chevaux pour cueillir des fleurs* », comme disaient les maoïstes, abandonnant l'art pour courir de manif en manif. « *Nous, les artistes, faisons partie du mouvement depuis dix jours, on se rencontre dans les manifs. On s'est séparé de tout ce qu'on avait auparavant. On ne dort plus à l'atelier* [...] *on vit dans la rue, dans des lieux occupés* [...]. *On ne peint plus, on n'y pense même plus.* » La phrase suivante décrit le retour au bercail : « *Et nous, les peintres, on se dit qu'il faut aller faire quelque chose aux Beaux-Arts, qu'on ne peut pas les laisser vides, fermés.* » On déniche une vieille machine à lithographier ; la première affiche, « Usine – Université – Union », est produite aussitôt. L'intention, à ce moment-là, est d'en apporter trente exemplaires à une galerie de la rue du Dragon et de les vendre pour soutenir le mouvement. C'est alors que le réel entre en scène, bouleversant complètement les circuits traditionnellement empruntés par l'art pour être reconnu comme tel dans la société bourgeoise, le détournant, si l'on peut dire, de cette voie, pour l'orienter tout entier vers le présent. L'œuvre d'art n'a pas le temps de devenir marchandise, ni même de devenir objet de consommation réorienté au service du mouvement. Les affiches sont arrachées des mains de l'étudiant sur le chemin de la galerie, et sont immédiatement collées sur le premier mur qui se présente. L'affiche est « affichée ».

« *La culture bourgeoise*, lit-on dans l'acte de fondation de l'Atelier populaire, *sépare et isole les artistes du reste des travailleurs en leur accordant un statut privilégié. Ce privilège enferme l'artiste dans une prison invisible. Nous avons décidé de transformer notre rôle dans la société.* »[10]

Je crois que c'est au cours de l'une des nombreuses heures passées à visionner les bandes vidéos des émissions de télévision consacrées à Mai 68 que j'ai décidé de ne pas réaliser d'interviews, ce qui peut sans doute paraître surprenant dans un livre consacré aux aléas de la mémoire collective de Mai 68 en France. Mais enfin, qui aurais-je pu interroger ? Pour saisir l'essence d'un tel événement de masse, j'hésitais à me tourner vers ces personnes surmédiatisées qui sont devenues des figures légendaires du mouvement, et qui, pour la plupart d'entre elles, occupent à présent, au sein du système, des places spécialement réservées à ceux qui l'ont un jour publiquement dénoncé. Je ne voulais pas non plus limiter mon travail à l'étude ethnographique d'un groupe en particulier – ouvriers, paysans, partisans de telle ou telle tendance politique – quoiqu'il existe à présent un petit nombre d'ouvrages de ce type, parfois excellents, que je cite d'ailleurs dans ce livre. Sur quel critère en effet opérer une sélection parmi les témoignages, alors que le mouvement s'est étendu à toute la France, affectant chaque ville, chaque secteur professionnel, chaque région, chaque classe d'âge ? Dans ces pages, comme dans tout ouvrage consacré à un passé encore récent, les témoignages des participants encore en vie se combinent aux autres documents qui ont déjà passé l'événement au crible. Les témoignages écrits possèdent en effet sur les interviews l'avantage d'être accessibles à tout un chacun ; ils ne sont pas orientés vers un interlocuteur particulier. Comme le dit Paul Ricœur, les témoignages publics sont des témoignages qui ont consenti à entrer dans la mêlée pour se confronter à d'autres. Je me suis donc limitée à l'examen des sources existantes, me penchant sur des matériaux parfois bien peu scientifiques (documents d'archives publics et privés, tracts, articles de magazines et de revues, séquences documentaires, mémoires, presse), afin de constituer un éventail représentatif des événements et de leur portée. Ce qui suit repose donc sur un assemblage de données individuelles, subjectives, parfois éphémères que l'on ne peut rapprocher d'aucune forme de parcours exemplaires ou de récits biographiques. Il m'aurait été impossible, sans ces évocations, de rendre perceptible la spécificité de la sociabilité politique de l'époque – de rappeler donc ce qui a été perdu. Depuis que je m'efforce de confronter l'histoire officielle – que tout le monde connaît – à des versions dissidentes, je m'applique à répertorier les souvenirs qui ne coïncident pas avec l'interprétation communément admise, qui remettent en question la légitimité des formes contemporaines du pouvoir.

Mais il y a peu, la nouvelle donne politique française a permis de porter un regard différent sur 68. Les grèves massives de l'hiver 1995 en France, suivies quelques années plus tard des événements de Seattle, ont certainement contribué à la formation, en France comme ailleurs, d'une nouvelle conjoncture politique et de ses capacités d'innovation. Deux autres changements dans le climat politique et intellectuel français se sont avérés d'une importance capitale pour ma recherche. On a vu apparaître au cours de ces dernières années un certain nombre de récits politiques alternatifs consacrés aux trente dernières années, majoritairement écrits par des personnes actives pendant les années 68 et voulant retrouver un passé – qu'il s'agisse du leur ou de celui des autres – qu'ils estiment avoir été déformé, voire détourné, pendant les années Giscard et Mitterrand. Parallèlement, pour la première fois en France, de jeunes chercheurs, historiens pour la plupart, ont commencé sérieusement à s'intéresser à la guerre d'Algérie et à Mai 68. Les efforts combinés de ces travaux permettent d'ouvrir un nouveau chapitre dans l'histoire de la mémoire de 1968. Grâce à eux, mon propre travail est à présent moins isolé.

Notes

[1] *Cf.* Peter Novick, *L'Holocauste dans la vie américaine*, Paris, Gallimard, 2001 ; Norman Finkelstein, *L'Industrie de l'Holocauste : réflexions sur l'exploitation de la souffrance des juifs,* Paris, La Fabrique, 2001.

[2] *Cf.* Jean-Pierre Rioux, « À propos des célébrations décennales du Mai français », *in Vingtième siècle*, 23 (juin-sept. 1989), p. 49-58 ; Antoine Prost, « Quoi de neuf sur le Mai français », *in Le Mouvement social*, 143 (avril-juin 1988), p. 91-97.

[3] L'un de ces ouvrages, issu d'un séminaire de quatre ans à l'Institut du temps présent, n'a paru que l'année où je terminais ce projet. Au cours de ma recherche, j'ai cependant eu l'occasion de consulter un grand nombre de documents de travail compilés dans le volume par la suite. *Cf.* Michelle Zancarini-Fournel *et al.*, *Les Années 68. Le temps de la contestation*, Bruxelles, Complexe, 2000. Voir aussi les actes d'un colloque de 1998, sous l'égide du Centre de recherches d'histoire des mouvements sociaux (édité par René Mouriau *et al.*), *1968 : Exploration du mai français*, 2 vols, Paris, L'Harmattan, 1992.

[4] *Doxa* : ensemble relativement systématique d'expressions, de mots, de cadres et d'images posant les limites de ce que l'on peut penser et dire.

[5] *Cf.* Élisabeth Salvaresi, *Mai en héritage*, Paris, Syros, 1988. Voir aussi Bernard Lambert, *Les Paysans dans la lutte de classe*, Paris, Seuil, 1970.

[6] L'adoption par les Français et d'autres Européens d'habitudes de consommation d'inspiration américaine s'étend sur une plus large période de l'après-guerre. J'ai étudié la version française de ce phénomène dans *Aller plus vite, laver plus blanc. La culture française au tournant des années 1960*, Paris, Éditions Abbeville, 1997. Les événements de Mai 68 constituent une interruption, et non une accélération, dans le déroulement de ce processus.

[7] Peter Dews, « The *Nouvelle Philosophie* and Foucault », *in Economy and Society*, 8, 2 (mai 1979), p. 168.

[8] Voir Françoise Proust, « Débattre ou résister », *in Lignes*, 32, octobre 1998, p. 106-120. Pour Proust, qui est philosophe, la fin définitive de cette période de foisonnement intellectuel utopique s'est produite en 1980 avec le premier numéro de la revue de Marcel Gauchet et Pierre Nora, *Le Débat*. Elle a consacré plusieurs numéros à soutenir l'ouvrage de Luc Ferry et Alain Renaut, *La Pensée 68* (dont il est question dans le chapitre « Le consensus et sa ruine ») qui a joué un rôle important dans la construction de l'« histoire officielle » de 68. Selon Proust, cette revue a marqué le retour définitif à un dialogue limité aux « *intellectuels et techniciens* (entendons les experts), [à travers lequel] l'*intellectuel intériorise la démocratie : il renonce aux vains désirs de changer le monde, il comprend que la démocratie représentative, ses institutions et ses règles, est l'ultime horizon de tout ensemble politique ; dès lors sa fonction est en constant débat avec les décideurs qu'il s'agit d'aider à penser rationnellement les réalités, les problèmes et les crises politiques et culturels que rencontre une démocratie.* » L'éditeur de la revue *Le Débat*, Nora, se plaisait à souligner la coïncidence de la publication de cette nouvelle revue avec la mort de Sartre, déclarant dans une interview qu'il considérait *Le Débat* comme l'« *opposé des* Temps modernes *et de sa philosophie de l'engagement* ».

[9] *Cf.* Gérard Fromanger, « L'art c'est ce qui rend la vie plus intéressante que l'art », *in Libération*, 14 mai 1998, p. 43. Voir aussi Adrian Rifkin, « Introduction », *Photogenic Painting/La peinture photogénique*, Sarah Wilson, Londres, Black Dog Press, 1999, p. 21-59.

[10] « Document : l'atelier populaire », *in Les Cahiers de Mai*, 2 (1968, 1er-15 juillet), p. 14-16.

Une conception policière de l'histoire

Sociologie et police

« *Mais il ne s'est rien passé en France en 68. Les institutions n'ont pas changé, la condition des travailleurs n'a pas changé, rien ne s'est passé.* » L'auteur de ces paroles, un sociologue allemand bien connu, réagissait à un exposé que j'avais donné sur le problème de la mémoire sociale de 68 en France. Et de poursuivre : « *68, en réalité, c'était Prague, et c'est Prague qui a fait chuter le mur de Berlin* »[1] (Wolf Lepenies).

Rien ne s'est passé en France, tout s'est passé à Prague ; c'était la première fois que cette interprétation m'était aussi simplement résumée. Certes, il existe depuis longtemps une approche de 68 plus internationale que celle que je présentais ce jour-là, qui s'attachait notamment à souligner la convergence, dans les années 1960, des luttes de libération nationale (Cuba, Indochine), des luttes antibureaucratiques (Hongrie, Tchécoslovaquie) et des luttes anticapitalistes et antiautoritaires qui avaient alors éclaté dans les métropoles impérialistes d'Europe et d'Amérique du Nord. Mais cette remarque relevait, visiblement, de tout autre chose. Il ne suffisait pas d'avoir éliminé le tiers-monde de la scène, voilà qu'à présent la France disparaissait à son tour. Tous les événements qui, en quelques mois, avaient secoué le monde entier se trouvaient ainsi ramenés au seul printemps de Prague, unique semence dont devait germer plus tard, au cours de la guerre froide, une téléologie conquérante qui se donnait pour fin la disparition du communisme[2]. Devait-on y entendre la voix du vainqueur de la guerre froide, qui, *a posteriori,* inscrit tout le XXe siècle dans un cadre unique, un récit unique ? Si par hasard une pièce ne s'intègre pas au puzzle, comme c'est le cas pour Mai 68 en France, est-elle négligeable pour autant ? Serait-il devenu impossible de concevoir d'autres récits ?

L'effondrement du bloc communiste et l'hégémonie apparemment incontestée du système capitaliste ont si profondément modifié notre société par rapport à ce qu'elle était en 1968 qu'il nous est devenu difficile d'imaginer que la perception du monde ait pu, à une époque aussi proche, différer à ce point de celle d'aujourd'hui. Les remarques de Wolf Lepenies s'inscrivent assez bien dans cette perspective « post-1989 », qui, lorsqu'elle tient compte de l'énergie générée par Mai 68, lui impose comme objectif la fondation du monde actuel. Pour certains, le Mai 68 « français », quand on veut bien admettre son existence, avait ce même objectif[3]. À la suite d'un curieux stratagème de l'histoire, l'assaut de la gauche contre le réformisme et la bureaucratie du Parti communiste français a paradoxalement eu pour effet de mettre une fin définitive à tout espoir de changement systémique ou révolutionnaire. Certains ex-gauchistes, qui se targuent après coup d'en avoir eu le pressentiment, prétendent que c'était précisément le but visé à l'époque. Selon ce point de vue, les années qui séparent 1968 de l'antimarxisme virulent affiché par d'éminents ex-gauchistes du milieu des années 1970 sont effacées de la mémoire, de manière à ce que ces phénomènes de contre-mouvement puissent être présentés comme la motivation secrète, le véritable désir sous-jacent de l'événement.

La concision de l'évaluation que ce sociologue donne du Mai 68 français trouverait-elle son origine dans la confiance avec laquelle la sociologie, discipline qui a dominé l'interprétation de ces événements, revendique la capacité de mesurer le changement et même de déterminer les critères suivant lesquels celui-ci peut être mesuré ? Bien entendu, le sentiment qu'« il ne s'est rien passé » en mai 1968 est largement répandu dans la France d'aujourd'hui, et s'exprime sur des notes affectives et politiques fort diverses. « *Il ne s'est rien passé, excepté pour le mouvement féministe – et regardez ce que cela a eu comme conséquences pour la famille.* » Autrement dit, il ne s'est rien passé, ou alors, s'il s'est passé quelque chose, cela n'a pu être que regrettable. C'est une des versions actuelles. Une autre consiste à dire : « *Il ne s'est rien passé. L'État français était à même d'absorber toute cette agitation politique et, à présent, tous ces types ont des carrières fabuleuses et roulent en BMW* », comme si on pouvait réduire les protagonistes du mouvement d'alors aux seuls Français qui conduisent aujourd'hui une BMW. Ou encore : « *Il ne s'est rien passé d'un point de vue politique, mais les changements ont été énormes d'un point de vue culturel.* » Cette version est peut-être la plus couramment répandue en France aujourd'hui. Partant du principe qu'il existe une frontière étanche entre les domaines politique et culturel, elle estime que l'importance excessive accordée à la visibilité culturelle – style de vie, coutumes, *habitus* – est directement proportionnelle à l'invisibilité politique, à cette amnésie qui entoure la dimension spécifiquement politique des années 1968.

Et en effet, que reste-t-il de ces années aujourd'hui ? En regardant les commémorations des événements de 1968 à la télévision française, en particulier celles du 20e anniversaire, le spectateur risque peut-être de soupçonner qu'effectivement il ne s'est rien passé. Est-ce le but vraiment recherché ? Les commémorations donnent souvent l'impression que tout s'est passé (et donc, que rien ne s'est passé), qu'il s'agissait d'une contestation globale et générale (indifféremment dirigée contre l'impérialisme, les codes vestimentaires, la réalité, le couvre-feu dans les dortoirs, le capitalisme, la grammaire, la répression sexuelle ou encore le communisme) et que, donc, rien (puisque tout a la même importance) ne s'est passé. Mai 68 n'était rien de plus qu'un mouvement où les étudiants disaient absolument n'importe quoi, pendant que les travailleurs, eux, n'avaient rien à dire ; ce dialogue entendu dans une commémoration télévisée de 1985 entre deux anciens militants est, à ce titre, tout à fait représentatif :

R. Castro (ancien chef maoïste, psychanalysé ensuite par Lacan) : « *Mai 68, c'est pas politique, c'est un mouvement purement de paroles...* »

J.-F. Kahn (ancien communiste) : « *En effet* [...] *le mal terrible de remplacer la réalité par des mots* [...] *cette idée que n'importe quoi est possible* [...] *une des périodes les plus lamentables* [...] *des enfants qui n'ont plus de culture* [...] *même le Front national c'est une résultante de Mai 68.* »

R. Castro : « *Mai 68, crise des élites.* »

J.-F. Kahn : « *Ah oui, on écoute mieux les enfants* [...] *le système des "petits chefs" a été ébranlé.* »

Alfonsi (le modérateur de la télévision, s'adressant à Castro) : « *Vous portez le badge "Touche pas à mon pote" ?* »

R. Castro : « *Oui, ça enlève de l'angoisse.* »[4]

Une fois de plus, ce discours fait de Mai 68 une espèce de « fourre-tout » contenant tout et son contraire. Les médias dominants, en accord avec les ex-gauchistes, entretiennent un certain trouble, un flou artistique autour de l'événement, favorisant ainsi sa dissolution dans le verbiage qui l'accompagne. Les spectateurs témoins du délire verbal de certains ex-gauchistes à la télévision pourraient être tentés de tirer la même conclusion que ce sociologue que j'ai rencontré à Princeton, d'autant plus que la « prise de parole » qui constituait l'objectif de 1968 est présentée comme n'ayant rien produit d'autre, à long terme, que le spectacle contemporain de commémorations sous forme de débats.

Le caractère rigide de l'affirmation du sociologue appelle cependant d'autres commentaires. « Il ne s'est rien passé en France » : rien n'a changé, aucune grande institution n'a été touchée. Était-ce là le point de vue du sociologue professionnel, dont la tâche est d'expliquer l'immuabilité des choses, pour qui toute rupture dans le système est récupérée en vue d'être réinsérée dans une logique du même, une logique de la continuité, de la reproduction ? C'est pour cette raison que les interprétations sociologiques de Mai 68, tout comme celles d'autres événements d'ailleurs, m'ont toujours paru frôler la tautologie : les faits semblent être expliqués selon les termes mêmes de leur existence. « La révolte de la jeunesse » est un exemple parmi d'autres de ces catégories sociologiques hypostatiques souvent utilisées en rapport avec Mai : les jeunes se révoltent parce qu'ils sont jeunes ; ils se révoltent parce qu'ils sont étudiants et que les universités sont surpeuplées ; ils se révoltent « *comme des rats et beaucoup d'autres animaux* » lorsqu'ils sont forcés de vivre dans une densité excessive et dans un espace donné[5]. Cette comparaison fut proposée peu après les événements par un autre sociologue, Raymond Aron, alors qu'une telle utilisation du vocabulaire animalier était tombée en désuétude depuis la Commune de Paris.

Ou s'agissait-il alors du point de vue de la police ? « *Circulez, il n'y a rien à voir.* » Dans un texte de 1998, Jacques Rancière situe le pouvoir de déterminer ce qui peut être vu ou non dans le fonctionnement de ce qu'il appelle, au sens large, la police : « *L'intervention policière dans l'espace public ne consiste pas d'abord à interpeller les manifestants mais à disperser les manifestations. La police n'est pas la loi qui interpelle l'individu (le "Hé ! vous, là-bas" d'Althusser), sauf à la confondre avec la sujétion religieuse. Elle est d'abord le rappel à l'évidence de ce qu'il y a, ou plutôt qu'il n'y a pas : "Circulez ! Il n'y a rien à voir." La police dit qu'il n'y a rien à voir sur une chaussée, rien à faire qu'à y circuler. Elle dit que l'espace de la circulation n'est que l'espace de la circulation. La politique consiste à transformer cet espace de circulation en espace de manifestation d'un sujet : le peuple, les travailleurs, les citoyens. Elle consiste à refigurer l'espace, ce qu'il y a à y faire, à y voir, à y nommer.* »[6]

La relation que les sociologues entretiennent avec le passé est-elle comparable à celle que la police cultive avec le présent ? Pour Rancière, la police et le sociologue parlent la même langue. Même la sociologie la plus nuancée nous renvoie à un *habitus*, à une façon d'être, à un terreau social ou à un ensemble de déterminations qui confirment, en fin de compte, le fait que les choses n'auraient pas pu se passer autrement. Toute singularité d'expérience – et toute tentative, de la part des individus, de donner sens à cette singularité – se trouve ainsi annulée dans le processus. La police fait en sorte qu'un ordre social fonctionnel correct fonctionne correctement, appliquant à la lettre le discours de la sociologie normative. Pour Rancière donc, la préoccupation première de la « police » n'est pas la répression mais quelque chose de plus élémentaire qui consiste à déterminer ce qui est perceptible ou non, à décider ce qui peut être vu ou non, à faire la part entre ce qui peut être entendu et ce qui ne peut pas l'être. Dans cette perspective, le terme de police finit par désigner tout ce qui concerne la distribution des places et des fonctions, ainsi que le système qui légitime cette distribution hiérarchique. La police procède de manière statistique : la division en groupes s'opère selon des critères de naissance, de fonctions, de places et d'intérêts. Elle incarne en d'autres termes la constitution symbolique du social conçu comme un ensemble de groupes aux modes de faire spécifiques nommés « profils », qui sont assignés, presque naturellement, aux lieux où ces occupations prennent place. Une fois additionnés, ces groupes forment un « tout » social, dans lequel rien ni personne ne manque, et où tout le monde trouve sa place. « *Circulez, il n'y a rien à voir.* » Cette phrase exprime une parfaite adéquation de fonctions, de lieux et d'identité : rien ne manque, rien ne se passe.

Mais si le terme « police » tel que le définit Rancière désigne la classification sociopolitique dans son acception la plus large, il n'inclut pas seulement les différents critères de classement sociologiques et culturels qui déterminent à la fois les groupes et leurs fonctions, et qui « naturalisent » aussi leur rapport, mais également la police telle que nous l'entendons le plus souvent, c'est-à-dire le flic en patrouille. Les deux sens se recoupent partiellement, comme dans le cas de cette anecdote peut-être apocryphe rapportée par Henri Lefebvre : en 1968, sommé par le doyen de Nanterre de relever parmi ses étudiants le nom des éléments les plus politiquement perturbateurs, il aurait répondu : « *Monsieur le doyen, je ne suis pas un flic.* »[7]

En 1998, Rancière propose une théorisation de la politique et de l'ordre social fortement influencée par les événements de 68 auxquels il a pris part trente ans plus tôt. Tout de suite après 1968, on assiste en France à une véritable hypertrophie de l'État, à la suite du fort sentiment de panique qui s'est emparé des élites ; le discours théorique français est rapidement saturé d'images policières. Au cours des années 1970, la police revient régulièrement, en tant que personnage ou en tant que force, dans la conjecture théorique : à titre d'exemple (le « Hé ! vous, là-bas » du flic qui interpelle dans la rue, dans la démonstration de Louis Althusser sur le fonctionnement de l'idéologie), dans les réflexions nourries de Michel Foucault sur la répression d'État (*Surveiller et punir*, 1975) ou encore dans l'analyse foucaldienne de Jacques Donzelot sur la façon dont la famille s'insère dans un réseau complexe d'institutions bureaucratiques et de systèmes de gestion (*La Police des familles*, 1977). Sa présence est constante dans les analyses du mouvement que Maurice Blanchot publie en collaboration avec le Comité d'action Étudiants-Écrivains, et elle est tout à fait perceptible dans un texte de 1969 comme « La parole quotidienne »[8]. La philosophie et la théorie commencent à s'imprégner de cette présence aussitôt après 1968, à une époque où l'ordre public et ses troubles sont sujets de préoccupation générale et où la crainte du gouvernement de voir à nouveau la population prendre possession de la rue se trahit de façon tangible par l'augmentation de la présence policière dans tous les endroits susceptibles de servir de lieu de réunion – cafés, métro, coins de rue. Trente ans plus tard, les traces de Mai et de ses retombées sont encore repérables dans la conceptualisation, par Rancière, de la « police » comme clé de distribution des corps en tant que communauté et comme mode de gestion des lieux, des pouvoirs et des fonctions dans l'élaboration d'un ordre social déterminé par l'État, ainsi que dans son analyse de la politique conçue comme la perturbation, au sens large, de cette distribution naturalisée.

Je voudrais, dans ce qui suit, que chacun de ces registres reste visible. La police empirique, dont les activités ont joué un rôle essentiel dans un régime comme celui de De Gaulle, né en 1958 d'un coup d'État militaire, dominera mon propos dans ce chapitre consacré à la proximité de la guerre d'Algérie et des événements de Mai. Dans le chapitre suivant, j'examinerai les formes et les pratiques développées pendant les événements de Mai, qui visaient à « dénaturaliser » les relations sociales du passé et, par conséquent, à perturber une police conçue comme une sorte de logique du social, qui assigne aux gens leur place et leur identité sociale, et les rend identiques à leurs fonctions. Mai 68 n'avait effectivement pas grand-chose à voir avec les intérêts du groupe social, étudiants, ou « jeunes », qui se trouvait à l'origine de l'action. Ce qu'on allait désigner comme « les événements de Mai » fut avant tout une crise du fonctionnalisme : les étudiants cessèrent de fonctionner comme des étudiants, les travailleurs comme des travailleurs et les paysans comme des paysans. Le mouvement prit politiquement la forme de tentatives de déclassification et de bouleversement dans la détermination sociale des statuts. Il se concrétisa par le déplacement des étudiants hors des murs de l'université, par des réunions unissant paysans et ouvriers ou attirant les étudiants à la campagne, délaissant le Quartier latin au profit des logements ouvriers et des quartiers populaires. Mai donna naissance à une nouvelle forme de manifestations de masse (organisées contre la guerre d'Algérie au début des années 1960 et contre celle du Viêtnam quelques années plus tard), qui impliquait une certaine dislocation physique. Et cette dislocation physique fut transmise au concept même de politique. L'intervention politique quitta sa place, sa place propre, qui était, pour la gauche de l'époque, le Parti communiste ; les questions politiques se traitèrent dans d'autres lieux, avec d'autres interlocuteurs. Au cours de cette période, la logique policière consistait à séparer les étudiants des travailleurs, à empêcher les contacts, à cantonner les étudiants dans le Quartier latin, ou encore à empêcher l'interaction étudiants-travailleurs lors de la bataille rangée qui prit place, entre autres, à l'usine de Flins au mois de juin. La violence avec laquelle cette tâche fut accomplie – que ce soit par les délégués syndicaux de la CGT, par de Gaulle, par le Parti communiste ou par la police elle-même – donne une idée de la menace qu'une telle politique représentait. Mai 68 était moins lié à l'identité et aux intérêts des étudiants en eux-mêmes qu'à une disjonction ou une fissure créée dans cette identité. Cette rupture a pris la forme d'une ouverture politique à l'altérité (représentée par les deux « autres » classiques de la modernité politique, le travailleur et le sujet colonial), résultant de la spécificité de la mémoire historique et politique de cette génération, étroitement liée et même inscrite dans la décolonisation[9] (inutile de préciser que la police avait bien évidemment joué un rôle crucial dans l'histoire de la décolonisation). C'est cette disjonction qui a permis aux étudiants et aux intellectuels de rompre avec l'identité d'un groupe social déterminé, aux intérêts particuliers, pour accéder à quelque chose de plus large, la politique au sens où Rancière la définit, ou à ce que Maurice Blanchot a identifié comme la force spécifique de Mai : « [...] *dans cette action dite étudiante, jamais les étudiants n'ont agi comme étudiants mais comme révélateurs d'une crise d'ensemble, comme porteurs d'un pouvoir de rupture mettant en cause le régime, l'État, la société* »[10]. Ils ont agi de manière à remettre en cause la conception du social (le social comme fonctionnel) sur laquelle l'État fondait son autorité à gouverner. L'ouverture politique à l'altérité a permis aux activistes de provoquer une rupture avec cet ordre, de bouleverser, ne fût-ce que brièvement, les places assignées par la police, de rendre visible ce qui ne l'était pas, de faire entendre ce qui ne pouvait être entendu.

Nous devons donc, dans ce but, maintenir la tension entre le « Mai » conçu à la fois comme événement unique (un point dans le temps, un moment où il s'est effectivement « passé quelque chose ») et comme période d'une vingtaine d'années comprise entre le milieu des années 1950 et le milieu des années 1970. Ce fut un événement au sens où Alain Badiou a défini le terme, c'est-à-dire quelque chose d'excessif et d'imprévisible, qui déplace les personnes et les lieux, et offre ainsi un cadre totalement neuf à la pensée[11]. Ce fut un événement dans la mesure où des milliers, voire des millions, de personnes ont été entraînées beaucoup plus loin que ce que leur éducation, leur situation sociale ou leur vocation initiale leur auraient permis d'espérer ; ce fut un événement dans le sens où la participation effective – davantage encore qu'un vague sentiment de solidarité formelle, ou qu'une communion d'idées – a changé le cours d'existences. Mais ce ne fut pas, comme beaucoup l'ont affirmé depuis lors, une sorte d'accident météorologique causé par une conjoncture planétaire imprévue, ni, comme dans le cliché souvent entendu, « *un coup de tonnerre dans un ciel serein* ». En 1968, le ciel s'était déjà obscurci. L'événement fut précédé d'une longue gestation, datant de la mobilisation contre la guerre d'Algérie, et suivi d'une vie ultérieure immédiate qui s'est prolongée au moins jusqu'au milieu des années 1970.

Cette dilatation temporelle me permet d'affirmer que Mai 1968 ne fut ni une grande réforme culturelle, ni une poussée vers la modernisation, ni l'aube d'un nouvel individualisme. Et ce ne fut surtout pas une révolte de cette catégorie sociale appelée « jeunes ». Ce fut, en revanche, la révolte simultanée de travailleurs et d'étudiants qui se déclencha dans le contexte particulier de la fin de la guerre d'Algérie. Cette guerre marqua l'enfance de certains ; d'autres, adolescents ou adultes, vécurent le massacre de centaines de travailleurs algériens par la police de Papon le 17 octobre 1961, ainsi que Charonne et les attaques presque quotidiennes de l'OAS. Tous n'avaient pas forcément le même âge, ni les mêmes convictions politiques, mais tous avaient été témoins, pendant les dernières années de la guerre d'Algérie, du rôle assigné à la police par le régime gaulliste. La proximité de 1968 avec les événements d'Algérie, survenus à peine quelques années auparavant, devait être le premier aspect de Mai 68, et le plus important aussi, à être occulté dans la version officielle produite dans les années 1980. Dès 1974 pourtant, l'activiste Guy Hocquenghem constatait que l'Algérie, comme d'autres régions du monde qui avaient retenu toute l'attention dans la France de 1968, étaient en train de disparaître de la mémoire collective : « *Des pays, des continents entiers ont sombré dans notre mémoire : l'Algérie de la guerre, la Chine de Mao, le Viêtnam sont passés comme des express, dans le bruit foudroyant des bombes et des bagarres. À peine avions-nous eu le temps d'y porter nos fantasmes : déjà ces pays nous quittaient.* »[12]

Matraquage

« Tout dialogue entre matraqueurs et matraqués est impossible. »[13] Ainsi que l'indique ce slogan, la matraque du gendarme était devenue à un moment donné des événements une simple synecdoque de l'État pour les insurgés. Pendant le long silence de De Gaulle et la réaction embarrassée du gouvernement, lors des premières explosions de violence dans la rue, la police était en effet devenue le représentant unique et immédiat de l'État. Deux figures paradigmatiques se faisaient face de chaque côté d'une barrière infranchissable : les agresseurs et les agressés, ceux qui frappaient et ceux qui étaient frappés.

Toute tentative de reconnaissance réciproque ou de « dialogue » entre deux partis aussi radicalement différents, qui évoluent dans des espaces de dimension inégale, mais cependant contigus, semble vouée à l'échec. La relation entre les deux est une antidialectique de différence absolue et d'opposition totale, une relation de « violence pure » semblable à celle que Frantz Fanon a décrite entre « colonisateurs » et « colonisés » dans *Les Damnés de la terre*. La matraque, arme contondante assez courte, qui se présente sous la forme d'un bâton de bois dont l'extrémité supérieure, plus volumineuse, est recouverte de caoutchouc durci, occupe une place de premier plan dans les reconstructions dramatiques, les films documentaires et l'iconographie politique de mai-juin 1968. Aussi, un tract militant typique intitulé « Comment éviter les matraques », distribué pendant la nuit la plus sanglante des événements, celle du 24 mai, explique-t-il aux manifestants la meilleure façon de plier des feuilles de journaux comme *France Soir* ou « Figaremouche », comme les militants surnommaient le journal de droite *Figaro*, pour les utiliser comme protection sur les épaules et le cou : « *L'épaisseur doit correspondre à celle de l'épiderme "matraquable", soit 25 feuilles de presse bourgeoise environ.* »[14] Dans les récits de prise de conscience politique de personnes qui avaient jusque-là gardé leurs distances vis-à-vis de la politique, la matraque joue souvent un rôle presque « pédagogique » d'« éveil » ou de révélation. Par exemple, voici ce qu'écrit en 1988 un activiste à propos de la violence policière vingt ans plus tôt : « *C'était un excellent enseignement sur la nature de l'État qui se maintient par la force d'une matraque : c'était une éducation directe.* »[15] Un autre témoin affirme : « *J'en ai vu de près* [des bagarres], *j'ai vu des flics se faire casser la gueule. Quand tu vois des flics détaler, ça te marque pour toute la vie.* »[16] Un troisième participant décrit son initiation : « *Pour moi, Mai 68 a commencé par un coup de matraque en sortant d'un appartement. C'était une des premières manifestations du Quartier latin. Les flics chargeaient. J'avais déjà entendu parler de ce qui se passait à Nanterre, mais c'était quand même très extérieur. J'étais au lycée, dans une classe préparatoire aux grandes écoles, je faisais tranquillement mes études. Du coup je me suis mis à aller aux réunions, aux assemblées. Je n'y comprenais d'ailleurs pas grand-chose.* »[17]

La violence policière du début du mois de mai amena un nombre croissant de gens dans la rue. Mais le rôle catalytique joué par la police dans la transformation du mouvement en mouvement de masse débuta avant même que les matraques ne commencent à s'abattre. La présence d'un grand nombre de policiers appelés à Nanterre par le recteur Pierre Grappin, lui-même ancien membre actif de la Résistance, accrut la visibilité de la coopération entre l'administration universitaire et la police : « *La réaction des étudiants, non seulement à l'action de la police, mais à sa simple présence* [...] *est une réaction viscérale, une allergie réflexe. La masse des étudiants était au départ apolitique ; elle désapprouvait les incidents de Nanterre. Mais elle a été d'instinct du côté du "22 mars"* [...] *parce que la police était là et qu'elle signifiait pour tous une répression intolérable.* »[18]

Henri Lefebvre rappelle la rencontre entre théorie et vie quotidienne à Nanterre : « *Les principaux ouvrages marxistes que les étudiants lisaient et commentaient étaient les textes de Marx sur l'État, sur l'aliénation politique. Je suis convaincu qu'ils ont joué un rôle dans les slogans des étudiants : "À bas l'État policier." Ce slogan venait de leur expérience, de leur expérience avec les flics, qui contrôlaient l'espace, l'espace de l'université, des faubourgs et des baraquements qui entouraient le campus de Nanterre.* »[19]

Un autre activiste évoque sa réaction à la vue de la police : « *D'abord, le fait de voir le mur bleu et gris des policiers m'a révolté, cette espèce de muraille qui avançait vers nous* [...] *et j'ai eu envie de lancer aussi mon pavé.* »[20]

Alain Krivine et d'autres ont souligné le rôle déclencheur de la décision du recteur Roche d'appeler la police à la Sorbonne le 3 mai. Jamais auparavant la police n'était entrée dans la Sorbonne. Les Allemands eux-mêmes n'avaient pas pénétré dans ce sanctuaire ! À partir de ce moment, un mouvement qui avait un objectif initial très limité commença à se former autour de slogans comme « Libérez la Sorbonne de l'occupation policière » et « Libérez nos camarades en prison » (en référence aux premiers étudiants arrêtés au cours des manifestations contre la guerre du Viêtnam). Dès le 11 mai, la revendication essentielle des étudiants devint le retrait de la police des universités. Sa seule présence ne cessait de politiser la situation. Pour les lycéens, la présence policière sur le campus ou à proximité était un souci majeur. Dans un épisode de la série télévisée *Les Chemins de la vie*, intitulé « En terminale », et diffusé à la mi-mai, deux lycéens discutent de la liberté d'expression (entendant par là le droit de mener une action politique – organiser, distribuer des tracts, etc. – à l'intérieur du lycée). Le dialogue entre les deux étudiants et des administrateurs, apparemment bien intentionnés, qui leur assurent qu'eux aussi croient à la « liberté d'expression », aboutit à une impasse. Les étudiants ne peuvent accepter ce qu'ils considèrent comme la réitération d'une liberté d'expression purement formelle ou abstraite ; ils insistent sur le fait que leurs préoccupations sont immédiates et concrètes : « *La police va-t-elle continuer à être à la porte du lycée pour nous arrêter ?* »[21] De même, le commentaire d'un ouvrier de l'usine Peugeot de Sochaux sur les violences qui ont éclaté le 11 juin, lorsque le gouvernement a envoyé des troupes de CRS pour occuper l'usine en grève, montre l'effet politisant de la présence policière dans une situation qui n'était jusqu'alors pas perçue comme telle. L'ouvrier explique comment un conflit avec la direction de l'usine s'est transformé en « lutte politique » quand la police est arrivée et que les ouvriers ont dû se défendre. Lui-même n'avait pas prévu de se battre, mais il a été pris au piège par des policiers qui piétinaient tous ceux qui tombaient et continuaient à les frapper quand ils étaient à terre[22]. L'ouvrier qui parle a perdu un pied dans la bataille du 11 juin ; deux autres, Henri Blanchet et Pierre Beylot, ont été tués par les CRS et 150 autres ont été grièvement blessés. Le rôle instrumental de la police, dont la responsabilité est de veiller au maintien de l'ordre, mais pas de n'importe lequel, de l'ordre capitaliste dans lequel les travailleurs doivent remplir la fonction sociale qui leur est assignée, ne pouvait être plus évident. Comme le dit le slogan, il n'y a aucun dialogue possible entre matraqueurs et matraqués.

Pendant la première quinzaine de mai, à mesure que la répression policière se faisait plus dure, les « attaques aveugles » menées par les forces de l'ordre, en particulier par les CRS, qui entraînaient sans distinction activistes et simples passants dans un tourbillon de violence, eurent pour effet de créer un élan de sympathie inattendu de la part de membres de la classe moyenne qui n'étaient pas, à l'origine, favorables aux manifestants : « *Les flics frappaient absolument tout ce qui passait à leur portée. Je me rappelle avoir vu une femme qui passait avec un bébé dans les bras s'être faite* [sic] *matraquer.* »[23]

« *Un jour, un prof sortait d'une librairie où il avait acheté des bouquins et il est passé à proximité d'un groupe de CRS qui l'ont immédiatement castagné. Leur chef a dû s'apercevoir que ce n'était pas un étudiant mais quelqu'un de plus respectable, alors il a ordonné à ses hommes d'arrêter et l'un d'entre eux aurait dit : "Mais il avait des livres, chef !"* »[24]

On attribue le plus souvent cet élan de sympathie générale envers l'insurrection au cours de la première moitié du mois de mai à l'effet produit par le témoignage direct, ce que les gens voyaient, ou croyaient voir dans la rue, c'est-à-dire une lutte entre étudiants et policiers. Les spectateurs du drame ne pouvaient être que du côté des étudiants, même si, aux yeux de certains observateurs, plusieurs d'entre eux n'étaient visiblement que des agents perturbateurs et si d'autres n'étaient pas vraiment étudiants. Mais cette faveur diminua nettement avec le début de la grève générale le 13 mai, alors qu'une autre dynamique plus clairement estampillée « lutte des classes » remplaçait les violents accrochages, souvent musclés, du début du mois.

Ces échauffourées contribuèrent certainement, à en croire les rares récits d'ouvriers qui nous soient parvenus, à produire entre eux et les étudiants un sentiment de familiarité quasi instantané sur la base de l'expérience partagée (« *Les matraques, on les connaît !* »[25]). Au début, les travailleurs exprimèrent une solidarité presque émotionnelle, relativement abstraite avec les manifestants étudiants contre la répression policière. « *On était tous anti-flics* », dit un travailleur de l'usine automobile. « *Dans la jeunesse ouvrière, il y a toujours eu la haine des flics.* »[26] Un autre ouvrier militant observe que « *ce sont les mêmes flics, CRS, qui faisaient la navette des portes d'usines aux portes des facultés.* »[27] Mais, très vite, la violence offrit l'occasion de passer de cette identification abstraite à une solidarité plus intense et immédiate, dans le combat, comme ces remarques le suggèrent : « *Nous devons être avec eux* [les étudiants] *dans leur combat, participer à leurs manifestations à leurs côtés.* »[28] En d'autres termes, les ouvriers, contrairement aux parents et aux spectateurs de la classe moyenne, n'étaient pas pris de pitié pour les victimes des gaz lacrymogènes rouées de coups, mais plutôt en proie à un sentiment de respect admiratif face à l'action directe menée par les étudiants – une solidarité qui n'était pas de la charité.

Le verbe « matraquer », qui revient si souvent dans la littérature de mai-juin, n'acquiert une signification figurative qu'après 68, lorsque les Français commencent à parler, par exemple, de matraquage d'images télévisuelles, ou d'autres expériences sensorielles caractérisées par une répétition incessante : plus question de véritables coups, seulement du staccato bourdonnant de *jingles* publicitaires répétitifs ou de refrains populaires. Après 68, on l'utilise le plus souvent pour évoquer le pilonnage de certaines campagnes médiatiques ou de slogans publicitaires répétés jusqu'à saturation qui font partie intégrante de la logique réitérative d'une société de consommation noyée sous le flot des lieux communs et autres clichés. Emmanuel Terray, pour ne citer qu'un exemple, parle du « *matraquage cher à nos publicitaires* », orchestré par les médias français des années 1980 autour de l'idée de « *fin de l'histoire* »[29]. Mais en 1968, le mot matraquage était partagé entre ses connotations à venir et son passé colonial : le mot vient en effet de l'arabe algérien *matraq*, qui signifie gourdin. En 1968 donc, le même mot pouvait avoir deux sens, le sens figuré et tout nouveau, à l'époque, que l'on vient d'évoquer, mais aussi le sens concret hérité de la violence coloniale. D'un côté, il s'appliquait à la façon dont les médias chantaient ou « matraquaient » les valeurs de l'idéologie dominante (le marché, le profit, l'entreprise) ; de l'autre, il rappelait cette longue histoire nationale d'affrontements sanglants, dans les colonies et en France, qui, dans un passé pas si éloigné, avait précédé les altercations de Mai et, en quelque sorte, préparé le terrain.

En 1968, l'idée d'affrontement physique direct avec la police en tant que représentant du pouvoir de l'État avait déjà acquis, pour beaucoup de militants, une certaine consistance à la suite d'une série de grèves qui avaient éclaté dans les usines françaises au milieu des années 1960. Ces grèves « sauvages » naissaient de manière plus ou moins spontanée dans un atelier d'usine, puis s'étendaient à l'entreprise, à la ville ou au secteur industriel tout entier ; elles étaient autant dirigées contre les responsables syndicaux que contre le patronat. Dès 1963, les mineurs avaient mené une grève violente et s'étaient opposés à la reprise du travail décidée par les syndicats. En 1964, les travailleurs de Renault de l'usine de Flins avaient réclamé une réduction de la semaine de travail en scandant « Nous voulons du temps pour vivre ». Des grèves spontanées, plus longues et plus violentes que celles organisées par les syndicats, éclatèrent également à Nantes en 1964, dans les chantiers navals du Midi en février 1966, à Redon, au Mans, où les travailleurs érigèrent des barricades, ainsi que chez Rhodiacéta, à Lyon et à Besançon, où elles durèrent tout le mois de décembre 1967 et s'étendirent à l'ensemble des usines du groupe dans la région lyonnaise. À Caen, en janvier 1968, des émeutes succédèrent à une grève sauvagement réprimée ; étudiants, paysans et travailleurs envahirent ensemble les rues et plus de 200 personnes furent blessées lors d'affrontements avec la police. Bref, dans les années qui précédèrent immédiatement 1968, toutes les régions de France connurent un climat d'agitation au sein de la classe ouvrière ; concrètement, cela se traduisit par des grèves que les dirigeants syndicaux s'efforcèrent de réduire à de simples manifestations symboliques. Cependant, les meneurs ouvriers s'opposèrent à ces tentatives de minimisation. C'était la première fois depuis 1936 que des travailleurs en grève occupaient les usines. Leurs revendications n'étaient pas seulement économiques ; elles se transformèrent progressivement en une remise en question du modèle de production, de la structure syndicale et enfin de la société gaulliste elle-même. Ces expériences d'action directe servirent d'exemple à certains étudiants activistes, ou, comme le dit plus justement Sartre dans un autre contexte, elles « *élargirent le champ du possible* »[30]. Ces grèves, pendant lesquelles, selon un ouvrier, « *on a*[vait] *obtenu beaucoup plus en dix heures de combats de rue qu'en dix mois d'assises dans les commissions* »[31], offrirent un scénario d'action ou d'affrontement direct. « *Il apparaît avant le 22 mars que l'action directe, efficace, qui ne transige pas sur ses objectifs, quand on s'est donné un objectif comme à Caen, à Redon, etc., eh bien, ça réussit !* »[32] L'un des premiers tracts de 68, distribué par les militants maoïstes dans les banlieues ouvrières de Paris, tentait d'établir une filiation directe entre l'insurrection des étudiants et les grèves de 1967 : « *Les étudiants n'ont pas peur des flics. Quand les flics de la bourgeoisie se heurtent aux mouvements progressistes, ils ne font pas la loi. Les ouvriers de Caen et de Redon leur ont infligé une sévère leçon. Les étudiants qui soutiennent les luttes du peuple se mettront à l'école des ouvriers et des paysans.* »[33]

En effet, c'est le documentaire sur la grève de Rhodiacéta, réalisé par Chris Marker en collaboration avec SLON (un collectif de travailleurs et de cinéastes), et diffusé sur la deuxième chaîne de l'ORTF en février 1968 avant d'être projeté dans une série de ciné-clubs et à la faculté de Nanterre, qui informa de nombreux militants, qui, sans cela, n'auraient jamais rien su de l'atmosphère politique troublée qui régnait dans les usines françaises.

« [L]*a première chose importante qui m'est arrivée, un peu avant Mai 68, c'est la découverte de l'exploitation ouvrière. J'ai eu l'occasion de faire un stage ouvrier par l'école, pendant trois semaines. J'ai travaillé dans une mine de charbon. J'habitais chez des mineurs. Je découvrais des habitudes, même alimentaires, que je ne connaissais absolument pas. Ça m'a vraiment marqué.*

À la même époque, j'ai vu à la télé un film de Chris Marker sur la grève de la Rhodiacéta. C'était très important de voir ce film en même temps, parce que j'aurais pu me dire que les mineurs, c'était quelque chose de spécial, une classe ouvrière ancienne. Mais la Rhodia était une des branches motrices de l'accumulation capitaliste, et cette grève apportait des revendications et des formes de lutte tout à fait nouvelles qui présageaient Mai 68 et surtout l'après-Mai. »[34]

Le film, intitulé *À bientôt, j'espère*, s'achève sur ces paroles d'un ouvrier : « *Il ne faut pas que les patrons croient que nous avons perdu. Nous les retrouverons et nous gagnerons. À bientôt, j'espère.* »[35]

Mais pour la plupart de ceux qui vécurent les événements à Paris, que ce soit en tant qu'observateurs ou participants, c'est un autre ensemble d'associations qui refit surface lors des combats de rue, celles liées aux origines coloniales de la matraque. Le choc produit par l'omniprésence policière dans les rues, une démonstration de force que l'on n'avait plus vue à Paris depuis le début des années 1960, rappela aussitôt l'atmosphère de violence qui avait accompagné les derniers mois de la guerre. « *Les rues pleines de cars de police – ça me rappelle la guerre d'Algérie* »[36], notait Mavis Gallant. Un autre témoin décrit la scène plus en détail. « *Saint-Germain-des-Prés. Là, les premiers ambulanciers. Certains la blouse tachée de sang. Une centaine de gardes mobiles. Pour la première fois depuis l'Algérie, je vois l'ennemi en face.* »[37] Sous le choc, certains participants retrouvèrent une sorte de mémoire physique, une impression de « déjà vu ». Voici comment l'un d'entre eux décrit son impression de voyage involontaire dans le temps : « *Arrivés à la station Saint-Michel, les portes des wagons une fois ouvertes, une insupportable odeur de chlore se répandit, et cela d'autant plus vigoureusement que quelques personnes, la tête ensanglantée, s'engouffrèrent dans l'espace encore libre. Brusquement, la gorge serrée et les yeux qui me brûlaient, je retrouvai l'horrible sensation des gaz lacrymogènes inhalés lors des manifestations contre la guerre d'Algérie.* »[38]

Les incidents de rue qu'un témoin observe depuis sa fenêtre lui rappellent aussitôt la violence de la période algérienne : « *Aux fenêtres du bâtiment, les tentures bruissent imperceptiblement. On regarde, effarés et apeurés, les flics casser de l'étudiant comme ils avaient "ratonné" l'Arabe quelques années plus tôt.* »[39] Chez Mavis Gallant, les bruits font naître l'association avec la même force que les images : « *Dans la nuit, j'entends les bruits de foule familiers comme pendant les événements de 1958.* »[40] La réapparition de tout un ensemble de postures, de positions physiques que l'on adopte instinctivement dans la chorégraphie de la violence de rue crée chez elle une sorte de palimpseste ou de superposition de deux moments : « *Premièrement, à cause des coups de matraque, il y a les commotions cérébrales, les fractures du poignet et de l'avant-bras, car on lève le bras pour se protéger, les fractures de la cheville lorsque l'on est tombé et que le poursuivant a frappé ce qui se trouvait à sa portée. (Cette scène je l'ai déjà vue à Paris, il y a dix ans très exactement, pendant la crise algérienne… je la revois – ce jeune homme qui trébuche, qui est maintenant à terre, cet homme adulte qui…)* »[41]

Même le vocabulaire utilisé pour décrire la façon dont les étudiants militants sont systématiquement chassés, poursuivis, coincés lors de leurs altercations avec la police est emprunté à l'arsenal colonial. Le mot « ratonnade », qui, jusque-là, n'était utilisé qu'en référence à la poursuite des Algériens (appelés « ratons », ou « petits rats », dans les insultes à caractère racial) par la police ou l'armée, est repris pour décrire les mêmes opérations de police, menées cette fois contre les étudiants. « *Afin d'éviter les ratonnades, matraquages systématiques et enlèvement des isolés* […] *se disperser par groupes de 50 à 100 max.* » : tel est le conseil donné par un tract[42]. Plus tard au mois de juin, à Flins, « *dans la chasse aux étudiants, les ratonnades sont permanentes ; les CRS leur maintiennent les bras dans le dos, pourchassent, ratonnent les étudiants* »[43].

La proximité chronologique entre la guerre d'Algérie et les événements de 68 est explicitement évoquée par ces activistes dont la formation politique a commencé à Paris au début des années 1960 avec la lutte antifasciste – un antifascisme associé à cette guerre qui réveille, sur le sol français, la confrontation directe entre les extrêmes. « *En 1968, la guerre d'Algérie était encore très proche : la gauche était la gauche, et la droite était la droite.* »[44] En 1961 et 1962, dans un Quartier latin constamment sous surveillance policière, des groupes d'extrême droite attaquèrent des étudiants de gauche à proximité de la Sorbonne et des lycées Louis-le-Grand et Henri-IV. Des distributeurs de journaux qui défendaient l'indépendance algérienne furent attaqués dans la rue, tandis que les appartements d'intellectuels qui partageaient la même opinion étaient régulièrement plastiqués par l'OAS. Les revues et journaux de gauche étaient fréquemment pris pour cibles : rien qu'au cours des mois de février et mars 1962, une bombe explosa dans le bâtiment qui abritait les bureaux du *Monde*, une autre fut découverte dans les bureaux de *L'Humanité* et une attaque détruisit les bureaux de *France-Observateur*.

Le militant Pierre Goldman se remémore son adolescence à la fin des années 1950 : « *J'y découvris le fascisme. Ou plutôt, qu'il y avait des fascistes, que cette espèce n'était pas morte avec la défaite de l'Axe et la libération de la France* [...]. *Je croyais que les fascistes, mal absolu, avaient disparu de l'espace réel. Que leur existence était aussi incongrue que celle d'êtres revenus du fond des temps.* [Au lycée, en 1959], *je rencontrai des jeunes qui défendaient le régime de Vichy (des professeurs aussi), et des fascistes actifs, membres de Jeune Nation. C'était l'époque du retour à de Gaulle, du début des menées ultra en Algérie.* »[45]

Un professeur, militant en 1968, décrit la polarisation politique des dernières années de la guerre : « *Arrivé en France, la rencontre avec les partisans de l'Algérie française a pour effet de me précipiter dans l'autre camp.* »[46]

Dominique Lecourt évoque la proximité de la guerre et ses effets politisants : « *Longtemps après le fracas de 1958 et les bruits de bottes qui avaient accompagné le retour du général de Gaulle au pouvoir, l'imminence d'un "coup" fasciste nous avait tenus en alerte. Et le plastic de l'OAS, en ses nuits bleues, comme les affrontements presque quotidiens de la rue Saint-Jacques, mobilisaient jusqu'aux plus pacifiques d'entre nous.* »[47]

Pour un autre, qui devait devenir militant en 1968, l'unique solution possible était une réponse directe et violente à la menace du fascisme : « *Mais j'étais antifasciste. C'est comme cela que je me suis socialisé. Eux maniaient la dialectique, moi la matraque.* »[48]

D'un côté, il y avait une espèce d'« archétype » masculin, fruit de la fusion de plusieurs figures paramilitaires : CRS, gendarmes, légionnaires, autres forces d'élite militaires et, surtout, parachutistes. Alors que les autres régiments d'élite étaient disséminés dans tous les corps d'armée, les parachutistes constituaient un bloc interne, une secte spécialisée, soudée par l'uniforme, les rituels, les mots de passe, un langage hermétique, des chants (souvent adaptés du répertoire SS allemand)[49] et un esprit de corps, bref, une armée dans l'armée. Incarnée par des individus comme les colonels Bigeard et Massu, l'aura sombre et romantique du parachutiste s'imposa pendant la guerre d'Algérie à de nombreux lecteurs français par le biais de photos diffusées dans *Paris Match* et *France Soir*. Le meilleur exemple de cette figure mythique de guerrier, au regard d'acier, froid et lointain, portant tenue de camouflage et lunettes noires, au teint buriné et à la démarche caractéristique, est probablement offert par une scène du film de Pontecorvo, *La Bataille d'Alger*, dans laquelle le colonel Matthieu, un nouvel arrivant – Massu en réalité – descend la rue principale d'Alger. « [Le para] *n'aime pas les phrases, les parlotes, les assemblées. Sa vocation est d'y mettre bon ordre. Aux phrases, aux parlotes, aux assemblées, il oppose son corps et ses armes* [...]. »[50]

Ces signes distinctifs propres aux parachutistes allaient être sujets à un ensemble de stéréotypes et de caricatures qui proliférèrent pendant la guerre d'Algérie et jusqu'au début des années 1970. La figure du parachutiste était, au même titre que celle de De Gaulle, un classique des caricatures politiques de la période. Siné, par exemple, qui, en septembre 1960, signa avec 120 autres personnalités publiques françaises le *Manifeste des 121*, déclarait respecter et comprendre le refus de prendre les armes contre le peuple algérien[51], continua à jouer un rôle important dans l'illustration de journaux éphémères comme *Action* et *L'Enragé*, qui fleurirent pendant Mai 68. Ses premiers dessins politiques, réalisés pour *L'Express* en 1958, étaient d'ailleurs une série sur les parachutistes.

Mais au début des années 1960 s'éleva, contre ce que la gauche nommait déjà la garde prétorienne fasciste, une réaction franchement militaire, ainsi que le décrit Pierre Goldman : « *Je suis choqué de la passivité de la gauche organisée envers l'OAS et que la lutte efficace soit surtout conduite par les équipes spéciales du gouvernement. J'ai, pour les policiers pogromistes des ratonnades d'octobre 1961, une haine farouche et juive. Je ne comprends pas que les victimes assassinées de Charonne ne soient pas vengées.* »[52]

La trajectoire politique de Goldman n'avait évidemment rien d'unique ; un autre militant décrit les étapes d'un itinéraire analogue : « *Avant Mai, j'avais surtout une activité antifasciste. Je participais aux Comités Viêtnam de base. Je ne savais rien de la composition de classe en France. Je n'avais aucune idée de l'exploitation que les ouvriers subissaient* [...]. *Il était assez fréquent à l'époque de s'engager sur un front d'abord anticolonialiste puis anti-impérialiste.* »[53]

Goldman et le lycéen Michel Recanati comptaient parmi les militants responsables de l'organisation et de la coordination des services d'ordre. Il s'agissait de petits groupes spécialisés dans les combats de rue contre la police ou les groupes d'extrême droite, comme Occident, Ordre Nouveau ou Jeune Nation, dont les leaders, au milieu des années 1960, étaient souvent d'anciens légionnaires ou d'ex-parachutistes. Utilisant l'antifascisme comme élément mobilisateur, les « services d'ordre » se caractérisaient par une capacité offensive dans les rues, ainsi que par une action collective directe et régulière. Les activités de ces services d'ordre, aux techniques de guérilla urbaine parfois spectaculaires, débutèrent avant mai-juin 1968, pour ne prendre définitivement fin que lors des échauffourées parisiennes du 21 juin 1973. Ce jour-là, la mobilisation contre le groupe d'extrême droite Occident, qui avait été autorisé par la police à organiser un rassemblement à la Mutualité, fit 80 blessés, dont certains grièvement, parmi les membres des services d'ordre et incita le lendemain le gouvernement à interdire le groupe militant qui avait organisé la manifestation, à savoir la Ligue communiste. Reconstitution de la Jeunesse communiste révolutionnaire, interdite par le gouvernement en juin 1968, la Ligue avait alors pour slogan : « Pas de quartier pour les fascistes. »

La durée de vie des services d'ordre, dont les activités étaient profondément antiparlementaires et qui se définissaient eux-mêmes comme tels, peut servir de point de démarcation à ce que j'appelle la culture 68. En effet, leur existence coïncide dans le temps avec une forme de lutte politique entièrement neuve, dans laquelle les étudiants japonais, les Zengakuren, avaient découvert avant les Français que « *la police n'était pas nécessairement la plus forte* » : l'uniforme avait cessé d'être magique et le flic n'était plus invulnérable. Les spectaculaires actions violentes menées par ce que l'on appelait le noyau dur ne s'inscrivaient pourtant pas dans la catégorie de la violence spontanée ou non contrôlée. Au contraire, elles constituaient la première partie d'une tactique spécifique appelée « provocation-escalade » : à une altercation violente avec les flics ou les groupes fascistes succédait aussitôt une grande manifestation légale. La première action provoquait les autorités et attirait l'attention, la seconde politisait de larges cercles en les attirant et en les associant à l'action.

Le parcours de Goldman constitue la version extrême d'une prise de conscience politique collective engendrée par la guerre d'Algérie et ses répercussions en France. À un niveau plus général, la fin de la guerre signa l'apparition d'une nouvelle forme de pensée et de subjectivité politique, qui se concrétisa dans les grandes ruptures politiques, philosophiques et intellectuelles de la fin des années 1960[54]. En mettant en évidence la distorsion entre le discours « humaniste » officiel de la France et ses pratiques en Algérie et même, à l'occasion, dans la métropole, la guerre d'Algérie a provoqué une rupture au sein de la société française, une fracture de son identité. « *À travers la lutte contre la guerre*, écrit Cornelius Castoriadis en

1963, *les manifestations, la résistance, les activités secrètes, l'aide aux Algériens, les débats sur leur révolution, une minorité d'étudiants prit conscience de ce qui les opposait à leur propre société* [...]. *L'Algérie fut l'occasion, le catalyseur d'une opposition qui cherche et prend peu à peu conscience d'elle-même.* »[55] C'est dans le contexte algérien que la gauche officielle, c'est-à-dire le Parti communiste, devient pour la première fois la « gauche respectueuse », définie par Sartre comme « *une gauche qui respecte les valeurs de droite même si elle est consciente de ne pas les partager* »[56] et, par conséquent, une forme politique à dénoncer. On trouve une bonne illustration de l'attitude du Parti communiste français face à la lutte de libération algérienne dans la déclaration que Waldeck Rochet, secrétaire général du parti pendant 1968, fit à l'Assemblée nationale le 5 juin 1956, dans laquelle il prenait clairement position en faveur du maintien de la présence française en Algérie et en Afrique du Nord : « *Nous sommes, nous communistes, des partisans convaincus de la négociation, d'une part, parce que nous ne voulons pas que nos jeunes meurent en Afrique du Nord pour les intérêts d'une minorité d'exploiteurs et, d'autre part, parce que nous avons la certitude que la seule voie permettant de sauver la présence française en Algérie et en Afrique du Nord est de rechercher la négociation avec les représentants qualifiés du peuple algérien en vue de l'établissement de liens librement consentis et conformes aux intérêts du peuple de France et du peuple d'Algérie, y compris, bien entendu, de l'immense majorité des Algériens d'origine française.* »[57]

C'est dans ce contexte d'opposition envers l'attitude attentiste adoptée par le PCF – un PCF défendant l'assimilation et devenant gardien des intérêts de la nation en tant qu'entité existant au-delà et par-dessus les classes – que la gauche radicale vit le jour. Il se dégagea également une nouvelle attitude vis-à-vis du communisme officiel. « *La guerre d'Algérie*, écrit Marie-Noëlle Thibault, *a ouvert les yeux d'une génération entière et largement contribué à la façonner. L'horreur profonde ressentie à la vue des atrocités de la guerre coloniale nous a menés à un simple fait : les démocraties sont elles aussi des États impérialistes. Le trait principal* [...] *était que cette action politique, qui incluait un soutien aux luttes de libération nationales, était conçue comme un mouvement de masse.* »[58] Selon un autre intellectuel, la guerre entraîna une rupture d'identification, une « désidentification » à grande échelle avec l'État. « *La manière peu glorieuse dont la guerre d'Algérie s'est terminée, la bouffée de haine qu'a été l'OAS et ce qu'elle a révélé de notre société, tout cela n'était pas de nature à nous réconcilier avec notre pays.* »[59] Si on examine les récits personnels de cette prise de conscience politique, on constate que beaucoup d'individus soulignent le rôle joué par la police : « *Nous étions nombreux à avoir, lycéens, participé contre la “sale guerre” d’Algérie à nos premiers meetings. Nos premières manifs furent celles au cours desquelles les hommes de Maurice Papon ensanglantèrent les rues de Paris. Autrement dit, nous savions que la politique pouvait toucher et bouleverser la vie quotidienne de chacun.* »[60]

« *En 1968, j’étais déjà politisé depuis la guerre d’Algérie. En 1962, à la fin de la guerre, j’avais douze ans. La guerre elle-même m’est passée totalement inaperçue, j’étais trop jeune. J’étais entré en 1961 au lycée Voltaire et il y a eu beaucoup de manifestations dans ce quartier contre l’OAS.* [...] *il y avait souvent des alertes à la bombe. C’est ce qui m’a amené à me sensibiliser aux problèmes politiques. De cette époque, j’ai fait une espèce de choix, c’était relativement clair que je ne me situais pas du côté de la droite et de l’OAS.* »[61]

La France algérienne

C’est peut-être dans le roman policier de Jean-François Vilar, *Bastille Tango*, publié en 1986, que l’on trouve la meilleure évocation des incidents que nous venons de mentionner, incidents qui, au début des années 1960, dessinèrent une trajectoire politique tant du point de vue individuel que collectif. Pendant les événements de 68, Vilar était militant trotskiste et journaliste pour le quotidien *Rouge*, publié par la Ligue communiste révolutionnaire (LCR). Dans *Bastille Tango*, les indices ont tous un lien avec la façon dont les traces de violence politique sont à la fois inscrites dans la ville physique et oubliées par celle-ci, la corrosion de l’oubli ayant été facilitée par la violence d’une rénovation urbaine insensée. Une question posée par un ami du narrateur, un ancien soixante-huitard devenu photographe, fait renaître un passé marqué par des crimes politiques qui ont laissé leurs traces dans la physionomie de la ville, donnant lieu à une véritable poétique de la mémoire politique :

« *– De quelle époque date votre... (il chercha ses mots)... première prise de conscience, disons... politique ?*

C’était inattendu, mais c’était une vraie question. De quand ? La fin de la guerre d’Algérie ? Charonne ? Oui, Charonne était une date importante. Ma première manif. Le rendez-vous était devant le cinéma Lux. Mon père me tenait la main. Il n’allait jamais aux manifs. Celle-là, il m’avait dit qu’il fallait. J’avais dit (bon sang, j’étais un gosse) emmène-moi. Il avait répondu : d’accord. Avec un ton un peu grave. Nous étions loin de la station de métro, quand il y avait eu la charge. Très loin. Il avait quand même fallu se réfugier sous une porte cochère, rue de Montreuil, pour se protéger des flics déchaînés [...]. *De quand les premiers engagements ? Il y avait eu à la même époque les émeutes sur les boulevards. Un copain d'école qui habitait le quartier m'avait aussi raconté les noyés, les Algériens qu'on retrouvait dans le canal Saint-Martin* [...]. *Des morts dont les journaux ne parlaient pas, qu'on voulait ignorer.* »[62]

Le témoignage de Vilar n'a pas seulement le mérite d'évoquer les deux interventions policières les plus désastreuses orchestrées par Maurice Papon lorsqu'il était préfet de police au début des années 1960 ; il les présente sous la forme d'un palimpseste aujourd'hui familier. Les songeries de son personnage évoquent une histoire commune, dans cet ordre particulier adopté par les événements lorsqu'ils refont surface dans la mémoire du personnage. Le premier événement porte le nom d'une station de métro, Charonne ; ce fut la première manifestation politique du jeune Français, marquée, dans la vie réelle, par le décès de neuf personnes écrasées lors d'une charge sauvage de la police le 8 février 1962. Charonne fut un événement « français » ; des Parisiens conduits par les partis de gauche et les syndicats manifestèrent en masse contre une attaque particulièrement sordide de l'OAS, un attentat à la bombe contre l'appartement d'André Malraux au cours duquel la petite fille de la concierge de l'écrivain perdit la vue. Lorsque les manifestants se dispersèrent, la police chargea, si bien que les gens coincés contre les entrées (fermées) de la station de métro furent piétinés et battus à mort par la police qui utilisa pour ce faire les grilles métalliques entourant les arbres de Paris.

Sept ans plus tard, en 1968, les manifestants leur retourneront ces mêmes armes. Dans le récit de Vilar, Charonne refait surface, revient à la mémoire du personnage, et se déroule quasiment comme un film. C'est la première chose qu'il répond quand on lui demande de quand date sa première prise de conscience politique. L'enfant du roman n'a pas vu les horreurs de Charonne, il était trop petit ou trop loin. Mais leurs circonstances ont été enregistrées par sa mémoire corporelle : la bousculade, la vue de la police, l'inquiétude dans la voix de son père, la main de celui-ci, comme ils s'accroupissaient pour se mettre à l'abri de la police. Ces horreurs n'ont pas été vues par le narrateur, mais elles sont historiquement représentables : en février 1962, on a reconnu qu'il y avait eu des morts, parmi lesquels un garçon de 16 ans ; leurs corps ont été trouvés et identifiés. La station de métro donna son nom à l'événement, un événement qui « eut bel et bien lieu », dont les horreurs furent publiques. Il se passa indéniablement quelque chose. Cinq jours plus tard, plus de 500 000 personnes retournèrent sur les lieux pour pleurer les morts. Ce fut le premier épisode d'une série de rituels funéraires gauchistes typiques des rues de Paris, qui ne prendra fin qu'avec les funérailles de Jean-Paul Sartre en 1980 et qui comprendra notamment celles du lycéen Gilles Tautin en 1968, de Pierre Overney en 1972 et de Pierre Goldman en 1976[63].

Mais Charonne cache un second événement, pour lequel le personnage de Vilar n'a pas de nom et qui ne peut être évoqué qu'au moyen d'une image qui le hante : des corps d'Algériens flottants sur la Seine. Dans la plupart des comptes rendus des journalistes et des historiens, cet événement est désigné par une date, « 17 octobre 1961 ». Contrairement à Charonne, dont le nom désigne un endroit précis, la station de métro où les corps, écrasés et entassés, furent retrouvés, les événements du 17 octobre 1961 étaient peut-être trop larges pour que l'on puisse leur associer un nom de lieu autre que Paris, théâtre de l'événement qui mobilisa l'ensemble des forces de police de la ville. Le personnage de Vilar n'a pas vécu personnellement le second événement comme il avait vécu Charonne, mais un ami le lui a raconté (mais qu'a-t-il raconté ? Que s'était-il passé ? Pourquoi y avait-il des corps dans la Seine ?). Les contours de l'événement, sa substance même restent flous pour les deux jeunes écoliers : seule subsiste l'impression de ces cadavres anonymes d'Algériens, flottant sur la Seine, dont l'existence, à peine évoquée, est aussitôt censurée, dérobée à la perception ; « *des corps morts que les journaux n'ont pas mentionnés, dont nous n'étions pas censés connaître l'existence* » ; on n'en connaît d'ailleurs toujours pas le nombre exact.

Le 17 octobre 1961 correspond à la date de la première manifestation de masse des années 1960, organisée par le FLN pour protester contre le couvre-feu instauré par le préfet de police qui interdit aux Algériens de la région parisienne de sortir après 20 h 30. Prévenue de la manifestation, la police, ainsi que les CRS et la gendarmerie mobile sont armés de bidules, une version plus longue de la matraque, plus redoutable aussi puisqu'un seul coup adroitement porté suffit à fendre le crâne. De plus, la police a été quasiment amnistiée à l'avance de tout « excès policier » éventuel ; au cours des semaines précédentes, Papon avait déclaré lors de ses visites dans les différents commissariats de la capitale : « *Réglez vos affaires avec les Algériens vous-mêmes. Quoi qu'il arrive, vous êtes couverts.* »[64] Pour un coup, il leur conseillait d'« *en rendre dix* »[65]. Et pour balayer les scrupules de certains membres plus hésitants de la police, il ajouta : « *Vous n'avez pas besoin de compliquer les choses. Sachez que même s'ils* [les Algériens] *n'en portent pas sur eux, vous devez penser qu'ils ont toujours des armes.* »[66]

Cependant, les Algériens du cortège (quelque 30 à 40 000 hommes, femmes et enfants) ne sont pas armés et la manifestation est pacifique. Beaucoup d'entre eux portent leurs vêtements « du dimanche », dans l'espoir d'impressionner les Français et la communauté internationale par leur attitude non violente. Pourtant, la police ouvre le feu presque immédiatement. Des affrontements éclatent simultanément aux différents endroits de la ville où les Algériens sont rassemblés. Les « groupes d'intervention » de la police chargent la foule sur les boulevards et les grands axes, tandis que d'autres rangs de police, postés dans les rues secondaires, bloquent les issues et séparent la foule en petits groupes. Les hommes et femmes ainsi encerclés sont ensuite systématiquement tabassés. Le long de la Seine, la police ramasse les corps d'Algériens inconscients, agonisants ou déjà morts, et les jette dans le fleuve. Un document publié peu après le massacre par un groupe de policiers progressistes décrit ce qui s'est passé dans une partie de la ville : « *À l'une des extrémités du pont de Neuilly, des groupes de gardiens de la paix, à l'autre des CRS, opéraient lentement leur jonction. Tous les Algériens pris dans cet immense piège étaient assommés et précipités systématiquement dans la Seine. Il y en a eu une bonne centaine à subir ce traitement. Les corps des victimes commencent à remonter à la surface journellement et portent des traces de coups et de strangulation.* »[67]

Une partie des hommes et des femmes sont emmenés en état d'arrestation dans la cour de la préfecture de police. Pierre Vidal-Naquet raconte à ce sujet : « *Si j'en crois le témoignage d'un policier, recueilli presque à chaud par Paul Thibaud et que j'ai eu souvent l'occasion d'évoquer depuis, Papon avait fait matraquer à mort sous ses yeux plusieurs dizaines d'Algériens rassemblés dans une cour de la préfecture de police.* »[68] Quelque 6 000 autres sont conduits dans différents stades sportifs, que la police avait tout spécialement réservés à cet usage. Partout, des gens meurent en garde à vue à la suite de blessures subies lors des affrontements ou infligées par les « comités d'accueil » de la police, disposés en haies de part et d'autre des entrées des stades.

Dans la nuit du 17 octobre, la police publie un communiqué affirmant que les Algériens ont fait feu sur la police, qui a été obligée de riposter ; elle fait état de deux morts, mais le matin suivant, le bureau de Papon ajoute une troisième victime. Le drame ayant été étouffé, nous ne disposons que de très peu d'informations, et il est très difficile, dans ces circonstances, de déterminer le nombre exact d'Algériens – car aucun policier ne fut blessé – qui perdirent la vie. Les plus informés parlent d'environ 200 morts[69].

Dans son roman de 1963, *The Stone Face*, le romancier noir américain William Gardner Smith estime leur nombre à plus de 200. Le fait que le roman de Smith, écrit en France par un étranger et publié aux États-Unis (cela aurait été tout à fait impossible en France), ait été, jusqu'au début des années 1990, l'un des rares récits disponibles de l'événement, montre l'efficacité de cette censure officielle. Au début de la décennie 1990, toute une génération de jeunes Beurs fut en âge de demander des comptes sur le sort de leurs parents. Les historiens professionnels ou académiques se sont montrés bien moins efficaces que les amateurs dans leur tentative de découvrir ce qui s'était passé le 17 octobre ; ce sont les journalistes d'investigation, les militants et les romanciers, comme Smith ou Didier Daeninckx, auteur populaire de romans policiers, qui ont conservé le souvenir de l'événement pendant ces trente années de « trou noir »[70]. Bien qu'enquêtant sur un tout autre crime, le détective du roman de Daeninckx, *Meurtres pour mémoire*, élabore, grâce à des documents d'archives classés et déclassés, à des enregistrements filmés et à des interviews, un scénario de ce qui s'est passé cette nuit-là. Ce qu'il apprend sur le 17 octobre lui révèle l'existence d'autres crimes du gouvernement, plus anciens. Le détective, un flic, se fraie un chemin à travers le labyrinthe bureaucratique, utilisant de façon astucieuse sa connaissance interne des systèmes policiers de surveillance et de gestion de l'information. En effet, les archives préfectorales dans lesquelles l'État contrôle et distille l'information répondent à une logique si poussée qu'elles recensent non seulement les documents demandés en consultation, mais aussi les personnes qui les ont consultés. L'examen de ces registres permet au détective d'expliquer la façon dont l'État et la police contrôlent les archives, déterminant ce qu'elles peuvent ou non faire connaître au public, et lui apporte la clé de l'énigme.

Le roman de Daeninckx reflète les récentes tentatives françaises de mettre fin au silence qui entoure le 17 octobre. Malgré la reconnaissance officielle du massacre en 1998 lors du procès Papon (qui comparaissait devant la Cour pour répondre de ses crimes commis sous le régime de Vichy) et les récents efforts, parfois héroïques, de certains archivistes pour faire connaître l'information, les faits demeurent obscurs. Non seulement la bureaucratie limite toujours farouchement l'accès aux documents conservés – sauf pour quelques historiens homologués par l'État – mais le problème se trouve encore aggravé par la « perte » inexpliquée de documents capitaux dans les archives de la préfecture de police[71].

Si le roman de Daeninckx cherche à exposer la logique répressive de l'État et de la police, *The Stone Face*, de Smith, aborde le problème sous un angle différent. Il met en scène un jeune peintre noir américain dans le Paris du début des années 1960, qui abandonne son propre univers pour se laisser entraîner vers une impossible identification avec les Algériens en lutte. L'histoire de Smith est celle d'un éveil politique, d'une nouvelle subjectivité qui prend forme à travers la contamination culturelle. Le protagoniste, Simeon, ayant fui joyeusement les préjugés américains antinoirs (« *loin de cette pression* »), fréquente à Paris l'élite des écrivains noirs américains qui, après avoir choisi de s'expatrier, ont été chaleureusement accueillis par les Français. Il est vaguement conscient de l'hostilité entre Arabes et Français qui l'entoure : « *Il dépassa une femme noire qui marchait d'un pas assuré, main dans la main avec un Français. Les titres des journaux proclamaient : "Émeutes arabes à Alger, cinquante morts".* »[72] Mais sa prise de conscience sera provoquée par la scène paradigmatique qu'il observe, celle de la police tabassant un Arabe : « *Au coin de la rue, ils virent un policier tabasser un homme. Bien que celui-ci soit tombé sur le sol, le policier continuait à frapper de sa longue matraque blanche l'homme, qui essayait, de ses bras, de protéger sa tête contre les coups. L'homme criait dans une langue que Simeon ne comprenait pas.* »[73]

La scène violente du matraquage déclenche un flash-back chez Simeon, qui revit son propre matraquage par la police de Philadelphie. La situation lui semble à des années-lumière de cette France où la police le vouvoie respectueusement, où il est admis dans des clubs et des restaurants selects, où il est traité, contrairement aux Algériens qu'il commence à prendre en amitié, comme un Blanc. Mais son identification progressive avec les Algériens n'est pas seulement fondée sur une expérience existentielle partagée, celle du racisme et de la violence, ni sur le fait que les coups qu'il voit s'abattre sur le corps de l'Algérien lui font revivre dans sa chair ceux que lui a infligés la police américaine. Elle n'a rien à voir non plus avec une sorte de solidarité panafricaine trop facile. S'identifier aux Algériens signifie d'abord pour Simeon rompre avec son milieu et ses valeurs, se « désidentifier » de son propre groupe social, celui des Noirs américains de France. Pour Simeon, ils ont perdu le sens de la réalité et se laissent porter par la société, à la fois oublieux d'une forme de racisme français qui ne s'adresse pas directement à eux et terrifiés à l'idée de participer aux premiers mouvements de défense des droits civils aux États-Unis. Peu à peu, Simeon renonce à se rendre au café de la rue de Tournon où les écrivains noirs ont coutume de se réunir, pour fréquenter le quartier arabe, la Goutte d'Or, afin de pénétrer le plus possible ce mode de vie et ce Paris entièrement différent. Le 17 octobre, il est embarqué en tant que spectateur actif alors qu'il attaque un policier. Simeon, l'unique Américain arrêté et emmené avec les autres vers le stade, est salué par certains Arabes comme un « frère », puis rapidement libéré par la police, qui considère la présence d'un Noir américain parmi les Algériens comme quelque chose de déplacé, comme une erreur de catégorie. Dans les semaines qui suivent le 17 octobre, il ne parvient pas à retrouver ses amis arabes. Le roman montre clairement que c'est la « désidentification » de Simeon d'avec ses anciens compatriotes noirs, son « déplacement physique » lorsqu'il s'aventure en dehors de la place qui lui est assignée au sein de la société pour fréquenter des insurgés algériens, qui témoigne de sa nouvelle subjectivité politique. Il est moins motivé par un sens de devoir envers les opprimés que par une attirance pour l'autre monde, incarné par les Algériens dans leur lutte contre les Français. C'est ce déplacement qui lui permet de voir ce que les autres expatriés noirs, enfermés dans leur esprit de clan, ne voient pas, à savoir que quelque chose est en train de se passer. Même la décision de Simeon, à la fin du roman, de rentrer chez lui et de s'engager dans la lutte pour les droits civils aux États-Unis doit être lue à la lumière de la fracture qui s'est ouverte dans son identité sociale lorsqu'il s'est « désidentifié », à l'origine, de son groupe. La subjectivité politique suggérée par ce roman se construit à travers l'Autre. Dans cette perspective, *The Stone Face* fait intrinsèquement partie de la préhistoire de Mai 68 dans la mesure où Smith raconte la construction et l'expérience d'une subjectivité politique spécifique, en partie fondée sur la destruction des déterminations sociales jusque-là maintenues en place par la logique de plus en plus évidente de la police – expérience, formation, subjectivité qui allaient être partagées par nombre de protagonistes de Mai 68.

Si la charge policière qui coûta la mort à neuf personnes à la station de métro Charonne resta dans la mémoire collective française, ce ne fut pas le cas du massacre policier du 17 octobre 1961. Pendant Mai 68, Charonne fait souvent office de référence, ou de *leitmotiv*, que ce soit dans les slogans, les graffitis ou les affiches : « Nouveau Charonne à Paris » par exemple, ou « CRS : Assassins de Charonne ». Un article paru dans *Combat* le 7 mai 1968 met en garde contre l'« *ombre infecte des policiers* » et poursuit : « *Tout à l'heure, vous verrez, ils referont Charonne.* » Sur un tract anonyme distribué sur le boulevard Saint-Michel le 21 mai, on peut lire : « *Les atrocités de la nuit du 10 au 11 mai ne sont pas seulement le fait d'un Fouchet, Grimaud ou Peyrefitte, mais l'aboutissement d'un régime totalitaire et répressif, illustré par Charonne.* »[74] Observant l'agitation de la rue pendant les événements de Mai, François Truffaut note une escalade de la violence en introduisant le mot « Charonne » dans son récit : « *La police ordinaire a été remplacée par les CRS. Et les longues matraques de combat ont fait leur apparition, les matraques de Charonne.* »[75]

Aujourd'hui, Charonne est devenu une métonymie de la violence liée à l'Algérie du début des années 1960 ; c'est ce qui vient immédiatement à l'esprit lorsque l'on évoque cette période : « La violence ? Ah oui, Charonne. » Le journal de 20 heures sur France 2 a récemment confirmé ce rapport. En octobre 1999, Papon s'est enfui en Suisse pour échapper à la peine de prison à laquelle il avait été condamné pour crime contre l'humanité sous le régime de Vichy ; l'escapade fut de courte durée. En rapportant l'épisode, le présentateur de la chaîne fait une brève référence à la responsabilité de Papon, alors préfet de police de Paris, lors des violences policières liées à la guerre d'Algérie au début des années 1960 (en effet, il a fallu attendre le procès de

Papon, au printemps 1998, pour que l'attention se porte à nouveau sur la période algérienne, conduisant à une demande d'ouverture des dossiers de police du 17 octobre). Mais les aléas de la mémoire entraînent le présentateur à faire un curieux lapsus : il fait une sorte d'amalgame, donnant le nom de Charonne aux événements du 17 octobre 1961. En fondant ainsi les deux événements en un seul et unique exemple de violence policière, il donne une nouvelle fois priorité aux neuf morts français sur les innombrables victimes algériennes. Comme beaucoup de Français savent à présent ce qui s'est passé à Charonne mais ne connaissent pas nécessairement la date de l'événement, cette confusion a ramené en mémoire les faits de Charonne, tandis que les victimes algériennes étaient une fois de plus reléguées au second plan, condamnées à disparaître.

Maurice Papon n'était plus préfet de police en mai 1968 ; il a raté cette occasion de peu. Il a quitté son poste en janvier 1967 et n'a plus fait parler de lui en France avant le milieu des années 1970, lorsqu'il a été nommé ministre du Budget sous Giscard d'Estaing. Mais malgré son départ de la préfecture en 1967, Papon ne se contenta pas d'être simple spectateur de l'insurrection qui eut lieu l'année suivante. Lorsqu'il quitta la police, le poste d'ambassadeur que de Gaulle voulait lui donner n'était apparemment pas disponible, si bien que sa longue carrière itinérante dans la bureaucratie française l'amena dans l'ouest de la France, où il devint PDG d'une grande usine appelée Sud-Aviation. Quatre mois plus tard, le 14 mai 1968, cette même usine, Sud-Aviation, fut – peut-être en partie en réaction à la gestion de son président – la première à se mettre en grève (séquestrant même le patron !), donnant ainsi l'exemple à Renault, qui suivit peu de temps après, à l'ensemble du secteur industriel de l'ouest de la France, puis au pays tout entier. La grève générale de la mi-mai éclata dix ans, presque jour pour jour, après le coup d'État qui avait ramené de Gaulle au pouvoir, le 13 mai 1958.

À Paris, le successeur de Papon à la préfecture de police, Maurice Grimaud, bénéficia de l'image de son prédécesseur. Par contraste, il sembla « libéral » et antiraciste, une réputation qui ne cessa de croître au fil des années. Il est aujourd'hui loué, voire glorifié, pour avoir limité le nombre de morts en 1968 en interdisant, par exemple, à ses hommes de tirer sur la foule. Mais les forces qu'il commandait et qui furent détachées contre les étudiants et les travailleurs en 1968 étaient des forces créées par Papon et formées pendant la crise algérienne.

Qu'entendait-on par « police » à la fin de la guerre d'Algérie ? Formulée ainsi, la question n'a pas vraiment de réponse car elle suppose une division du travail, un partage des tâches qui s'est pour une bonne part effondré à la suite des contradictions et des confusions engendrées par la guerre. En effet, il ne s'agissait pas d'une guerre menée dans un pays lointain, mais plutôt d'une « opération de police », ainsi qu'on l'appelait à l'époque. Sous Papon, de nombreux militaires vinrent grossir les rangs de la police parisienne, important avec eux leurs méthodes de fonctionnement. « *Au sein de cette armée de fonctionnaires civils qui terrorisera Paris, dès les premiers jours de Mai 1968, nombreux étaient ceux qui n'en finissaient pas de régler leurs comptes avec les Fellagha.* »[76] Comme le fit un jour remarquer Balzac, la police a ceci en commun avec les jésuites d'avoir bonne mémoire.

Il faudra attendre septembre 1999, soit trente-sept ans après les faits, pour que l'Assemblée nationale entérine l'emploi officiel de l'expression « guerre d'Algérie » ; jusque-là, on utilisait une série d'euphémismes comme la « guerre sans nom », la « crise », l'« effort de pacification », « les événements » ou, au mieux, « une opération de police »[77]. Cette dernière expression montre bien que, pour les Français, l'Algérie représentait plus qu'une lointaine colonie. Elle était en fait toute proche, c'était un endroit où, depuis longtemps, de nombreux Français s'étaient installés. Elle avait été intégrée au territoire national et placée, dès 1848, sous la responsabilité du ministre de l'Intérieur. L'Algérie représentait trois départements de France. De ce fait, la France ne pouvait logiquement pas être en guerre contre elle-même, et ce qui se passait en Algérie n'était ni une guerre civile, ni même, à proprement parler, une guerre. Il valait mieux considérer cela comme une affaire intérieure, un conflit prolongé certes, mais local, relevant donc du domaine de compétence de la police.

Un roman policier de 1987, *Mon colonel*, de Francis Zamponi, raconte le dilemme du militaire de carrière français confronté à cette nouvelle confusion dans la définition de son métier. Zamponi lui-même était membre du groupe du 22 mars, à Nanterre, pendant les événements de 68. Plus tard, il devint journaliste à *Lyon-Libé*. Son roman dresse le portrait d'un colonel français de Constantine, ville située dans l'est de la plus vaste région de l'Algérie, la plus pauvre aussi, et décrit son trouble croissant en voyant son travail passer d'une mission de soldat (bataille et combat) à une mission policière (collecte d'informations, établissement de dossiers). Le fait que ce travail policier soit systématiquement lié à la pratique de la torture n'ennuie pas le colonel outre mesure. Il n'est ni délicat, ni moralement opposé à ce genre de méthodes. Il insiste même pour présenter aux différents fonctionnaires civils et militaires venus de France pour superviser les opérations une documentation complète sur les effroyables techniques d'interrogatoire employées. Désireux de donner, à leur retour en France, une image propre de la guerre, ceux-ci s'empressent d'enterrer les rapports et tentent de le réduire au silence. La crise du colonel est plutôt liée à ce qui constitue pour lui une définition stricte, hiérarchique bien que fruste, du métier. Il n'est pas décrit comme quelqu'un de raciste car, pour lui, l'Algérien est simplement un autre soldat, l'ennemi. Mais il souffre de claustrophobie parce que ses exploits guerriers se sont réduits à une série d'opérations sinistres, relevant presque du secrétariat : extorsion d'informations (exigée bien qu'officiellement démentie par ses supérieurs en France), entretien d'une bureaucratie chargée d'établir des dossiers personnels sur la vie privée des Algériens du village. Dans le roman de Zamponi, la question de la torture change de registre. Le problème, pour lui, n'est pas de choisir entre le rôle de guerrier et celui de bourreau, mais plutôt entre celui de guerrier et celui d'employé de bureau.

La situation de ce colonel présente de façon romancée les effets des directives données par le gouvernement français à l'époque. Par exemple, l'« Instruction 11 » de 1955 modifiait l'orientation suivie par l'armée dans la lutte contre les rebelles algériens : désormais, celle-ci devait s'éloigner des actions militaires pour aller dans le sens du « renseignement » : « *La recherche de renseignement doit être le souci constant* [...] ; *si peu adaptée qu'elle soit à une lutte plus policière que militaire, l'Armée a pour mission de s'y employer.* »[78] La loi sur les « pouvoirs spéciaux » de 1956, votée par le gouvernement socialiste avec le plein appui du Parti communiste, suspendait en grande partie la garantie du respect des libertés individuelles en Algérie en permettant l'adoption de « mesures exceptionnelles » pour faire régner l'ordre, protéger la population et la propriété, et sauvegarder l'intégrité territoriale. Elle transférait les pouvoirs de la police aux mains de l'armée, ce qui revenait concrètement à normaliser la torture puisque la détention prolongée de « suspects » dans ce qui était devenu des maisons de torture était à présent légalisée. Dans le roman de Zamponi, les officiels français venus inspecter les opérations en Algérie correspondent en réalité aux membres de la « Commission de sauvegarde des droits et des libertés individuelles en Algérie » établie par de Gaulle, une commission sans pouvoirs qui servait surtout à masquer la violence d'une armée ayant reçu de ses chefs l'ordre de remporter la bataille « *par tous les moyens* »[79], comme le résuma le général Massu.

Si le respect de l'ordre sur le territoire national, ordinairement assuré par la police, devient partie intégrante des opérations militaires en Algérie, à l'inverse les activités de l'armée figurent sur l'agenda de la police des grandes villes de la France métropolitaine. Au cours de la guerre, la police parisienne est régulièrement appelée à diriger des opérations qui sont le pendant des « opérations de police » conduites par l'armée de l'autre côté de la Méditerranée. Afin de mieux comprendre ces transformations, citons un exemple : 400 000 immigrants algériens vivent et travaillent en France, notamment dans la région parisienne, pendant cette période ; ils gagnent des salaires considérablement plus élevés que leurs compatriotes en Algérie, et financent en grande partie le FLN[80]. Pour le FLN, la difficulté consistait non pas à collecter l'argent auprès des habitants des bidonvilles des périphéries des grandes villes françaises comme Paris (où tout ce qui ressemblait à un Arabe au volant d'une voiture était immédiatement suspecté et recherché), mais plutôt à le transporter à travers la ville pour le faire sortir du pays. Par conséquent, les services rendus au FLN par les fameux « porteurs de valises », Henri Curiel, Francis Jeanson, Félix Guattari, le dessinateur Siné, et l'ensemble du réseau des défenseurs de la cause algérienne, consistaient la plupart du temps à transporter de l'argent, et non pas des armes, à travers la ville et au-delà des frontières nationales. Leurs activités créèrent un nouvel ensemble de tâches et de responsabilités pour la police métropolitaine, car c'était à elle qu'il incombait d'empêcher le déplacement physique de l'argent du FLN.

Mais c'est peut-être au niveau du transfert de personnel d'un endroit à l'autre que la militarisation de la police est la plus visible. La carrière de Papon, qui s'étend sur toute la période qui nous intéresse, en est un bon exemple : il s'agit en effet d'un constant va-et-vient entre les fonctions policières et militaires. Un peu d'histoire s'impose pour comprendre ce qui suit. En 1945, immédiatement après la Libération, alors que Papon était sous-directeur de l'Algérie au ministère de l'Intérieur, l'institution policière connut en France une période progressiste, brève mais significative. D'anciens membres de la Résistance rejoignirent les forces de l'ordre, et l'on créa dans le même temps une nouvelle police nationale (les CRS, Compagnies républicaines de sécurité) afin de remplir les postes laissés vacants par près de 7 000 agents, licenciés ou victimes des « épurations » pour s'être compromis avec le régime de Vichy. Deux ans plus tard, en automne, lorsque le ministre socialiste de l'Intérieur, Jules Moch, envoya les CRS réprimer une révolte de travailleurs, plusieurs compagnies de CRS, dont celles de Bordeaux et de Marseille, désobéirent aux ordres et refusèrent de partir. Elles furent alors dissoutes, et une sorte de « contre-épuration » de toutes les branches de la police fut entamée afin d'éliminer les « sympathisants communistes ». Cette seconde épuration fut supervisée après 1951 par le préfet de Paris, Jean Baylot, assisté par l'homme qu'il allait ensuite désigner comme secrétaire général, Maurice Papon. Baylot entreprit aussitôt de réintégrer les officiers de police qui avaient été écartés immédiatement après la guerre et qui avaient subsisté jusqu'alors dans une sorte de service de l'ombre, parallèle à la police officielle, assurant la surveillance des syndicats et du Parti communiste. Ils étaient donc des spécialistes de l'anticommunisme. Sous Baylot, ces troupes se spécialisèrent dans la répression violente de manifestations. En service pendant la guerre d'Indochine, Baylot créa au sein de la police une atmosphère propice au développement d'une haine indifférenciée envers ceux qui « vendaient » l'Empire : intellectuels, progressistes, communistes, militants syndicaux – tous « ennemis de la nation » manipulés par Moscou.

Lorsque Baylot, qui initia Papon en matière de police, fut licencié par Mendès France en 1954, Papon démissionna également, avant de réapparaître de l'autre côté de la Méditerranée en tant que secrétaire général du protectorat du Maroc, où on le chargea des opérations policières visant au regroupement et à l'emprisonnement des nationalistes marocains. En juin 1956, Papon était de retour dans une Algérie désormais en guerre, où il fut une fois de plus chargé de la police. Il s'agissait là de son troisième poste administratif en Afrique du Nord, entre la Libération et le moment où il prendra les fonctions de préfet de police de Paris en 1958.

Une fois à Paris, Papon estima que les structures classiques de la police étaient inaptes à mener une guerre subversive ; il décida très vite d'importer, sous une nouvelle forme, certaines structures (les Sections administratives spécialisées) et certaines techniques (« action psychologique ») qu'il avait contribué à développer dans les régions rurales d'Algérie, ainsi que du personnel qu'il avait formé. De plus en plus d'anciens combattants d'Indochine, d'ex-officiers de l'armée et de parachutistes d'Algérie vinrent grossir les rangs de la police parisienne. La fin des guerres coloniales (Indochine, Algérie) et la réduction des effectifs de l'armée conventionnelle, due à la construction de la force de frappe (dont le but était de consolider l'autonomie militaire française par la mise en place d'un arsenal atomique, immédiatement disponible en cas de crise) ont conduit un certain nombre de sous-officiers de carrière à venir occuper les mêmes fonctions dans la police[81]. Pour procéder aux interrogatoires musclés d'Algériens à Paris, Papon créa même une force de police entièrement composée de harkis : c'était une sorte de force « parallèle », qui travaillait conjointement et en liaison avec la police pour diriger les opérations de ratissage des quartiers arabes et extorquer des renseignements. Des forces annexes entièrement constituées de troupes « indigènes » faisaient depuis longtemps partie de la tradition en Algérie et dans d'autres colonies, mais elles apparaissaient pour la première fois en métropole. Sous Papon, la torture était à Paris.

Cette confusion, ou cet amalgame, entre intérieur et international, police et armée, trouve bien entendu son origine dans l'ébranlement du colonialisme et de son niveau d'intensité à la fin des années 1950 et au début des années 1960. S'agit-il d'une guerre ou d'une opération policière ? Si ce n'est pas une guerre, alors, est-ce une guerre civile ? L'Algérien est-il un ennemi étranger, extérieur, ou bien un citoyen ? Est-il un « Viet » ou un frère ? L'Algérien est-il français ? La question de la citoyenneté était officiellement réglée depuis l'ordonnance du 7 mars 1944 selon laquelle tous les Algériens étaient citoyens français : « *Les Français musulmans d'Algérie jouissent de tous les droits et sont soumis à tous les devoirs des Français non musulmans.* » L'équivoque qui subsistait néanmoins autour de ces questions se devine clairement dans la manière particulièrement tendue dont le document instaurant le couvre-feu pour les Algériens de la région parisienne est rédigé. Émis par la préfecture de Papon le 5 octobre 1961, il fut l'élément déclencheur des manifestations du 17 octobre. Il commence ainsi : « *En vue de mettre un terme sans délai aux agissements criminels des terroristes algériens, des mesures nouvelles viennent d'être décidées par la préfecture de police. En vue d'en faciliter l'exécution, il est conseillé de la façon la plus pressante aux travailleurs musulmans algériens de s'abstenir de circuler la nuit dans les rues de Paris et de la banlieue parisienne, et plus particulièrement de 20 h 30 à 5 h 30 du matin.* »[82]

Le vocabulaire a été choisi avec soin : il est « *conseillé* », et non « *ordonné* » aux Algériens de se tenir hors des rues, mais conseillé « *de la façon la plus pressante* ». Quel est le statut de ce conseil ? Sans doute la police compte-t-elle interpréter et exécuter ce document comme établissant un ensemble d'ordres, et l'existence d'un couvre-feu aura-t-elle pour effet secondaire de rendre les employeurs plus réticents à l'idée d'embaucher ou de garder des Algériens au sein de leur personnel. Mais, en théorie, rien n'oblige ces derniers à tenir compte du « conseil » de la police. Un vocabulaire similaire est utilisé plus loin dans le document : « *Il est très vivement recommandé...* » L'horaire spécifié, de 20 h 30 à 5 h 30, a manifestement été déterminé dans le but de laisser juste le temps aux travailleurs de la périphérie de faire le trajet qui les sépare de leur travail. Ils seront « *hors des rues* », c'est-à-dire à leur place et localisables à tout moment : soit au travail, soit endormis à la maison. Le document poursuit : « *Ceux qui, par leur travail, seraient dans la nécessité de circuler pendant ces heures pourront demander au secteur d'assistance technique de leur quartier ou de leur circonscription une attestation temporaire qui leur sera accordée après justification de leur requête. D'autre part, il a été constaté que les attentats sont, la plupart du temps, le fait de groupes de trois ou quatre hommes. En conséquence, il est très vivement recommandé aux Français musulmans de circuler isolément, les petits groupes risquant de paraître suspects aux rondes et patrouilles de police. Enfin, le préfet de police a décidé que les débits de boisson tenus et fréquentés par des Français musulmans d'Algérie doivent fermer chaque jour à 19 heures.* »

Les « secteurs d'assistance technique », ou « SAT », étaient une invention de Papon : il s'agissait des centres où les immigrés algériens devaient se présenter pour obtenir tous les documents officiels – passeports, visas pour retourner en Algérie, certificats de travail – dont ils avaient besoin. Une visite au SAT impliquait un interrogatoire de police poussé et l'établissement d'une fiche personnelle. Le couvre-feu présentait donc l'avantage supplémentaire, pour la police, de drainer vers les SAT des Algériens qui auraient pu, jusque-là, passer entre les mailles du filet. Mais si on se contentait de conseiller aux Algériens de ne pas circuler dans les rues, pourquoi devaient-ils donc demander un document spécial pour sortir pendant les heures proscrites ? Cette fois encore, ils ne « doivent » pas, mais ils « peuvent » demander ce document. Le couvre-feu est-il obligatoire ou non ? En fait, le seul endroit où les mots passent sans ambiguïté du conseil à l'ordre est la phrase finale, qui oblige certains bars et cafés à fermer à 19 heures : les heures d'ouverture des bars et des cafés tombent sous l'autorité de la préfecture de police. L'heure de fermeture choisie, 19 heures, offre une fois de plus la certitude que les Algériens ne pourront plus prendre un verre après le travail et que les restaurants seront fermés pour l'unique repas de la journée. Il ne leur reste ni loisirs, ni conversation, ni activités en dehors du travail et du sommeil – si tant est que dormir soit possible dans les chambres surpeuplées où vivent beaucoup de travailleurs immigrés et où l'accès aux lits fait l'objet d'un roulement, ceux qui ne dorment pas laissant généralement la place aux autres. Par ailleurs, quels sont les bars et les cafés qui doivent fermer ? Douze consommateurs algériens suffisent-ils à faire d'un café un café « fréquenté par des Algériens » ? Ou seulement trois ? Cela soulève bien entendu le problème fondamental posé par le document : le seul fait qu'ils aient « l'air » nord-africain ou arabe en fait-il un café fréquenté par des Algériens ? Plus important encore : à qui, exactement, interdit-on de circuler dans la rue ? Quelles sont les personnes visées ? Les Algériens ? Normalement, non, puisque les « pieds-noirs », ou Algériens français, sont également des Algériens à l'époque. Mais même si l'on choisit d'écarter ce problème, il en reste un autre, bien plus fondamental. Peut-on interdire à toute une catégorie de Français de se déplacer ? Les Algériens sont censés être des Français, « avec tous les droits et les devoirs de citoyenneté », aussi français que les Corses et les Bretons. Pourtant, les Corses et les Bretons n'ont jamais été désignés en tant que tels par aucun document officiel : ils sont tout simplement français. C'est pourquoi l'administration est obligée d'employer des expressions comme « Français musulmans d'Algérie ». Là encore, un nouveau problème surgit lorsque l'on introduit une catégorie religieuse pour distinguer un groupe particulier de Français. L'armée, à cette époque, avait créé une périphrase « Français de souche nord-africaine », SNA. Mais toutes ces circonvolutions ne masquaient cependant pas le fait que les seuls critères invoqués par le texte de Papon étaient des caractéristiques raciales : les gens qui pourraient avoir l'air algérien doivent se tenir en dehors des rues et éviter de se promener par groupes de trois ou quatre. Cela créait bien entendu d'autres confusions dans la mesure où ces personnes pouvaient très bien être des harkis travaillant pour le compte de la police française, des Marocains, des Tunisiens ou d'autres Arabes, voire des Juifs. En résumé, tout ce qui ressemblait à un Arabe était concerné.

Dans les jours qui suivirent immédiatement la répression sauvage de la manifestation du 17 octobre 1961, le quotidien du Parti communiste, *L'Humanité*, publia plusieurs longs articles sur ces événements violents. Il rendait compte d'un fait dont les autres journaux, *Le Monde*, *La Croix*, *France Soir*, ne parlaient pas. Mais le journal s'abstint d'appeler à une manifestation pour dénoncer le massacre. Seuls deux groupuscules, le Comité anticolonialiste et le Comité du front universitaire antifasciste (FUA), descendirent dans la rue pour protester contre l'intervention de la police. Tous deux étaient constitués d'étudiants et avaient vu le jour au cours de l'automne dans le but, largement atteint d'ailleurs, de débarrasser le Quartier latin des commandos OAS et des groupes d'extrême droite comme Jeune Nation et Occident. En dépit du petit nombre de manifestants, ces protestations firent beaucoup de bruit ; on devait y voir plus tard l'acte de naissance d'un courant radical durable dans le milieu estudiantin. En d'autres termes, il s'agit de la première intervention des étudiants, en tant que force politique, dans une cause autre que la défense de leurs propres intérêts. Le grand syndicat des étudiants, l'UNEF, avait bien organisé une manifestation de masse contre la guerre en mars 1960, mais ses protestations avaient porté sur la limitation des reports de conscription. Et si cette manifestation avait clairement montré la nécessité de conjuguer les luttes du syndicat des étudiants avec la lutte contre la guerre d'Algérie, la défense des intérêts des étudiants avait encore été le facteur de mobilisation ; l'UNEF, en ce sens, restait « corporatiste ».

Le FUA, en revanche, prit l'initiative d'introduire dans la lutte étudiante contre la guerre des interventions et des « actions directes », qui offraient à ses membres une prise sur les problèmes généraux de la société française – pas uniquement ceux des étudiants – et donc l'amorce d'une critique des bases du régime gaulliste. Il existait, semble-t-il, une véritable force politique en dehors de l'appareil syndical officiel des étudiants. À travers leurs luttes contre la guerre d'Algérie, l'expérience du FUA et leur soutien au FLN (le jour de la proclamation de l'indépendance algérienne, les membres du FUA déployèrent un drapeau du FLN à la Sorbonne), les étudiants acquirent leurs propres traditions de lutte, forgées indépendamment des appareils et des partis habituels. Ils créèrent leurs propres organisations, grâce à quoi une toute nouvelle conception du mouvement de masse émergea peu à peu : une action politique organisée autour d'un objectif clair, en l'occurrence l'indépendance algérienne, avec des méthodes physiques « dures » ou directes, par exemple contre les groupes fascistes. La lutte contre la guerre pouvait et devait, selon eux, marquer le début de l'instauration d'un combat révolutionnaire entièrement neuf ou, au minimum, du retour d'un mouvement de travailleurs offensif et non plus seulement défensif.

Jacques Rancière fait une remarque similaire à propos du massacre des Algériens du 17 octobre 1961. Pour lui, l'opération de police avait un double but : « nettoyer » l'espace urbain des manifestants et tenter en même temps de balayer ou d'effacer le souvenir de cet acte. Et le second de ces « nettoyages » était peut-être plus important que le premier. Car le 17 octobre fut non seulement la première manifestation de masse des années 1960 en France, mais aussi la découverte, pour beaucoup de Français, de la dissimulation, de l'oblitération d'informations. On chercha à cacher l'événement, on s'efforça de définir ce qui pouvait être vu et ce qui ne pouvait pas l'être, ce qui pouvait être dit ou non. Ce manque total d'informations, plus encore, peut-être, que les meurtres eux-mêmes, donna lieu à une première expérience de dislocation ou de fêlure dans l'identité de beaucoup de Français, dans ce que signifiait « être français », autrement dit, à une rupture d'identification avec un État qui avait agi ainsi en leur nom et essayait à présent de le dissimuler à leur vue. C'est ce à quoi pense Rancière lorsqu'il situe avant tout la « subjectivisation », comme il nomme la manifestation de la subjectivité politique, dans une expérience de désidentification ou de déclassification, et non dans une expérience de communauté partagée. En effet, sans cette rupture dans leur allégeance au système politique établi, que ce soit vis-à-vis des partis ou de l'État, la crise provoquée chez beaucoup de jeunes Français par les actions de la police et de l'armée n'aurait entraîné qu'une simple identification morale ou éthique avec les victimes noyées dans la Seine, un sentiment de pitié. À partir de ce moment-là, pour le mouvement étudiant, il s'agissait moins d'être à l'université que de la fuir ; de même, il ne s'agissait pas tant d'être étudiant ou d'embrasser des intérêts et des aspirations spécifiques que de rendre compte d'un écart qui s'était creusé à la fois dans l'identité estudiantine et dans l'identité « française », ce qui permettait alors d'épouser politiquement la cause de l'Autre. Un slogan comme « Nous sommes tous des Juifs allemands », poursuit Rancière, qui sera scandé par dix ou douze mille Français dans les rues de Paris à la mi-mai 1968, est à certains égards une explosion différée, impensable sans ces tentatives préliminaires d'inclure l'Autre ou de s'allier à lui, fondées sur le refus de s'identifier à une certaine partie de soi[83]. Cette curieuse construction d'un impossible « nous », subjectivisation qui passe par le biais de l'Autre, comprend une dislocation essentielle, une fragmentation de l'identité sociale qui allait définir pour une bonne part l'expérience politique de Mai 68. « Nous sommes tous des Juifs allemands » : le « nous » du slogan réunit un sujet collectif à travers l'identification à un groupe, les « Juifs allemands », qui, réduit à une appellation commune, cesse d'être classifiable du point de vue sociologique.

Considérons un instant le « nous » de « Nous sommes tous des Juifs allemands » en rapport avec cet autre « nous » des événements de mai-juin 1968, celui qui s'est matérialisé le 29 mai 1968, lors d'un déplacement ou d'une dislocation d'une tout autre nature. Ce jour-là, le général de Gaulle, que la plupart des témoignages décrivent comme affaibli, désorienté et déprimé par la grève générale qui avait gagné le pays et la violence irrépressible de la rue, s'envola à Baden-Baden pour y rencontrer l'ex-chef des parachutistes et le symbole de l'Algérie française, le général Jacques Massu. Il était probablement soucieux de voir si Massu et les 70 000 hommes qu'il commandait en Allemagne n'avaient pas été contaminés par ce vent de folie. L'armée serait-elle disposée à faire son devoir pour prévenir la subversion extérieure et intérieure et, si nécessaire, à « rétablir l'ordre en France » ? On a beaucoup parlé du comportement imprévisible et des intentions obscures de De Gaulle lors de cette nouvelle « fuite à Varennes », ainsi que du secret entourant son absence de Paris, qui semblait trahir le mépris typiquement militaire avec lequel il considérait ses subordonnés (frustré et mécontent d'avoir été tenu en dehors de l'affaire, Pompidou, Premier ministre de De Gaulle, annonça son intention de démissionner – ce qu'il ne fit pas[84]). Examinons de plus près cette alliance, ce « nous » issu de la rencontre entre de Gaulle, ancien héros de la Résistance et dirigeant de la France libre, et le général Massu, proche associé des généraux fascistes qui avaient fomenté un putsch contre lui en 1961. Dans l'image de cette simple conversation, nimbée de mystère, entre le général et son ancien ennemi Massu, on voit se dessiner une parfaite cristallisation du parcours chaotique qui caractérise l'antifascisme en France dans les années 1960. Le talon d'Achille du gaullisme, à savoir son attitude profondément antidémocratique pendant la crise algérienne et même au-delà, se trouve mis à nu : la confiance de l'État gaulliste en Papon et en Massu, respectivement chef de la police et général d'armée, créa une alliance dont les membres furent appelés, tout au long des années 1960, à unir leurs efforts contre l'ennemi commun. Dans ce voyage à Baden-Baden, ce qui ressemblait à une défection, à un vacillement ou à un abandon de pouvoir était en fait une consolidation de celui-ci, puisque de Gaulle, qui avait utilisé l'armée une première fois en 1958 pour prendre le pouvoir, se tournait une seconde fois vers elle en 1968 pour ne pas le perdre. Arrivé au pouvoir en 1958 par un coup d'État militaire soutenu par les classes aisées, de Gaulle, l'unificateur de la nation, avait prétendu représenter les intérêts supérieurs du pays tout entier. Pendant dix ans, il avait permis à la bourgeoisie de renforcer son pouvoir économique en forgeant le mythe d'un grand État fort et indépendant, « au-dessus des divisions de classes ». En 1968, la crise politique nationale offrit aux gaullistes une nouvelle occasion de concrétiser un idéal bonapartiste :

l'État comme unique force politique. Mais le prix à payer pour une telle consolidation du pouvoir de l'État, c'est le changement de son image, ou plutôt le dévoilement de son vrai visage. « *Le gaullisme n'est pas non plus un régime comme les autres*, commente Jean-Pierre Vernant à l'époque ; *né de l'émeute, il a supprimé ou affaibli toutes les institutions représentatives de la démocratie parlementaire qui peuvent jouer, dans les périodes de grandes crises, entre le pouvoir et le peuple, un rôle d'intermédiaire ou de tampon.* »[85] Pour combattre la menace provoquée par une grève suivie par des millions de personnes, l'État gaulliste ne peut plus, en mai 1968, se présenter sous la figure mythique d'« unificateur de la nation », comme il l'avait fait avec succès dans le passé ; il doit susciter une unification de la bourgeoisie. Celle-ci doit s'affirmer en tant que classe ; la politique doit être supplantée par la domination directe de la bourgeoisie. Si de Gaulle ne peut plus unifier la nation, il peut au moins unifier les différentes fractions de la bourgeoisie. Et pour y parvenir, ces fractions doivent descendre dans les rues de Paris et se faire voir. Comme Vernant le note, « *de Gaulle, qui n'est pas général pour rien, n'a pas laissé passer l'occasion qui lui était offerte. Il a imposé le jour venu sa propre stratégie, en contestant le mouvement de masse sur le terrain même où il s'était développé contre lui, celui de la rue.* »[86] Le 30 mai 1968, au lendemain de sa rencontre avec le général Massu à Baden-Baden (et, par un heureux hasard, jour de la Sainte-Jeanne d'Arc), un puissant appel est lancé à toutes les composantes de la classe moyenne pour qu'elles s'unissent face à l'ennemi commun. Les pétainistes et les anciens résistants, « *toute la pègre gaulliste administrative et policière, tout le corps parasitaire du régime, qui représente sa base sociale la plus sûre* »[87], furent appelés par les organisations gaullistes à former des groupes d'« action civique » nommés CDR, Comités pour la défense de la République, et à manifester en faveur du régime. Le 30 mai, plus de 300 000 partisans de l'ordre se rassemblèrent sur les Champs-Élysées pour soutenir de Gaulle. Lors de ce défilé, des gaullistes comme Chaban-Delmas et Malraux se trouvèrent côte à côte avec des détachements du groupe Occident ; des intellectuels comme Raymond Aron manifestèrent aux côtés du sous-prolétariat issu des guerres coloniales – sociétés secrètes, police parallèle, mercenaires, casseurs, anciens combattants, et voyous enrôlés qui avaient répondu à l'appel de De Gaulle. Les slogans scandés ce jour-là, « La France aux Français », « Les ouvriers au boulot », ou « Cohn-Bendit à Dachau », étaient en soi une indication parlante de la rupture que Mai 68 avait entraînée dans la logique des rôles et des lieux assignés, la logique de la « police ». Laissons les étudiants étudier, les travailleurs travailler, les enseignants enseigner et la France être française : tel était le mot d'ordre. Dans les rues, ces slogans furent ponctués par un signal sonore familier – trois brefs coups de klaxon, suivis de deux plus longs. Cette formule brève mais puissamment mnémotechnique, qui était en quelque sorte la bande-son du régime gaulliste, n'était pas neuve : en 1958, le même signal rythmique avait signifié « De-Gaulle-au-pouvoir » et, pendant les années suivantes, « Al-gé-rie fran-çaise » ou « L'O-A-S vaincra » ; à présent, il était lancé pour dire : « De-Gaulle-n'est-pas-seul. »[88]

Les signaux rythmiques du vieux cor nationaliste visaient à couvrir ce qui constituait pour les forces de l'ordre le bruit le plus terrifiant de Mai 68 : les huées et les sifflements des ouvriers de Billancourt lorsque Georges Séguy, secrétaire général de la CGT, leur avait fait part, le 27 mai, du contenu des accords de Grenelle, négociés en hâte pour tenter de mettre fin à la grève. La grève allait-elle continuer indéfiniment ? C'étaient ces sifflements, signes du refus persistant des travailleurs, qui avaient poussé de Gaulle à Baden-Baden dans les bras de son ancien adversaire. Face à leur pire ennemi, les deux généraux s'étaient embrassés, comme dans un miroir. Ensuite, tout se passa rapidement dans les derniers jours de mai. Le lendemain de l'immense rassemblement en faveur de De Gaulle sur les Champs-Élysées, de l'Étoile à la Concorde, un nouveau personnage pittoresque entra en scène, Raymond Marcellin, nommé ministre de l'Intérieur le 31 mai 1968. La figure était nouvelle, mais néanmoins familière : Maurice Papon trouverait en Marcellin, l'homme appelé à la rescousse pour mettre un terme définitif à l'insurrection des années 1960 et liquider toutes les séquelles de Mai 68, un double parfait, qui offrirait un épilogue approprié au chapitre que lui-même avait contribué à ouvrir dix ans auparavant. Comme Papon, Marcellin s'était distingué tôt dans sa carrière : il avait démontré son efficacité en mettant fin aux grèves d'ouvriers des années 1947-1948, alors qu'il assumait les fonctions de sous-secrétaire d'État. C'est à ce spécialiste avéré du nettoyage (« *La volonté du pays, c'est l'ordre* »[89]) qu'il incomberait d'exécuter les ordres de De Gaulle : « *Il ne doit plus rien se passer nulle part, ni dans la rue, ni dans les bâtiments publics.* »[90]

Si plus rien ne doit se passer, c'est qu'il s'est vraiment passé quelque chose. L'hypertrophie de l'État pendant les années qui suivent immédiatement 1968 – années de conflits et de répression à présent éliminées de la représentation dominante d'un Mai « contre-culturel » et bon enfant – fournit pour le moins une reconnaissance de la magnitude de l'événement.

Raymond Marcellin fut le premier sociologue de Mai 68, et peut-être le plus assidu. Sa tâche, telle qu'il la décrit lui-même, était de renforcer une « *volonté politique française* », tirant sa force de la « *cohésion sociale et non pas de la lutte des classes et des catégories* ». Donc, écrit-il, le principe suivant de justice sociale doit être appliqué avec « *énergie et persévérance* » : « *À chacun sa place, sa part, sa dignité.* »[91] À chacun sa place : la distribution des groupes et des fonctions, perturbée pendant Mai, doit à présent être rétablie, et c'est le travail de la police d'assurer la reconstruction de l'ordre social. Le premier acte ministériel de Marcellin fut donc de rassembler la collection la plus complète possible des quelque 20 000 tracts, documents, journaux et textes du mouvement de 68 et de les lire personnellement. Cet examen avait bien entendu pour but d'identifier, puis de classifier le plus grand nombre de gauchistes connus et autres militants, travailleurs, étudiants, etc., avant de procéder dans la foulée à leur arrestation. Dès le 6 juin, il avait établi une liste de militants classés en fonction des organisations d'extrême gauche auxquelles chacun appartenait ; il avait aussi procédé à des restructurations internes en recréant le Bureau de liaison, une sorte de bureau central commun aux différentes branches de la police. En août, il publia un pamphlet sur les « groupes révolutionnaires organisés en vue d'une violente prise de pouvoir », évoquant la présence significative, pendant Mai 68, d'« influences étrangères », complices d'un vaste complot international[92]. Les prisons ne tardèrent pas à se remplir de prisonniers politiques, les premiers depuis la guerre d'Algérie. Mais il fallait d'abord les vider de certains occupants notoires, à savoir les anciens leaders de l'OAS. Le péril gauchiste mit ainsi fin aux dernières divisions concernant l'Algérie ; confronté à un péril plus grand, le gouvernement tendit la main aux vieux généraux de l'aile droite. Le 15 juin 1968, seulement quelques jours après que toutes les organisations gauchistes furent déclarées illégales, une cinquantaine de membres de l'OAS condamnés pour assassinat, au nombre desquels se trouvaient des généraux d'extrême droite comme Raoul Salan, qui avait participé au putsch contre de Gaulle, furent amnistiés, autorisés à rentrer en France ou libérés de prison. Cela ne passa pas inaperçu aux militants de l'époque. « *Juste au moment où il* [de Gaulle] *entame une chasse aux sorcières contre les étudiants et les travailleurs qu'il nomme "éléments incontrôlables", il libère des fascistes comme Bidault, Salan, Lacheroy. Il appelle à la formation de groupes d'action civique dirigés par les barbouzes et d'anciens types de l'OAS.* »[93] Les manifestations de rue furent interdites pendant dix-huit mois, tous les étrangers politiquement « non neutres » furent immédiatement extradés, et toute projection de films concernant l'insurrection de 68 soumise à la censure. Ayant compris l'importance des tracts révolutionnaires de Mai, Marcellin fit preuve d'un grand zèle dans le contrôle de ce qui pouvait être vu et dit sur Mai, que ce soit dans la rue ou dans la presse écrite. Pendant ces années-là, on assista à la poursuite impitoyable des vendeurs de journaux, des placardeurs d'affiches et des dessinateurs associés à la presse radicale de Mai. Ce fut aussi le temps où les publications critiques des États-Unis, comme *Tricontinental*, étaient saisies, où le moindre mot d'ordre politique hostile au gouvernement (ou jugé comme tel) menait en prison et où « insulter la police » était une charge pour laquelle des gens étaient régulièrement cités à comparaître[94].

Pour beaucoup de ceux qui avaient participé à l'insurrection, l'« après-Mai » fut une époque sinistre, hantée par des images fantomatiques de combats et un sentiment de surveillance continue. Même l'ennui et la mélancolie du travail, repris à contrecœur, portaient les traces indistinctes mais indélébiles des violences passées. Les ouvriers accusés par la direction d'avoir été des meneurs pendant la grève furent mutés à des postes plus pénibles dans l'usine ou simplement licenciés et nombreux furent ceux qui, parmi les jeunes militants, choisirent la clandestinité pour échapper à l'arrestation.

Lors d'une conférence de presse tenue en novembre 1971, Marcellin résuma sa philosophie : « *Trop longtemps, on a pensé que résoudre les problèmes économiques et sociaux réglait tout. Ceci n'est pas exact. Dans les périodes de troubles, de contestation où même les institutions les plus anciennes hésitent et ne jouent plus leur rôle, l'État seul sert de rempart à la population contre les conséquences du désordre des esprits.* »[95]

On peut mesurer les effets de la philosophie de Marcellin sur le renforcement de l'État à l'aide de quelques chiffres : à la fin de son règne, en 1974, 42 000 nouveaux policiers avaient rejoint les forces de l'ordre pour la reconquête de Paris, de ses usines et de ses campus, soit une augmentation de 50 % des effectifs en six ans. Le gouvernement envisageait avec une terreur évidente la possibilité que ses citoyens prennent à nouveau possession de la rue. Par exemple, lorsqu'un appel à manifester fut lancé le 15 novembre 1969 contre la guerre du Viêtnam, le gouvernement interdit la manifestation ; les 11 000 manifestants qui se présentèrent néanmoins furent accueillis par 12 000 policiers. Cependant, les anciens repères visuels, l'iconographie haute en couleurs des parachutistes et des CRS, portant visières et matraques, avaient cessé d'être aussi ostentatoires : le nouvel État renforcé de l'après-Mai cachait en partie son jeu. La police était nombreuse ; tous ceux qui ont visité Paris au début des années 1970 se souviennent de la concentration de policiers armés dans le métro et sur les trottoirs, des cars de CRS stationnés à intervalles réguliers et rapprochés dans le centre ville. Mais il y avait aussi, dans les rues, une présence policière moins facilement repérable. L'une des innovations de Marcellin fut les « étudiants-policiers », c'est-à-dire des policiers choisis parmi les nouvelles recrues pour poursuivre une éducation universitaire en échange d'informations sur ce qui se passait sur les campus. La surveillance et la censure prirent le pas sur les matraquages. En réaction, des groupes d'activistes comme le Secours rouge furent créés pour tenter de lutter contre la terreur policière ou ce que l'un de leurs slogans appelait « *la toute-puissance des flics (dans leurs uniformes multiples)* ». Sous le régime Pompidou/Marcellin, un enseignant du secondaire pouvait être licencié ou suspendu pour toute une série de crimes comme distribuer des tracts aux étudiants, être enceinte sans être mariée, étudier des textes sur l'homosexualité en classe ou coller des affiches anti-impérialistes dans les couloirs de l'école[96]. Pour Maurice Blanchot, en juillet 1968, toute l'atmosphère de l'après-Mai, l'ambiance quotidienne créée par le renforcement de l'État et sa paranoïa, par son extension à tous les domaines de la vie sociale, était incarnée par le nouveau personnage omniprésent circulant dans les rues de Paris, le policier en civil : « *Un signe qui ne trompe pas : l'envahissement de la rue par les policiers en civil.* [...] *ils sont partout, en tous lieux où les attire leur soupçon, près des cinémas, dans les cafés, même dans les musées, s'approchant dès que trois ou quatre personnes sont ensemble et discutent innocemment : invisibles, mais tout de même très visibles. Chaque citoyen doit apprendre que la rue ne lui appartient plus, mais appartient au pouvoir seul qui veut y imposer le mutisme, produire l'asphyxie.* »[97]

Notes

[1] Wolf Lepenies, Institute for Advanced Study, Princeton, octobre 1999.

[2] L'idée selon laquelle « *Prague 68 provoqua la chute du mur de Berlin* » en une sorte de relation directe de cause à effet pose en elle-même des questions fondamentales sur la causalité historique, d'autant que les insurgés praguois de 1968 (contrairement à ceux de 1980) ne semblaient pas considérer leurs aspirations à plus de démocratie comme incompatibles avec le socialisme. Voir Jean-François Vilar, « Paris-Prague : aller simple et vague retour », *in Lignes*, 34 (mai 1998), p. 87 : « *Le fait est que personne, en Tchécoslovaquie* [en 1968], *n'envisageait de s'éloigner d'un schéma socialiste. Le fait est aussi qu'en 1989-90, quasi personne n'a défendu l'aménagement d'un système de société dans le cadre d'un quelconque "socialisme".* » Vilar, qui habitait Prague, affirme que, loin de représenter une étape libératoire fondamentale dans la marche vers le présent, « *plus personne, sauf lorsqu'on est entre intimes, ne songe à 68* ». Au niveau de l'histoire officielle, Prague 68 semble pour ainsi dire oublié, ses aspirations étant considérées comme incompatibles avec la démocratie actuelle de marché plutôt que menant à elle ou entraînant celle-ci, comme Wolf Lepenies et d'autres l'imaginent.

[3] Voir, par exemple, Gilles Lipovetsky, *L'Ère du vide. Essai sur l'individualisme contemporain*, Paris, Gallimard, 1983.

[4] Maurice Dugowson, *Histoire d'un jour : 30 mai 1968*, documentaire télévisé, Europe 1, France 3, 1985.

[5] Raymond Aron, *La Révolution introuvable*, Paris, Fayard, 1968, p. 54.

[6] Jacques Rancière, *Aux bords du politique*, Paris, La Fabrique, 1998, p. 117.

[7] Henri Lefebvre, cité dans Kristin Ross, « Lefebvre on the Situationists : An interview », *in October*, 79 (hiver 1997), p. 82.

[8] Voir « La parole quotidienne », *in L'Entretien infini*, Paris, Gallimard, p. 355-366.

[9] Voir Jacques Rancière, interview, « Democracy means Equality », *in Radical Philosophy*, 82 (mars-avril 1997), p. 33.

[10] À l'origine, ce texte a été publié sous la mention de responsabilité collective du Comité d'action Étudiants-Écrivains. Voir « Un an après, le Comité d'action écrivains-étudiants », *in Les Lettres nouvelles*, 1969 (juin-juillet), p. 143-188 ; une partie du texte, intitulé « Sur le mouvement », a été attribuée plus tard à Maurice Blanchot et réimprimée dans *Lignes*, 33 (mars 1998), p. 177.

[11] Voir Alain Badiou, « Penser le surgissement de l'événement », *in Cahiers du cinéma*, numéro spécial « Cinéma 68 », mai 1998, p. 10.

[12] Guy Hocquenghem, *L'Après-Mai des faunes*, Paris, Grasset, 1974, p. 35.

[13] Alain Sauvageot, cité dans UNEF et SNESup., *Le Livre noir des journées de mai (du 3 mai au 13 mai)*, Paris, Seuil, 1968, p. 40.

[14] Alain Schnapp et Pierre Vidal-Naquet, éd., « Comment éviter les matraques », *Journal de la Commune étudiante. Textes et documents*, nov. 1967-juin 1968, Paris, Seuil, 1988, p. 433.

[15] Gérald, cité dans Nicolas Daum, *Des révolutionnaires dans un village parisien*, Paris, Londreys, 1988, p. 158.

[16] J.-P., cité dans Daum, *Des révolutionnaires dans un village parisien*, *op. cit.*, p. 251.

[17] Yann, cité dans Bruno Giorgini, *Que sont mes amis devenus ?*, Paris, Savelli, 1978, p. 119.

[18] Epistemon, *Les Idées qui ont ébranlé la France. Nanterre : novembre 1967-juin 1968*, Paris, Fayard, 1968, p. 100. Le « mouvement du 22 mars » est une coalition anarchisante d'activistes de Nanterre qui vit le jour le 22 mars 1968.

[19] Henri Lefebvre, *Le Temps des méprises*, Paris, Stock, 1975, p. 115.

[20] Activiste anonyme, cité dans Jacques Durandeaux, *Les Journées de mai 68*, Paris, Desclée de Brouwer, 1968, p. 13.

[21] « En terminale », épisode de la série télévisée *Les Chemins de la vie*, produite par Pierre Cardinale, 1968.

[22] Travailleur s'exprimant lors des funérailles de l'ouvrier Pierre Beylot, cité dans Collectif de cinéastes et travailleurs de Sochaux, *Sochaux 11 juin 68*, film documentaire, 1970.

[23] René, cité dans Daum, *Des révolutionnaires dans un village parisien*, *op. cit.*, p. 211.

[24] Nicolas, cité dans Daum, *Des révolutionnaires dans un village parisien*, *op. cit.*, p. 211.

[25] Ouvrier de Sochaux, cité dans Collectif de cinéastes et travailleurs de Sochaux, *Sochaux 11 juin 68*, documentaire, 1970.

[26] Ouvrier de chez Citroën, cité dans Michèle Manceaux, *Les Maos en France*, Paris, Gallimard, 1972, p. 74.

[27] Tract CFDT, « Zoom sur les jeunes », 8 mai 1968, cité dans Jacques Baynac, *Mai retrouvé*, Paris, Robert Laffont, 1978, p. 33.

[28] Tract CFDT, 9 mai 1968, cité dans Baynac, *Mai retrouvé*, p. 74.

[29] Emmanuel Terray, *Le Troisième Jour du communisme*, Paris, Actes Sud, 1992, p. 9. Suivant le dictionnaire Grand Robert ce mot, qui date de 1863, dérive de l'arabe algérien *matraq*, signifiant « gros bâton ». Pour les connotations post-68 du mot, il cite un

exemple de 1970 tiré du *Dictionnaire des mots nouveaux* de Gilbert : « *Dans le langage des professionnels de la radio, il existe un terme, aussi vulgaire que sa signification : matraquage. C'est un processus qui consiste à remplir les oreilles de l'auditeur avec un nouveau slogan ou un nouvel air dont ils veulent faire un succès commercial. Les spécialistes disent que la technique est pratiquement infaillible.* »

[30] Jean-Paul Sartre, « Sartre par Sartre », *Situations IX*, Paris, Gallimard, 1972, p. 127.

[31] Délégué CFDT à Caen, cité dans Philippe Labro (éd.), *Ce n'est qu'un début*, Paris, Éditions et publications premières, 1968, p. 55.

[32] Philippe Labro, *Ce n'est qu'un début, op. cit.*, p. 55.

[33] Tract maoïste, signé « Comité de défense contre la répression », cité dans Baynac, *Mai retrouvé, op. cit.*, p. 46

[34] Alain, ingénieur, cité dans Giorgini, *Que sont mes amis devenus ?, op. cit.*, p. 85-86.

[35] Chris Marker et Mario Marret, *À bientôt, j'espère*, film documentaire, 1967.

[36] Mavis Gallant, *Chroniques de Mai 68,* Paris, Rivages, 1998.

[37] Pierre Peuchmaud, *Plus vivants que jamais*, Paris, Laffont, 1968, p. 24.

[38] Maurice Rajsfus, *Le Travail à perpétuité*, Paris, Manya, 1993, p. 157.

[39] Jacques Baynac, *Mai retrouvé, op. cit.*, p. 93.

[40] Gallant, *Chronique*, *op. cit.*, p. 29.

[41] *Ibid.*, p. 114.

[42] Schnapp et Vidal-Naquet, « Comment éviter les matraques », *op. cit.*, p. 434.

[43] *Ibid.*, p. 521 et 524.

[44] Étudiant de l'École nationale d'administration, cité dans un film documentaire de Jean-Pierre Beaurenant intitulé *L'Examen ou la porte !*

[45] Pierre Goldman, *Souvenirs obscurs d'un juif polonais né en France*, Paris, Seuil, 1975, p. 33.

[46] Denis, un enseignant cité dans *Libération*, 13 mai 1978.

[47] Dominique Lecourt, *Les Piètres Penseurs*, Paris, Flammarion, 1998, p. 26.

[48] Jacques, membre du service d'ordre de Pierre Goldman, cité dans Isabelle Sommier, *La Violence politique et son deuil. L'après-68 en France et en Italie*, Rennes, Presses universitaires de Rennes, 1998, p. 41.

[49] Gilles Perrault, *Les Parachutistes*, Paris, Seuil, 1961, p. 56.

[50] *Ibid.*, p. 154.

[51] Le Manifeste des 121, officiellement appelé « Déclaration sur le droit à l'insoumission dans la guerre d'Algérie », a été écrit par Maurice Blanchot, Dionys Mascolo et Maurice Nadeau, et signé par une série de personnalités qui seront plus tard actives en mai 1968, parmi lesquelles Siné, Sartre, Henri Lefebvre, Marguerite Duras, Daniel Guérin, François Maspero, Madeleine Rébérioux, Hélène Parmelin, Christiane Rochefort et Pierre Vidal-Naquet. Le texte du document et la liste de ses signataires sont régulièrement réimprimés ; voir, par exemple, Hervé Hamon et Patrick Rotman, *Les Porteurs de valises. La résistance française à la guerre d'Algérie*, Paris, Albin Michel, 1979, p. 393-396.

[52] Goldman, *Souvenirs obscurs…*, *op. cit.*, p. 40.

[53] Alain, cité dans Giorgini, *Que sont mes amis devenus ?*, *op. cit.*, p. 85.

[54] Marc Kravetz, parmi d'autres, défend cet argument dans le contexte de l'analyse du rôle idéologique joué par le journal de Sartre, *Les Temps modernes*, pendant ces années. Voir un épisode de 1997 de Herta Albarez-Escudero dans la série télévisée.

[55] Cornelius Castoriadis (avec Claude Chabrol), « La jeunesse étudiante », *in Socialisme ou barbarie*, 34 (mars 1963), p. 56.

[56] Jean-Paul Sartre, « Plaidoyer pour les intellectuels », *Situations VIII*, Paris, Gallimard, 1972, p. 421.

[57] Waldeck Rochet, cité dans « Le PCF et la question coloniale », *in Révolution*, 7 (mars 1964), p. 98.

[58] Marie-Noëlle Thibaut, « Souvenirs, souvenirs », *May '68 : Coming of Age*, D. L. Hamley et A. P. Kerr (éd.), Londres, Macmillan, 1989, p. 192.

[59] Terray, *Le Troisième Jour du communisme*, *op. cit.*, p. 16.

[60] Lecourt, *Les Piètres Penseurs*, *op. cit.*, p. 25-26.

[61] René, cité dans Daum, *Des révolutionnaires dans un village parisien*, *op. cit.*, p. 213.

[62] Jean-François Vilar, *Bastille Tango*, Paris, Presses de la Renaissance, 1998, p. 112-113.

[63] Le 15 juin 1968, les funérailles de Gilles Tautin, un lycéen maoïste qui s'était noyé en fuyant la police pendant les manifestations de Flins, attirèrent une foule de 5 000 sympathisants ; un portrait géant de Tautin, réalisé par les étudiants des Beaux-Arts, fut porté par deux ouvriers de Flins. Celles de Pierre Overney, ouvrier maoïste de chez Renault, abattu par un membre de la sécurité en face de l'usine, attirèrent quelque 200 000 personnes le 5 mars 1972. Bien que la manifestation/procession funèbre eût été autorisée par le gouvernement, un nombre impressionnant de CRS et autres forces de police fut amené de province à Paris pour l'événement. Le 20 septembre 1979, les funérailles de Pierre Goldman, abattu par des assaillants inconnus, rassemblèrent 15 000 personnes dans la rue, tandis que 25 000 autres se joignirent à la procession funèbre organisée en l'honneur de Sartre, le 15 avril 1980. Voir le travail d'Isabelle Goulinet en 1993, intitulé *Le Gauchisme enterre ses morts* (Mémoire de maîtrise, Université Paris I, Panthéon-Sorbonne, 1993).

[64] Maurice Papon, cité dans *Ratonnades à Paris* [anonyme, mais compilé sous le nom de Paulette Péju], Paris, Maspero, 1961, p. 54.

[65] Maurice Papon, cité dans Union régionale parisienne CFTC, « Face à la répression » [pamphlet ronéotypé], Paris, 30 octobre 1961.

[66] Maurice Papon, cité dans *Ratonnades à Paris*, *op. cit.*, p. 54. Notons qu'il existe une littérature qui rend également le FLN responsable des morts du 17 octobre 1961, sur la base d'un argument qui reste flou (soit les leaders auraient dû prévoir le massacre, soit ils l'avaient prévu mais n'en avaient pas tenu compte). Pierre Hempel, par exemple, écrit que « *les leaders nationalistes algériens, aidés par des "porteurs de valises gauchistes", poussèrent des centaines d'ouvriers maghrébins à se jeter dans la gueule du loup, c'est-à-dire le massacre au centre de Paris par des groupes armés officiels du préfet Papon* ». Voir son *Mai 68 et la question de la révolution*, Paris, Librairie « La boulangerie », 1988, p. 135-136.

[67] Cité dans *Ratonnades à Paris*, *op. cit.*, p. 52.

[68] Pierre Vidal-Naquet, *Mémoires*, tome II, *Le trouble et la lumière, 1955-1998*, Paris, Seuil, 1998, p. 150.

[69] Voir Jean-Luc Einaudi, *La Bataille de Paris : 17 octobre 1961*, Paris, Seuil, 1991, pour l'étude la plus approfondie sur ce massacre ; pour ses estimations du nombre de morts, voir en particulier p. 266-268.

[70] Même les historiens progressistes de la période n'ont pas enregistré la magnitude de l'événement. Dans leur *Histoire de la guerre d'Algérie 1954-1962* (Paris, Seuil, 1984), Bernard Droz et Évelyne Lever ne consacrent qu'un paragraphe au massacre.

[71] Le compte rendu le plus à jour concernant l'accessibilité actuelle des archives de police se trouve dans Claude Liauzu, « Mémoire, histoire et politique : à propos du 17 octobre 1961 », *in Tumultes*, 14 (avril 2000), p. 63-75. Il existe à présent une « Association du 17 octobre 1961 : contre l'oubli » composée d'un nombre croissant de responsables politiques, d'artistes et d'intellectuels, qui ont également signé un document réclamant la reconnaissance du crime par l'État. Le 1er décembre 2000, le texte avait recueilli près de 3 000 signatures.

[72] William Gardner Smith, *The Stone Face*, New York, Farrar, Straus, 1963, p. 7. C'est par le travail de Tyler Stovall que j'ai appris l'existence de ce roman. Pour une description détaillée du milieu de Smith dans le Paris du début des années 1960, voir son « The Fire next Time : African-Américain Expatriates and the Algerian War », *in Yale French Studies*, 98 (2000), p. 182-200.

[73] Smith, *The Stone Face*, *op. cit.*, p. 38.

[74] Tract anonyme, « Vive la grève illimitée avec occupation des usines », distribué dans les environs du boulevard Saint-Michel le 21 mai 1968.

[75] François Truffaut, cité dans John Gretten, *Students and Workers : An Analytical Account of Dissent in France, May-June 1968*, Londres, MacDonald, 1968, p. 101.

[76] Maurice Rajsfus, *Mai 68. Sous les pavés, la répression*, Paris, Le Cherche-midi, 1998, p. 13.

[77] « *Je vous interdis de prononcer le mot "Guerre d'Algérie"* », déclara le président du tribunal à Francis Jeanson pendant le procès de ce dernier, le 19 septembre 1960. En 1996 encore, Jacques Chirac, inaugurant un monument aux victimes et aux soldats morts en Afrique du Nord entre 1952 et 1962, continuait à respecter la terminologie remontant à l'époque du conflit, évitant de prononcer le mot « guerre » au cours de la cérémonie.

[78] Cité dans Claire Mauss-Copeaux, *Appelés en Algérie. La parole confisquée*, Paris, Hachette, 1998, p. 170-171.

[79] Général Massu, cité dans Pierre Viansson-Ponté, *Histoire de la république gaullienne, mai 1958-avril 1969*, Paris, Robert Laffont, p. 15.

[80] Abdel Krim Cherqui, ancien trésorier du FLN, fait cette remarque dans Gilles Perrault, *Un homme à part*, Paris, Barrault, 1984, p. 289.

[81] Labro, *Ce n'est qu'un début*, *op. cit.*, p. 118. De même, un document écrit par la CFTC après le massacre du 17 octobre 1961 décrit la police et son personnel : « *Recrutée depuis quelques années sur le principal critère de l'anticommunisme, elle compte dans ses rangs des "anciens d'Indochine et d'Algérie", à mentalité raciste et fascisante, entraînés à l'emploi des méthodes en honneur dans les guerres coloniales.* » Cité dans *Ratonnades à Paris*, *op. cit.*, p. 47. Dans *The Stone Face*, William Gardner Smith offre un regard indirect sur les changements intervenus dans la police au début des années 1960. Son protagoniste, Simeon, commence à noter « *une métamorphose dans la police, du moins lui semble-t-il, au cours de l'année qui suit son arrivée à Paris* ». « *Simeon n'avait jamais aimé la police, mais les policiers français lui avaient fait meilleure impression que la plupart des autres. Autrefois polis et attentifs, ils se tenaient à présent aux coins de rue, avec l'insolence du pouvoir, cigarette au bec, attirant à l'occasion l'attention des jeunes filles qui passaient par des gestes obscènes. Simeon apprit que ce changement dans la police n'était pas fortuit. Le département de police avait été purgé des officiers ayant fait montre de douceur avec les Algériens en France* » (p. 174).

[82] Communication de Maurice Papon, 5 octobre 1961, cité dans Einaudi, *La Bataille de Paris*, *op. cit.*, p. 85. Ma lecture des documents de Papon s'inspire largement de celle de Michel Levine dans *Les Ratonnades d'octobre*, Paris, Ramsay, 1985.

[83] *Cf.* Jacques Rancière, « La cause de l'autre », *Aux bords du politique*, *op. cit.*, p. 148-164.

[84] « *Je pense que je suis démissionnaire. Je ne peux plus continuer à travailler dans ces conditions* [...]. *Comprenez, il n'est pas possible que nous soyons mis comme cela devant le fait accompli. On nous cache des choses que l'on dit aux autres. Par la force des choses, ma décision est prise, je vais m'en aller.* » Pompidou, cité dans Jacques Foccart, *Le Général en Mai, Journal de l'Élysée,* II, 1968-69, Paris, Fayard, 1998, p. 49-50.

[85] Jean-Pierre Vernant, cité dans Schnapp et Vidal-Naquet, *Journal de la commune étudiante*, *op. cit.*, p. 789.

[86] *Ibid.*, p. 790.

[87] Daniel Bensaïd et Henri Weber, *Mai 1968 : une répétition générale*, Paris, Maspero, 1968, p. 208.

[88] Viansson-Ponté, *Histoire de la République gaullienne*, *op. cit.*, p. 648.

[89] Raymond Marcellin, *L'Importune Vérité*, Paris, Plon, 1978, p. 297.

[90] Charles de Gaulle, cité dans Comité d'action Étudiants-Écrivains au service du mouvement, *Comité*, I (octobre 1968), p. 1.

[91] Marcellin, *L'Importune Vérité*, *op. cit.*, p. 297.

[92] Voir ministère de l'Intérieur, « Les objectifs et les méthodes des mouvements révolutionnaires », août 1968. Marcellin trouva un support ardent de ces opinions en la personne du fasciste Maurice Bardèche, qui écrivit : « *Rien n'était moins improvisé que les échauffourées dans le Quartier latin. Les groupuscules étaient financés, informés et dirigés par des spécialistes qui leur étaient envoyés de l'étranger. Qui fournissait l'argent et les armes ? Les éléments d'une conspiration existent et le ministre de l'Intérieur les a à sa disposition.* » Voir sa « Comédie de la révolution », *Défense de l'Occident*, Paris, Nouvelles éditions latines, 1968, p. 4-6.

[93] Comité d'action Travailleurs-Étudiants, « Les élections : que faire ? », tract du 17 juin 1968. Parmi les groupes gauchistes dissous par le gouvernement et dont les publications furent interdites, citons la JCR, Voix ouvrière, « Révoltes », le Comité de liaison des étudiants révolutionnaires, l'UJC (m-l), le PCMLF, le Parti communiste international, la Fédération de la jeunesse révolutionnaire, l'Organisation communiste internationale et le Mouvement du 22 mars. Marcellin était, semble-t-il, particulièrement fier de la décision de relâcher les prisonniers militaires de l'OAS, dont il considérait qu'elle avait eu un « effet excellent ». Foccart, *Le Général en mai*, *op. cit.*, p. 202.

[94] *Cf.*, pour le compte rendu le plus détaillé sur la répression policière du début des années 1970, Maurice Rajsfus, *Sous les pavés, la répression.* Rajsfus accorde une attention particulière à la censure et aux saisies visant la presse radicale (journaux, livres, pièces de théâtre, films) de ces années, ainsi qu'aux formes de répression touchant les lycées.

[95] Raymond Marcellin, cité dans Comité de vigilance sur les pratiques policières, *Police : recueil de coupures de presse*, Paris, Charles Corlet, 1972, p. 64.

[96] Voir Martine Storti, *Un chagrin politique : de mai 68 aux années 80*, Paris, L'Harmattan, 1996, p. 117.

[97] Comité d'action Étudiants-Écrivains, « La rue », tract du 17 juillet 1968. Réimprimé et attribué à Maurice Blanchot dans *Lignes*, 33 (mars 1998), p. 144.

Formes et pratiques

Mai 68 a été avant tout à mon sens une gigantesque aspiration à l'égalité.
(Daniel Lindenberg)

La critique de la spécialisation

Dans quelle mesure la « prise de pouvoir » par les militants de 1968 – dont l'échec a, rétrospectivement, constitué ce que beaucoup désignent encore comme l'« échec de Mai » – était-elle un récit, ou la vision imposée par l'État centralisateur, essentiellement pendant la dernière semaine de Mai 68, lorsque de Gaulle brandit, dans son discours du 30 mai, la menace d'une répression massive de l'État et de l'intervention de l'armée pour prévenir l'avènement, imminent en France, de ce qu'il nomme une « dictature communiste » ? Dans les tout derniers jours de mai, la situation s'emballe de manière évidente ; l'État décide de mettre fin à la « chienlit »[1] (désordre) et impose son propre rythme. Vous voulez le pouvoir ? Apparemment, oui, puisque des milliers d'entre vous sont dans la rue. Soit. Mais essayez donc de le prendre à l'armée et à ses chars. Face à la réaction extrêmement militariste de De Gaulle, il est nécessaire de rappeler que les manifestants des rues n'étaient pas armés et que, comme Sartre le dira plus tard, « *on ne renverse pas un régime avec 100 000 étudiants désarmés, si courageux soient-ils* »[2].

Le militant Pierre Goldman était de ceux qui déploraient le fait que les manifestants ne soient pas armés : « *La révolte étudiante prit de l'ampleur. Au mouvement qui avait surgi des facultés s'ajoutait maintenant la présence déterminante des ouvriers. Ils s'étaient mis en grève générale. Je fus excité mais je ne peux dissimuler que je respirais dans cette révolte des effluves obscènes. Il me semblait que les étudiants répandaient dans les rues, à la Sorbonne, le flot malsain d'un symptôme hystérique. Sous des formes ludiques et masturbatoires, ils satisfaisaient leur désir d'histoire. Je fus choqué qu'ils ne prennent que la parole et s'en réjouissent. À l'action ils substituaient le verbe. Je fus choqué qu'ils mettent l'imagination au pouvoir. Cette prise de pouvoir était une prise de pouvoir imaginaire. Mon opinion était qu'ils méconnaissaient gravement la tactique du gouvernement et que cette tactique était subtile. Ils se croyaient dans la violence, dans l'insurrection, mais c'étaient des pavés qu'ils lançaient, non des grenades* [...].

J'espérais pourtant que de cet onanisme collectif, délirant, sortirait une situation révolutionnaire. La présence des ouvriers, leur grève, étaient en effet d'un ordre différent. Je connaissais quelques militants très impliqués dans la conduite des combats étudiants. J'allai voir l'un d'eux, il appartenait au Mouvement du 22 mars, et je lui proposai une action armée. Je lui dis qu'il fallait qu'éclate l'état de paix où demeurait malgré tout la situation [...].

Je fus regardé comme un fou, un mythomane [...].

De Gaulle partit en Allemagne et revint. Il parla. Ce qu'il disait était simple. Dans son discours impitoyable, il rappelait que les forces qu'il représentait, la force, étaient capables de guerre et d'histoire. Il renvoyait ses adversaires à l'impuissance et au rêve. À la castration. C'était un défi et nul ne le releva. Le pouvoir avait chassé l'imagination. La fête prit fin. »[3]

Même s'il parle de la « *présence déterminante des ouvriers* », et du fait que leur lutte était d'un « *autre ordre* » que les activités frénétiques et, selon lui, délirantes des étudiants dans les rues, Goldman resserre sa perspective autour de la seule confrontation entre un État militaire tout-puissant et des étudiants impuissants, masturbatoires, à la dérive vers un domaine purement symbolique. Son scénario ne diffère guère de celui d'un homme qui est, par rapport à lui, à l'extrême opposé du spectre politique : Raymond Aron (tandis que Goldman tentait de transformer le mouvement en insurrection armée, Aron, antigaulliste notoire, marchait bras dessus bras dessous avec les forces gaullistes sur les Champs-Élysées le 30 mai[4]). Comme Goldman, Aron considérait Mai 68 comme l'événement qui s'était avéré un non-événement[5]. En d'autres termes, il ne s'était rien passé. En fait, Aron fut le tout premier commentateur à décrire Mai comme un non-événement. Aron et Goldman interprètent les conclusions de ce non-événement de manière étonnamment similaire. Goldman : « *De Gaulle partit pour l'Allemagne et revint. Il parla* [...]. *La fête prit fin.* » Aron : « *Le général de Gaulle parle trois minutes* [...]. *L'affaire était finie et le climat était transformé.* »[6] Dans chacun des récits, de Gaulle retourne à la source de sa force, l'armée, la menace d'une intervention militaire est évoquée et les étudiants se volatilisent dans le royaume de l'imaginaire.

Il semble juste d'affirmer, aujourd'hui, que la menace militaire du gouvernement s'adressait moins aux étudiants dans les rues qu'elle n'était destinée à imposer un scénario de crise dans lequel les différentes organisations syndicales, à commencer par la CGT, pourraient regagner le pouvoir dont elles avaient besoin pour amener ou contraindre les ouvriers à une rapide reconnaissance des « accords de Grenelle » ; négociés à la hâte, ces arrangements avaient été rejetés par les ouvriers de Billancourt, mais aussi de Citroën, Sud-Aviation, Rhodiacéta et d'autres. C'était d'ailleurs à l'époque le point de vue adopté par un groupe d'écrivains et d'ouvriers actifs dans le mouvement : « *De Gaulle incite à la violence* [...] *nous n'entrerons pas dans son jeu* [...] *la grève doit continuer.* »[7] Un ouvrier de Renault renchérit : « *Chaos et révolution, il* [de Gaulle] *est le seul à parler de cette façon ; nous n'utilisons pas ces mots.* »[8] C'est aussi l'analyse réaffirmée avec force par une ouvrière, Anne-Marie Schwartch, lorsque, des années plus tard, elle répète, lors d'un débat autour de Mai 68 : « *Le problème n'était pas de faire la révolution, mais que la CGT ne brade pas la grève, or,* [se tournant vers le député du PCF, Guy Hermier] *VOUS avez fait le tour, dépôt par dépôt, des usines, usine par usine pour dire que les autres avaient repris, pour leur dire que c'était fini* [...]. »[9]

Effectivement, ce qui frappe dans les termes négociés entre direction et leaders syndicaux, c'est la relative pauvreté des acquis des ouvriers par rapport à l'ampleur du mouvement. Le pourcentage de grévistes n'avait jamais été aussi élevé, et ce, dans tous les secteurs et toutes les régions du pays, et la France venait de connaître la plus longue grève de son histoire ; pourtant les principaux acquis des accords de Grenelle, négociés entre le 25 et le 27 mai, furent restreints : une augmentation du minimum salarial et l'extension des droits des syndicats dans les usines[10].

Ce n'est pas la contestation violente d'étudiants cherchant à « prendre le pouvoir » qui constituait en elle-même une menace pour le gouvernement, en mai-juin 1968, mais le fait qu'une agitation étudiante sans grande consistance avait réussi, grâce à la répression violente de la police, à se raccrocher à une lutte de masse. Ce qui était en jeu n'était pas, dans l'immédiat, la question du pouvoir. En outrepassant les limites fixées par les grandes centrales de travailleurs et les revendications de tous les partis de gauche, en particulier du Parti communiste, les grèves ouvrières avaient menacé l'existence même de ces institutions et de ces organisations. Comme un travailleur le déclara : « *C'est nous qui sommes partis en grève, ce n'est pas aux autres de décider pour nous.* »[11] Lorsque de Gaulle s'envola pour la Forêt-Noire afin de négocier une nouvelle alliance avec Massu et l'armée contre la menace communiste, cette dernière n'existait déjà plus. Un communisme neuf, plus corrosif, s'était formé en dehors de la structure du parti. Le communisme officiel, quant à lui, savait depuis longtemps quand il fallait arrêter une grève : la veille de sa victoire. Focaliser l'attention sur le Quartier latin, même après les grèves massives commencées le 14 mai, constituait l'élément clé de la stratégie gouvernementale pour isoler la violence de la rue et la mettre en quarantaine par rapport aux ouvriers, qui étaient, pour la plupart, enfermés dans les usines occupées. À cet égard, la décision prise le 11 mai par Georges Pompidou, Premier ministre de De Gaulle, de rouvrir la Sorbonne aux étudiants deux jours plus tard, décision largement critiquée par ses conseillers à l'époque, par Aron plus tard, et qualifiée par de Gaulle de collaborationniste (« *C'est du Pétain* », déclara-t-il à ses plus proches conseillers[12]) cadrait parfaitement avec son objectif principal, qu'il allait plus tard résumer en une seule phrase : « *Je voulais traiter le problème de la jeunesse séparément.* »[13] Une fois les étudiants dissociés des grévistes, chaque groupe se réinstallerait dans les frontières de son identité « sociologique » et tous deux seraient perdants : la grève serait réduite à un pur problème de salaire, de gagne-pain, tandis que les revendications des étudiants seraient recentrées et redéfinies en termes de problèmes d'« éducation ». La « violence », quant à elle, serait exclusivement imputée aux étudiants, et non aux ouvriers pacifiques, respectueux de la loi. « *Avant le 13 mai, il s'agissait avant tout de faire en sorte, en circonscrivant leur lutte, que les étudiants n'entrent pas dans le Quartier latin. Passé cette date, il s'agira de tout faire pour les empêcher de le quitter.* »[14]

Étant donné la stratégie de séparation et d'endiguement du gouvernement, les formes et les actions politiques les plus efficaces que le mouvement pouvait développer étaient celles que l'on définit par des mots comme « dialogue », « rencontre », « relais », « alliance », « solidarité », ou même « alliage » – le terme est de Jacques Baynac – entre travailleurs et étudiants. Voyons, grâce à deux exemples, ce que le gouvernement fit pour prévenir cette rencontre ; l'un a pour théâtre la rue, l'autre les usines.

Le 24 mai, une foule de 100 000 manifestants entreprend de défiler de la gare de Lyon à la Bastille ; un participant, Pierre Peuchmaurd, écrit : « *Tout le monde est là. Nous, nous tous. La CGT aussi, sans banderoles, sans dirigeants ni délégués, la* vraie *CGT, plusieurs fédérations CFDT et FO, 50 % ouvriers au moins* [...]. *Les tracts circulent, s'échangent. Un très beau tract du 22 mars* : *"Votre lutte est la nôtre", adressé aux ouvriers ici omniprésents, et qui est sans doute une des meilleures tentatives de définition de ce pour quoi nous sommes là.* »[15] Peuchmaurd mentionne un autre slogan du jour : « Aucun succès n'est définitif en régime capitaliste. » Mais c'est encore le tract signé conjointement par tous les Comités d'action qui saisit le mieux le ton de la manifestation :

« *Non aux solutions parlementaires où de Gaulle s'en va et le patronat reste.*

Non aux négociations au sommet qui ne font que prolonger le capitalisme moribond.

Assez de référendum. Plus de cirque.

Ne laissons personne parler à notre place. »

Mais lorsque les manifestants approchent de leur but, ils rencontrent un mur de CRS qui les empêche d'atteindre la Bastille et les repousse au Quartier latin derrière leurs propres barricades, dont il était désormais clair qu'elles avaient été jusque-là tolérées tacitement par les forces de l'ordre comme unique « expression » viable ou valable du mouvement étudiant. « [...] *à la Bastille, c'est fini. Un déploiement de police à vous donner le vertige* [...] *une victoire sur le terrain aussi. Jusqu'au repli sur le Quartier, du moins.* » Plus loin, Peuchmaurd critique l'auto-enfermement volontaire des étudiants dans l'imagerie du ghetto, parlant des « erreurs politiques » des manifestants : « [...] *celle, surtout, de retourner au Quartier, de nous y regrouper comme des phalènes. Il fallait nous morceler, investir la ville* [...]. *L'autre erreur est de n'avoir pas su nous libérer à temps du mythe de la barricade.* »[16] À partir de ce jour et jusqu'aux grandes manifestations des 10 et 11 juin, la séquestration des manifestants dans le ghetto du Quartier latin constitue de toute évidence une tactique délibérée du gouvernement[17].

Le second exemple concerne la pratique de l'« occupation d'usines » par les ouvriers en grève, une pratique inventée en 1936 et réutilisée pour la première fois par les mouvements ouvriers en 1968. L'occupation était généralement considérée comme une preuve de la force et du sérieux d'une grève, car elle indiquait la volonté de se démarquer clairement des formes d'action rebattues, artificielles, comme les réunions et les pétitions, ou encore les grèves « symboliques » partielles, qui portaient la marque du mouvement syndical et ne mobilisaient plus les travailleurs. « *Occuper les usines, cela veut dire autre chose que défiler dans la rue pour obtenir – ou souvent ne pas obtenir – des revendications professionnelles ou salariales : cela signifie la volonté d'être maître sur son propre lieu de travail.* »[18] Le modèle d'occupation adopté par les deux usines qui déclenchèrent la grève, Sud-Aviation et Renault-Cléon, était-il calqué sur l'occupation de la Sorbonne par les étudiants, comme beaucoup de gauchistes l'ont soutenu ? Ou dérivait-il plutôt de la tradition proprement ouvrière, qui remontait au modèle historique des années 1930 ou aux grèves plus récentes de 1966 et 1967, à Rhodiacéta, à Caen et ailleurs ? Le plus vraisemblable est que la décision de l'occupation tenait moins de l'imitation des tactiques estudiantines que d'une réaction à l'impression de vacillement, de faiblesse, voire de défection, donnée par le gouvernement. Quoi qu'il en soit, l'occupation, lors de laquelle le directeur est séquestré, chassé ou parfois autorisé à rester dans l'usine en grève, implique la prise en charge, par les ouvriers, de services comme la sécurité, l'approvisionnement en nourriture et l'organisation de loisirs et, par conséquent, un renversement clair de l'autorité de la direction. « *L'occupation, c'est une consolidation de la grève pour que l'usine ne tourne pas. C'est une façon de protéger la grève.* »[19] Ce qui importe, pour les défenseurs de l'occupation, c'est l'investissement d'une usine considérée moins comme un centre de production que comme un terrain non neutre où la classe opposée est traitée en tant qu'adversaire : il s'agit de prendre possession des catégories logiques qui gouvernent les institutions et non des institutions elles-mêmes. En ce sens, l'occupation ressemble aux barricades des étudiants : la classe dominante n'est jamais aussi présente qu'au moment précis de l'occupation ; l'ennemi n'est jamais aussi visible qu'à travers une barricade. L'occupation, comme la barricade, révèle au grand jour le conflit de classe, la relation à l'adversaire. Dans le cadre de l'occupation, l'appropriation de l'espace du pouvoir dominant devrait idéalement s'accompagner d'une extension du mouvement des travailleurs en dehors des limites de cet espace.

Mais était-ce le cas ? Les rues étaient peut-être un meilleur lieu de brassage, plus favorable à l'extension du mouvement des travailleurs que ne l'étaient les usines occupées. Les représentations traditionnelles de Mai nous ont fait oublier à quel point, dès le début mai, le mélange s'était *déjà* opéré dans la rue. À mesure que les combats de rue progressaient, les étudiants étaient rejoints par un nombre croissant de jeunes ouvriers, étouffés par la raideur protocolaire des syndicats, et d'ouvriers au chômage, groupe dont le rôle et le nombre réel ont été largement minimisés à l'époque de l'insurrection, et plus encore dans ses représentations ultérieures. Évelyne Sullerot souligne la façon dont la présence d'ouvriers dans les rues a été oblitérée dans le discours des principaux médias qui couvraient les événements de Mai : « *On ne peut passer sous silence la cristallisation d'un vocabulaire qui allait jouer un rôle dans l'orchestration de la grande peur et de l'isolement des étudiants. Le mot "barricade" par exemple fut employé pour désigner un petit feu de quelques cageots, une traînée d'ordures. "Étudiants" fut une désignation commode, justifiée durant les premiers jours de mai. Ensuite on parle prudemment de "non-étudiants", manière pudique d'éviter de dire "travailleurs". Les "non-étudiants" demeurèrent toujours dans une ombre mystérieuse, où viennent les rejoindre "la pègre" et les "Katangais" de circonstance. Même les soirs où les étudiants véritables ne formaient qu'une partie, active, mais non majoritaire, de la foule des manifestants, les radios continuèrent à dire "les étudiants se sont réfugiés ici, les étudiants ripostent", etc.* »[20]

Ce qui était vrai dans les rues de Paris l'était aussi ailleurs, peut-être plus encore. À Nantes, à Rennes et en province, des foules d'étudiants, de travailleurs et, souvent, de paysans occupèrent les rues plus longtemps qu'à Paris[21]. À partir du 6 mai, de jeunes ouvriers et chômeurs se joignirent aux étudiants à Clermont-Ferrand et à Grenoble ; lors de la manifestation du 7 mai à Toulouse, il était impossible de distinguer dans les rues les étudiants des non-étudiants et des ouvriers[22]. En revanche, après le début des grèves massives, dans quelle mesure l'« occupation des usines », qui, concrètement, retenait de nombreux travailleurs loin des rues, n'a-t-elle pas servi les intérêts des leaders syndicaux en contrôlant et en limitant une grève qui s'était généralisée sans l'accord de la CGT ? Non seulement l'occupation ancrait les ouvriers à leur place propre, habituelle, empêchant les contacts avec les étudiants, mais, pis encore, elle supprimait la communication entre usines, ainsi que la plupart des moyens informels de transmission de l'information qui avaient fonctionné pendant les grandes manifestations de rue entre travailleurs de différents secteurs, voire de différentes régions[23]. Avec des travailleurs immobilisés sur leur lieu de travail – même improductif –, l'occupation pourrait bien avoir freiné toute possibilité d'extension résultant d'une coordination entre plusieurs usines ; elle pourrait avoir bloqué la communication lorsque celle-ci n'était pas conforme aux opinions de la représentation syndicale de la grève. « *Pour le gouvernement, comme dans une certaine mesure pour les syndicats ouvriers, il vaut mieux que les grévistes soient dans les usines que dans la rue.* »[24] De même, il était préférable que les étudiants se trouvent au Quartier latin plutôt que sur la rive droite, même si les universités et les lycées ne fonctionnaient pas. Si les ouvriers restaient cloîtrés dans leurs usines, les dirigeants syndicaux pouvaient plus facilement décider à leur place, « secteur par secteur », en s'arrogeant le monopole de l'information. Cette interprétation est en quelque sorte confirmée par les remarques d'Anne-Marie Schwartch, que nous avons déjà citée, mais aussi, de façon plus évidente, par l'un des rares documents dont nous disposions sur le « Mai des travailleurs », à savoir le documentaire intitulé *La Reprise du travail aux usines Wonder*. Dans ce court métrage, une ouvrière proteste contre la décision de reprendre le travail et dénonce l'irrégularité du vote qui décide de la fin de grève et de la reprise du travail. Autour d'elle, trois représentants de la direction de l'usine, des « gros bras », tentent de la maîtriser : « *mais non...* », « *nous négocierons tout cela plus tard...* ». Comme elle continue de contester leur version de la « fin de grève », les trois hommes s'impatientent, au point d'avoir recours à la force pour la faire rentrer dans l'usine : « *C'est une* victoire, *vous ne comprenez pas ?!* »[25]

L'interprétation de Mai que donnent Pierre Goldman et Raymond Aron, celle d'une prise de pouvoir manquée, s'articule autour de deux choix diamétralement opposés. Ces pôles – de Gaulle ou les étudiants, révolution ou psychodrame, révolution ou hystérie, événement ou non-événement, révolution ou fête, ludique ou sérieux, paroles ou action – ont largement contribué à fixer le cadre de la plupart des débats entourant 68, tant en ce qui concerne les formes d'analyse ou de « jugement » de l'événement lui-même que les orientations prises par le discours théorique des années 1970. Que ce soit dans sa forme centralisée ou dans ses manifestations et ses vicissitudes les plus locales, la thématique du pouvoir dominera par exemple, pour un temps, les travaux de Foucault et bénéficiera d'une pleine diffusion médiatique vers le milieu des années 1970, dans les diatribes des Nouveaux Philosophes. De même, la fascination pour le problème de la violence armée sera particulièrement perceptible au cours des années 1970 dans la couverture médiatique d'actions spectaculaires orchestrées par les Brigades rouges et la Bande à Baader, deux groupes, l'un italien, l'autre allemand, issus des mouvements de 68.

Mais selon moi, la vraie question n'est pas à chercher dans les circonstances de la révolution, qu'elle ait échoué ou non. Pourquoi s'est-il passé quelque chose plutôt que rien ? Et quelle était la nature de l'événement ? L'attention accordée à la problématique du pouvoir en a éclipsé une autre, également soulevée par Mai 68 et, plus généralement, par la culture des années 1960, et tout aussi politique sans doute, celle de l'égalité. J'emploie ce terme non dans son sens objectif de statut, revenu, fonction, ou de dynamique supposée « égalitaire » de contrats ou de réformes, ni même pour désigner une revendication explicite ou un programme, mais plutôt pour décrire quelque chose qui émerge en cours de route, qui est vérifié de manière subjective, exprimé et expérimenté *hic et nunc* comme ce qui est, et non ce qui devrait être. Une telle expérience se situe en marge de la « prise du pouvoir d'État », elle ne relève pas de ce paradigme. Autrement dit, le récit d'une prise du pouvoir étatique souhaitée ou manquée est déterminé par la logique d'État, par l'histoire qu'il se raconte à lui-même. Pour l'État, les gens qui manifestent dans la rue ont déjà échoué dans leur tentative de lui prendre le pouvoir. En 1968, « la prise du pouvoir » n'était pas seulement un chapitre du récit de l'État, elle exprimait le désir de l'État de se réaliser lui-même, c'est-à-dire de plier totalement le quotidien à ses propres priorités. Le fait de limiter Mai à cette histoire, au désir de s'emparer du pouvoir central ou à l'échec de cette entreprise, a restreint la définition même du « politique », gommant ou effaçant au passage une autre dimension politique des événements, qui a pu constituer aux yeux des forces de l'ordre la véritable menace, la raison de leur panique. Cette dimension réside dans une subjectivation rendue possible par la synchronisation de deux ordres temporels très différents : le monde de l'ouvrier et le monde de l'étudiant. On la trouve incontestablement dans l'idée centrale de Mai 68, l'union de la contestation intellectuelle avec la lutte ouvrière, mais aussi dans l'expérience de l'égalité non pas en tant qu'objectif ou action, mais comme quelque chose qui fait partie intégrante de l'action, qui émerge dans la lutte, qui est vécu et déclaré comme tel. Au fil de la lutte, on assiste au développement de certaines pratiques témoignant de cette synchronisation, comme la constitution d'un espace-temps commun, quoique non consensuel. Ces pratiques prouvaient la non-pertinence de la division du travail qui, pour Durkheim, n'est ni plus ni moins que ce qui assure la cohésion d'une société et garantit la continuité de sa reproduction. En tant que telles, ces pratiques constituent une intervention aussi directe, voire plus directe, qu'un coup d'État, dans la logique et le fonctionnement du capital.

La dichotomie (révolution ou fête, prise de pouvoir ou prise de parole) qui a dominé les débats sur Mai est une fausse opposition. Comme l'a dit Bernard Lacroix, le fait que beaucoup de gens aient mis un certain temps à comprendre que Mai n'annonçait pas une « révolution » à venir ne permet pas de déduire qu'elle inaugurait son contraire, c'est-à-dire un « retour à l'individualisme »[26]. Il est donc inexact de conclure que l'échec du mouvement à s'emparer du pouvoir s'explique soit par une indifférence totale vis-à-vis de celui-ci, soit par le prototype d'une forme de conscience consommatrice typique des années 1980. En effet, l'idée de s'emparer du pouvoir centralisé de l'État n'était pas étrangère au mouvement de Mai ; dans son essai sur Mai 68 en Italie, Luisa Passerini décrit des aspirations révolutionnaires proches de celles des Français : « *Nous avons réalisé que, nonobstant sa fascination, l'idée d'une prise de pouvoir comme l'assaut du palais d'Hiver était archaïque et nous ne pouvions dire quelle forme prendrait le transfert de pouvoir vers les classes opprimées. Mais il fallait certainement passer par une poussée brutale, ce ne pouvait être une transition indolore.* »[27]

Toutefois, le mouvement aspirait moins à provoquer une poussée brutale qu'à réaliser des formes de démocratie directe et d'auto-organisation collective, qui contiennent en elles l'amorce d'une organisation sociale différente, d'un objectif universalisable, semblables à ceux que l'on assigne généralement à des entreprises révolutionnaires, tout du moins à leurs débuts.

Afin de mieux illustrer la distinction que j'opère ici, comparons deux approches, l'une de tendance léniniste, l'autre issue des théories de Rosa Luxemburg. Comme tous les autres groupes radicaux de 68, elles partagent un même objectif anticapitaliste. Mais un parti léniniste est, par essence, une intelligentsia radicale qui dit que nous avons le droit de gouverner. La « prise du pouvoir » est tout autant déterminée par cet objectif que par l'adversaire, à savoir l'État bourgeois. Dans l'espoir de défaire ce rival, le parti lui emprunte ses propres armes et méthodes ; inconsciemment sous influence, il imite alors l'organisation de l'ennemi jusque dans les moindres détails. Il finit par devenir sa réplique fidèle, en particulier dans la relation hiérarchique entre militants et masses laborieuses, et reproduit à son tour la division sociale qui constitue le fondement de l'État. Une des caractéristiques majeures de Mai a été au contraire de se concentrer sur cette division sociale ; plus proche des idées de Luxemburg que de celles de Lénine, elle a engendré des formes d'organisation qui sont un produit de la lutte, et qui évitent la hiérarchie inhérente au léninisme : « *La conception rigide et mécanique de la bureaucratie n'admet la lutte que comme résultat de l'organisation parvenue à un certain niveau de sa force. L'évolution dialectique vivante, au contraire, fait naître l'organisation comme un produit de la lutte.* »[28]

Dans la perspective de Rosa Luxemburg, la destruction du régime capitaliste et son remplacement par le socialisme doivent être menés par la base, en partant de la situation donnée. Le mouvement doit continuellement s'adapter aux exigences politiques de la situation, développer des pratiques qui s'opposent à l'État bourgeois, et ce faisant, créer l'embryon de la nouvelle société à laquelle il aspire. Un tract anonyme du 1er juin, intitulé « Nous continuons le combat », exprime parfaitement cette idée :

« *L'absence aujourd'hui d'un chef à la tête de notre mouvement correspond à sa nature même. Il ne s'agit pas de savoir qui sera à la tête de tous mais comment tous formeront une seule tête. Plus précisément il n'est pas question qu'une quelconque organisation politique ou syndicale déjà constituée avant la formation du mouvement se l'approprie.*

L'unité de ce mouvement ne doit pas, et ne peut pas, venir de la présence prématurée d'une célébrité à sa tête mais de l'unité des aspirations des travailleurs, des paysans et des étudiants. »[29]

Ce que j'appelle la tendance « luxemburgienne » ou situationniste n'apparaît nulle part aussi clairement que dans le fonctionnement d'une des découvertes les plus importantes du mois de mai, à savoir les Comités d'action. Après la grève générale entamée à la mi-mai, des petits groupes de dix à quinze personnes, dont la plupart n'avaient jamais appartenu à une quelconque formation politique, commencèrent à se créer – par profession dans certains cas, par quartier ou par usine dans d'autres. Leur objectif premier était de fournir une aide matérielle aux grévistes et de produire une propagande visant à étendre le mouvement. Le 31 mai, on répertoriait plus de 460 comités de ce type dans la seule région parisienne ; ils étaient apparus dans les lycées (ils s'appelaient alors les « CAL ») dès février. En plus de leur engagement commun en faveur du transfert du pouvoir aux ouvriers, les comités refusaient de reconnaître Pompidou comme interlocuteur et rejetaient toute récupération par les grandes organisations traditionnelles. Mais surtout, ils étaient unanimes dans leur volonté de mener un combat « anticapitaliste » : « *Le regroupement et la coordination en Comités d'action implantés dans les usines, les quartiers, les locaux scolaires et universitaires, des militants syndiqués et non syndiqués, dans un même combat engagés, combat anticapitaliste.* »[30] Certains de ces comités de quartier, comme celui du Marais, continuèrent à exister plusieurs années après Mai : « *Quand on pense qu'on a fait vivre un Comité d'action pendant quatre ans, avec un minimum de trente personnes dans les réunions hebdomadaires, sans secrétaire, sans bureau, sans cotisation imposée régulière, sans lieu de rendez-vous durable, seul le jour était fixe ! Nous avons là une prodigieuse expérience libertaire.* »[31]

La création de Comités d'action répondait en partie à l'objectif de canaliser au mieux la masse non organisée, non affiliée, qui était descendue dans les rues lors des bagarres et des manifestations. Comment catalyser et organiser cette foule ? La réponse ne pouvait évidemment pas s'apparenter à une structure lourde, comme l'appareil bureaucratique de l'État ou même celui d'un parti ; il s'agissait plutôt de trouver une structure souple, sans plate-forme définie *a priori*, et dont le mode de fonctionnement devait transcender la distinction entre direction et activités de masse. Les Comités d'action réussirent à créer, dans les usines aussi bien que dans les quartiers, des formes d'organisation différentes, sans adhésions ni élections : « *Notre fonctionnement était très différent de celui des partis traditionnels, ou des "groupuscules" que certains avaient connus. Nous n'avions pas d'idéologie imposée, ce qui permettait à des gens, quels qu'ils soient, de participer à cette élaboration, à ceux qui n'avaient pas l'habitude de prendre la parole comme à ceux qui n'avaient pas d'expérience politique antérieure, pas de culture politique. Ceux qui étaient plus politisés avaient ainsi l'occasion de confronter leurs analyses avec le point de vue des autres* [...]. *Le CA réunissait des gens d'âges différents, de milieux sociaux divers.* »[32]

Le Comité d'action Étudiants-Écrivains se décrit comme suit : « *Nous poussons le refus jusqu'à refuser de nous intégrer dans les formations politiques qui se réclament de refuser ce que nous refusons. Nous refusons le programme des institutions oppositionnelles. Nous refusons que notre refus, ficelé, empaqueté, porte une marque.* »[33]

Pour reprendre les termes succincts d'un tract, « *le but fondamental des Comités d'action est de définir une ligne politique commune à partir de la base* »[34].

L'histoire des Comités d'action et la façon dont leur fonctionnement semble répondre à ce tract intitulé « Le besoin démocratique fondamental des masses »[35] ne cadrent pas avec l'histoire politique officielle ni avec le récit sur le pouvoir étatique, conquis ou non. Les commémorations officielles de Mai n'ont pas non plus grand-chose à dire sur cette histoire et, par exemple, sur le rôle primordial joué par les femmes dans leur fonctionnement quotidien[36]. Mais ils constituent la meilleure illustration de ce que Rosa Luxemburg appelait l'« évolution dialectique vivante ». En faisant référence à Rosa Luxemburg, je n'ai nullement l'intention de suggérer une influence explicite ou consciente de ses idées, ni de celles de qui que ce soit d'autre, sur les comportements des militants de Mai. J'estime qu'il est impossible d'évaluer le rôle joué par les idées radicales et les théories révolutionnaires dans l'éclatement et l'évolution de l'insurrection. Pour y parvenir, il faudrait croire que la conscience précède l'action ou qu'un mouvement est né d'un modèle, d'un projet, d'une idée ou d'un ensemble d'idées, et non d'une lutte. La relation entre idées et modes d'action politique est toujours conjoncturelle ou situationnelle. Néanmoins, pour la tendance que je décris, l'adjectif « luxemburgien » semble plus pertinent qu'une série de termes réducteurs, comme antiautoritaire ou anarchiste, fréquemment utilisés dans les écrits sur Mai et dont les connotations tendent à désigner un individualisme chaotique. Ce qui importe, dans un mouvement de masse, c'est la forme concrète que prend le mouvement et le sens que les individus accordent à leurs actions. Pour nous qui visionnons les archives de l'époque – par exemple, les films et les documents qui montrent les activités des Comités d'action dans les lycées –, le plus frappant est certainement l'ampleur de l'organisation et de la coordination. Dans un mouvement de masse, les nouvelles pratiques et les nouveaux horizons ne peuvent être dissociés. Ces pratiques, parmi lesquelles les Comités d'action nés après le 13 mai et vécus comme de nouvelles formes de relations sociales, n'ont pu se développer que parce que la direction du mouvement s'était élargie et adaptée. De même, la projection de nouveaux horizons n'a pu s'accomplir que parce que de nouvelles pratiques politiques étaient en train d'être inventées.

C'est à travers la culture de Mai que s'est opéré le retour à ce que nous pourrions appeler une thématique de l'égalité : en comblant le fossé entre travail manuel et intellectuel, en refusant la qualification professionnelle ou culturelle comme justification des hiérarchies sociales et de la représentation politique, en rejetant toute délégation, en sapant la spécialisation, bref, en perturbant violemment les rôles, les places ou les fonctions assignées. En encourageant le refus des rôles ou des places prédéterminées par le système social, le mouvement de Mai s'est, au fil de son existence, orienté vers une critique de la division sociale du travail. Raymond Aron, il faut le lui accorder, reconnaît la violence politique inhérente à cette contestation lorsqu'il écrit : « *L'organisation sociale se décomposera le jour où des individus refu-*

seront d'accepter la solidité et la division du travail, et de se soumettre à l'ordre imposé par tous sur tout. »[37]

Mais il est évident qu'une sorte de léninisme *a posteriori* apparaîtra chez certains militants à la suite des déceptions et de l'amertume liées à la fin du mouvement de Mai. Se pencher après coup sur un événement – où le gouvernement, le Premier ministre et le président de la République ont tous vacillé et perdu contenance, où le gouvernement est devenu l'ombre de lui-même et s'est pour ainsi dire évanoui en fumée ou en poussière comme la sorcière du *Magicien d'Oz* – ravive inévitablement la déception née d'une occasion manquée, et cela même si la notion de prise de pouvoir n'était pas centrale dans les agissements de Mai. Dix ans plus tard, un militant maoïste offre une excellente description de l'ensemble complexe d'émotions ambivalentes associées à la fin de Mai et à la défaite de la gauche lors des élections de juin convoquées par de Gaulle – défaite électorale moins importante que l'organisation même d'élections : « *Ensuite, il y a eu juin. La droite se ressaisit, la gauche n'a rien à proposer comme idéologie, même réformiste* [...]. *J'en suis sorti avec l'idée : plus jamais ça, plus jamais prendre le pouvoir à la base, prendre la parole, sans prendre le pouvoir. Je suis reparti avec une certaine amertume contre la fragilité de tout ce qu'on faisait, et du ressentiment. La question de la prise du Pouvoir (avec un P majuscule), du pouvoir politique, je l'ai ressentie d'autant plus fortement qu'avant on avait l'impression de l'avoir dans la rue, de faire ce qu'on voulait.*

Le retour de bâton a été vécu très douloureusement. C'est pour cela que tous les discours tendant à prendre des petits pouvoirs partiels, qui avancent des idées de révolutions moléculaires, me laissent extrêmement sceptique. J'ai profondément aimé Mai 68 pour son aspect antiautoritaire, mais j'ai profondément ressenti en juin que le pouvoir à la base ne suffit pas. Je suis assez représentatif d'une génération qui a constamment oscillé entre ces deux pôles. »[38]

« *Le Viêtnam est dans nos usines* »

Pour les milliers de Français de la classe moyenne actifs en 1968, l'émergence d'une nouvelle subjectivité politique passe par l'Autre. Or, en 1968, l'Autre est avant tout celui qui définit la modernité politique, à savoir l'ouvrier. Mais, comme nous l'avons vu, la subjectivité politique qui avait précédé Mai remontait pour certains militants au problème de l'Algérie. Elle s'articulait autour d'un axe déterminé par l'identification de soi à une altérité collective forcément autre, impossible à réaliser : l'identification à l'Autre colonial. « *Pour tous ceux d'entre nous qui sont entrés en politique durant cette période, le problème de la décolonisation est aussitôt devenu le souci majeur, sinon exclusif.* »[39] Pour d'autres, le tiers-mondisme du début des années 1960 amena progressivement au centre de l'attention les luttes lointaines des militants révolutionnaires cubains ou vietnamiens : « *D'autres climats : Cuba et le Viêtnam. Les aurons-nous ressassés, Cuba et le Viêtnam ! Ce que nous en pouvions savoir, ce que nous pouvions en comprendre, ce que nous pouvions faire pour eux, c'est-à-dire ne pas faire.* »[40] Dans sa lutte contre les États-Unis et l'hégémonie politique et culturelle mondiale que ceux-ci exerçaient depuis la fin de la Seconde Guerre mondiale, le Viêtnam permit de faire fusionner les thèmes de l'anticapitalisme et de l'anti-impérialisme. Quant à la justification théorique, elle s'inspirait assez librement du maoïsme. Tous les révolutionnaires sont impliqués dans le même combat ; les ouvriers français, les Nord-Vietnamiens et même les étudiants français ont un ennemi commun : le capitalisme impérialiste. Au départ, le maoïsme atténua donc l'accent traditionnellement mis sur le prolétariat par le P« C »F (comme les maoïstes l'écrivaient parfois) en reconnaissant la possibilité de l'existence d'autres acteurs politiques – paysans ou fermiers, par exemple. Le courant maoïste théorique renforça également une organisation géopolitique tiers-mondiste définie par un axe Nord-Sud déjà tracé par la division internationale du travail. La lutte des classes, qui n'était palpable que par intermittence en Occident, était déjà en train de se concrétiser, à l'échelle mondiale, dans les relations entre pays impérialistes et néocoloniaux. La Chine maoïste incarnait dans le tiers-monde le renouveau de la promesse de socialisme révolutionnaire qui avait été trahie par l'Union soviétique. L'éditorial de *Révolution*, revue anti-impérialiste publiée par Jacques Vergès entre 1963 et 1965 et dont le premier numéro, daté de septembre 1963, traduisait les premiers pas d'un courant maoïste en France, illustre la façon dont la lutte des classes était considérée : « *Une même entreprise de libération s'organise ainsi d'une ampleur sans précédent. C'est que le prolétaire n'a plus la tragique figure de l'ouvrier de fabrique, il a triomphé sur un tiers du globe. Il pèse aujourd'hui sur la destinée du monde : on ne peut compter sans lui, sans sa puissance, et il se reconnaît d'un continent à l'autre.* [...] *La tâche de* Révolution *dans ce contexte est* [...] *d'aider, dans son domaine, l'information, au rassemblement du Front uni anti-impérialiste le plus large* [...]. *Nous sommes les compagnons de route, en effet, de tous ceux qui se battent et agissent.* »[41]

Dans les années précédant immédiatement 1968, tandis que la guerre s'intensifiait au Viêtnam, en particulier après décembre 1966 et le bombardement de Hanoï par les Américains, c'est le paysan nord-vietnamien, et non l'ouvrier à la chaîne de Billancourt, qui était devenu, pour beaucoup de militants français, le symbole de la classe laborieuse. Tant chronologiquement que théoriquement, le combattant vietnamien fournissait alors la figure de transition, le relais entre l'Autre colonial « familier », l'Algérien du début des années 1960, et le travailleur français pendant 68.

Une forte identification avec le Viêtnam rassemblait la grande majorité des groupes militants français actifs en 1968, tout comme en Allemagne, au Japon, aux États-Unis et ailleurs. Comme le dit Sartre, « *l'effet essentiel qu'a eu cette guerre sur les militants européens et américains, c'est qu'elle a élargi le champ de lutte du possible* »[42]. L'identification était à la fois symbolique, dans la mesure où elle substituait à des jalons politiques intérieurs, jusque-là impossibles à définir, des jalons extérieurs, et très pragmatique, puisque qu'elle permettait de faire bouger les choses sur place. Pourtant, seules la France et l'Italie furent tentées de franchir ce pas conceptuel menant, cette fois, à l'Autre compatriote, passant ainsi du paysan militant étranger à l'ouvrier indigène, et se risquèrent à affirmer, avec les travailleurs en grève des usines Fiat à Turin, « *Le Viêtnam est dans nos usines* », ou avec ceux de Besançon, « *Combat dans les maquis des usines de la France* »[43]. Le terme « maquis » évoquait bien évidemment la Résistance, mais à la fin des années 1960, sa connotation immédiate était tiers-mondiste : il se référait aux luttes de libération nationale des paysans en Asie, en Amérique latine et en Afrique. Transformer les usines en maquis équivalait à ramener la lutte sur un plan national. Les manifestations d'étudiants allemands, qui furent bien plus nombreuses, plus violentes et plus concertées qu'en France, ne déclenchèrent pas de réaction ou de soulèvement simultané parmi les travailleurs allemands. Comment une telle connexion a-t-elle pu s'établir dans le cas français ? Ou, pour reprendre les termes de l'historien Jean-Pierre Rioux : « *Qu'entend-on par exemple par ce "lien", ce "relais"* [...] *qui ont fait passer du Mai étudiant au Mai "ouvrier" ?* »[44]

Pour répondre à cette question, nous devons d'abord examiner les circonstances qui ont permis la transposition de la géographie d'une vaste lutte internationale et lointaine, l'axe Nord-Sud, dans la vie quotidienne des étudiants et des intellectuels parisiens du début des années 1960. Les vingt-cinq ans d'existence de la librairie de François Maspero, « La Joie de lire », rue Saint-Séverin, coïncident presque exactement avec la période comprise entre la bataille de Dien Bien Phu (1954) et la conférence de Bandung (1955), et 1975, années pendant lesquelles la périphérie devint le centre d'intérêt des intellectuels européens, surtout français. Au cours de ces années marquées par la décomposition des empires européens, la librairie de Maspero entreprit de relayer l'image d'un monde éclaté dont l'Europe n'était désormais plus le centre. Ce faisant, La Joie de lire devint une composante essentielle dans la vie de beaucoup de militants, une halte obligée lors des trajets quotidiens, un endroit où, en particulier pendant la guerre d'Algérie, l'on pouvait trouver, au sous-sol, un grand nombre de périodiques censurés, de documents d'État, de livres interdits, comme *La Question* d'Henri Alleg, ainsi que des pamphlets politiques étrangers, éphémères ou difficiles à dénicher. Ce n'était pas seulement, comme Maspero le disait lui-même, « *le lieu de rencontre de toutes les contradictions de la gauche* »[45], mais aussi, tout simplement, « *la librairie la plus vivante de Paris* »[46]. De nombreux lecteurs y trouvaient là de quoi « *prendre en considération le fait que l'Occident n'était plus la mesure de tout* »[47], pour reprendre les mots de Claude Liauzu. « *Ce qui me frappe le plus*, commentait un habitué de la librairie, *c'est le sérieux avec lequel les gens regardent et touchent les livres* »[48] ; Jean-Francis Held mentionne également le « *climat très dense et austère* » de la librairie[49]. Mais beaucoup la voyaient comme un lieu accueillant, un îlot tranquille au milieu d'une mer hostile, un endroit où les rencontres de hasard et les conversations improvisées pouvaient se dérouler en dehors de tout cadre politique, partisan ou groupusculaire, au-delà des différences d'opinions et de nationalités. Vers 1963, la vie des militants tenait dans un « triangle magique » formé par la Sorbonne (Jussieu n'était encore qu'un projet ; Censier et Nanterre n'existaient alors que sous forme de plans), le nouveau local parisien de l'UEC, place Paul-Painlevé, en face de la Sorbonne, et les éditions Maspero, rue Saint-Séverin, en bas du boulevard Saint-Michel[50]. Les livres introuvables dans des librairies plus spécialisées comme L'Harmattan (le mot signifie « vent du sud »), alors située dans la rue des Quatre-Vents, ou la librairie du Parti communiste, rue Racine, pouvaient se dénicher à La Joie de lire, où tous les courants révolutionnaires étaient indifféremment représentés. Martine Storti se souvient de son parcours type de militante en 1967 : « *Au bas du boulevard Saint-Michel, rue Saint-Séverin, je passais de longues heures à la librairie des Éditions Maspero, havre culturel et politique des "révolutionnaires"* [...] *; plus loin, il y avait la Mutualité, pour les meetings et, du côté opposé, vers Saint-Germain-des-Prés, la rue de Rennes avec, au 44, "l'hôtel de la société d'encouragement pour l'industrie nationale" où se tenaient fréquemment des réunions. Et de temps en temps, je descendais vers les Gobelins, à Censier, sorte d'annexe de la Sorbonne ouverte en 1965.* »[51]

Pendant les événements de Mai, Censier servirait de principal lieu de rencontre entre ouvriers et étudiants militants. La Joie de lire, quant à elle, allait servir d'asile, ou d'îlot de retraite, aux militants de Mai blessés et gazés fuyant la police[52]. Mais au début des années 1960, les éditions Maspero étaient surtout connues comme un autre « vent venant du sud », la maison qui traquait le déclin et la chute de l'Empire, qui relayait régulièrement les théories et les témoignages sud-américains, africains ou asiatiques, qui fut la première à publier *Les Damnés de la terre* de Fanon, avec la préface de Sartre, ainsi que les œuvres de Ben Barka, Giap, Cabral, Che Guevara, Malcolm X et d'autres. Les ouvrages théoriques et les témoignages étaient représentés dans des proportions égales ; mais les lecteurs y trouvaient aussi des rapprochements inattendus entre politique et poésie : Baudelaire y côtoyait Lénine, Giraudoux était associé à Marx, et Michaux à Che Guevara. C'est principalement grâce aux éditions Maspero et à la direction éditoriale du *Monde diplomatique* et des *Temps modernes* d'alors – tous trois avaient beaucoup d'auteurs en commun – que l'une des grandes particularités gauchistes de l'époque se découvrit au grand jour : la théorie n'était plus générée par l'Europe mais bien par le tiers-monde. Non seulement l'acteur, c'est-à-dire le militant paysan se battant pour la liberté, émanait du tiers-monde – ce qui, après tout, était assez logique dans une division internationale classique du travail selon laquelle l'Europe et l'Occident étaient les penseurs et le reste du monde, les acteurs, les hommes d'action –, mais, dans cette période de renversement gauchiste, les « damnés de la terre » – Mao, le Che, Fanon, Cabral et les autres – étaient également devenus les penseurs.

Les antécédents familiaux de Maspero (un grand-père égyptologue, un père sinologue tué par les nazis), ainsi que son propre itinéraire politique, marqué par une rupture avec la *gauche respectueuse* et avec le PCF au sujet de l'Algérie, ont certainement contribué à développer son intérêt pour l'évolution du tiers-monde. Mais dans une interview de 1973, il raconte l'événement spécifique, un grand « choc », comme il dit, qui lui a fait prendre cette direction. Étudiant en ethnologie au milieu des années 1950 et membre militant du Parti communiste, il assista au premier festival du film ethnologique jamais organisé à Paris. Il y vit un film de Jean Rouch sur la chasse à l'hippopotame dans le pays dogon. Ce n'est pas tant le film lui-même qui ébranla Maspero que l'intervention de quelques spectateurs africains, qui critiquèrent son aspect « folklorique », puis enchaînèrent en se plaignant d'une loi de 1932, encore en vigueur, qui leur interdisait, dans leur propre pays, d'utiliser une caméra sans l'autorisation préalable du gouvernement[53]. L'anecdote est significative dans la mesure où elle nous rappelle l'un des principaux facteurs de développement du tiers-mondisme dans la France d'après-guerre, à savoir le grand nombre d'intellectuels africains, antillais ou asiatiques qui vivaient ou séjournaient à Paris à cette époque (et dont beaucoup deviendront d'ailleurs des clients fidèles de La Joie de lire). C'est à cette première expérience de « rencontre » – le film d'un ethnologue français et la critique qu'il suscita parmi ceux qu'il cherchait à représenter – que Maspero attribuait rétrospectivement son futur engagement dans l'édition, qui mit à la disposition du public toute une série d'œuvres dans lesquelles des personnes engagées dans la lutte politique prenaient la plume pour parler de leur propre combat. Dans sa première librairie, établie rue Monsieur-le-Prince, il diffusa les premières œuvres publiées par Présence africaine. Plus tard, en lançant sa propre maison d'édition en 1960, Maspero « donnerait une voix » au FLN pendant les années algériennes en éditant des journaux comme *Partisans* et *Tricontinental* (dont les saisies par le gouvernement lui valurent de longs et coûteux procès). En publiant des textes qui permettaient aux lecteurs de « *savoir vraiment ce qu'il y a dans la tête d'un révolutionnaire cubain, d'un Noir militant américain* »[54], il avait l'espoir d'« *ouvrir le plus grand possible les possibilités d'information et de discussion au sein des mouvements de la gauche en France et dans le monde* »[55], et donc de « *créer des instruments pour ceux qui voudraient s'en servir* »[56]. L'information, pour Maspero, était déjà un acte militant en soi, car sa simple existence était une arme dans la bataille contre le déferlement de « contre-informations » diffusées chaque jour par les médias bourgeois, presse, radio et télévision.

Au milieu des années 1960, la perspective tiers-mondiste que Maspero avait contribué à rendre accessible aux lecteurs français devint le moyen, selon lui, de reconceptualiser la situation nationale française. La revue *Partisans*, fondée par Maspero en septembre 1961, illustre clairement cette trajectoire. L'éditorial d'ouverture de son premier numéro est signé par Vercors, grand romancier clandestin de la Résistance (il utilisait d'ailleurs toujours son nom de guerre) et cofondateur des éditions de Minuit. Il situe le journal dans une optique résolument anti-impérialiste : « [N]*ous appuyons, en particulier, la Révolution algérienne. Nous l'appuyons dans un contexte beaucoup plus vaste, dont elle n'est qu'un élément : l'émergence du tiers-monde. Nous pensons que notre époque, et probablement toute la seconde moitié du vingtième siècle, sera dominée par ce phénomène gigantesque, brusquement inauguré en Chine : l'accession des peuples de couleur à l'histoire politique du monde, et leur participation croissante à son histoire économique, culturelle et sociale.* »[57]

Largement tiers-mondiste, donc, dans son orientation initiale, *Partisans* commence, au milieu des années 1960, à participer aux différents débats culturels qui précédèrent les événements de Mai. Après 1968, le journal manifestera une nette préférence pour les problèmes sociaux et politiques français. En 1966, Maspero annonçait déjà son désir de publier davantage d'analyses de la France et des luttes nationales – mais uniquement dans la mesure où celles-ci n'étaient pas perçues comme des phénomènes locaux. La France doit être considérée dans une perspective internationale : « *Si je souhaite, je le repète, publier davantage d'analyses sur la vie politique et sociale française, je pense aussi que "tout est lié" et qu'on ne doit pas trai-*

ter du gaullisme, du capitalisme, du syndicalisme dans la France de 1966 comme des phénomènes isolés du reste du monde. »[58]

Tout ce qui comptait dans l'élaboration de la pensée de gauche et d'extrême gauche, dans les études sociales, économiques et politiques d'inspiration marxiste – y compris les textes théoriques contemporains d'Althusser, de Rancière et de Macherey, et la « redécouverte » de Paul Nizan (qui fut l'un des auteurs les plus lus parmi les militants français des années 1960 et 1970) –, serait édité ou réédité dans la « Petite Collection Maspero », lancée en 1967. Vendues au prix de 6,15 francs pièce, les œuvres de cette série, que leur couverture pastel rendait immédiatement identifiable, ont offert les éléments d'une culture politique commune ; selon de nombreux témoignages, les gens achetaient (ou volaient) tout bonnement chaque livre de la collection dès qu'il paraissait.

Pendant et après Mai, les professeurs d'université qui stigmatisaient l'« anti-intellectualisme » des activistes étudiants et leur manque de respect pour « la culture livresque » n'ont pas réalisé que, s'ils ne tiraient aucune culture intellectuelle des ouvrages de la bibliothèque universitaire ou des lectures obligatoires, les étudiants le faisaient en fréquentant des librairies comme La Joie de lire et L'Harmattan[59].

« *On n'a pas idée actuellement de l'intensité de l'activité intellectuelle des années 60, liée à la critique du stalinisme, au soutien aux mouvements de libération des peuples, comme on disait. C'était le temps d'*Arguments, *de* Socialisme ou Barbarie *et d'autres revues, pas seulement celui des* Temps modernes *ou d'*Esprit. *Ma petite culture politique se renouvelait, la réflexion théorique m'apparaissait, de plus en plus, comme indispensable.* »[60]

Il suffit d'écouter les conversations de rue saisies au hasard par des films documentaires de l'époque, comme *Grands soirs et petits matins* de William Klein, pour se défaire aussitôt du stéréotype de l'étudiant grossier ou ignorant des années 1960. Une culture littéraire nourrie des écrits du marxisme antistalinien, florissant en France entre le milieu des années 1950 et celui des années 1970, ainsi que de textes tiers-mondistes édités et traduits à la même époque, semble, au contraire, avoir produit une frange extrêmement éloquente et intelligente d'étudiants, lycéens ou universitaires, informés sur les affaires du monde, non xénophobes dans leur approche, et capables de développer une argumentation.

Dans le documentaire consacré à Maspero par Chris Marker en 1970, *On vous parle de Paris : Maspero. Les mots ont un sens*, l'éditeur donne une analyse en trois temps de sa conception du métier. Un éditeur se définit d'abord par son catalogue, par la sélection de livres qu'il a publiés. Plus important, il se définit par les livres qu'il n'a *pas* publiés – dans cette catégorie, Maspero se dit particulièrement fier de ses choix. Et en troisième lieu, il se définit par les livres qui ont été publiés par d'autres éditeurs en raison même de son existence ; les éditions Maspero ayant créé une demande pour un certain type de livres, d'autres éditeurs se sont précipités dans ce créneau parce qu'ils n'avaient pas envie d'être devancés. Maspero appelle cela « *mon célèbre catalogue de livres que j'ai fait publier ailleurs* »[61]. La deuxième catégorie d'ouvrages, ceux qu'il a choisi de ne pas publier, incluait des milliers de titres sur Mai 68. Après 68, en effet, les éditeurs français se sont montrés « *obscènes* », « *écœurants* » ; ils ont publié « *comme des porcs* ». Pour eux, 100 000 personnes dans la rue constituaient 100 000 lecteurs potentiels. Dans une estimation aussi précise que dévastatrice de la marée d'écrits qui inonda les librairies quelques semaines à peine après l'insurrection, il en décrit la plupart comme des « *espèces d'éternelles autoglorifications du mouvement étudiant : c'est formidable ce qu'on a fait, c'était formidable d'être sur les barricades* ». Dans cette logorrhée, Maspero ne voit pas grand-chose qui puisse être considéré comme constructif ou simplement informatif pour les luttes futures ou en cours, « *et vous savez, les luttes à venir, il y en a* »[62].

Les éditions Maspero ont publié étonnamment peu de titres sur Mai. Elles se sont avant tout limitées à des travaux et à des témoignages sur les grèves dans les usines, œuvres qui restent parmi les très rares sources disponibles sur le point de vue ou la voix de travailleurs individuels dans le mouvement. Dans le film de Marker, la caméra s'attarde sur leur titre : *Des Soviets à Saclay ?* ; *La Grève à Flins* ; *La Commune de Nantes* ; *Notre arme, c'est la grève*[63]. « *Ce travail permanent, précis, de documentation et de dénonciation*, dit Maspero dans une interview de 1976, *ce travail de taupe, c'est cela qui m'intéresse.* »[64]

Lorsqu'éclatèrent les événements, l'attention de Maspero s'était déjà déplacée de la figure de l'« Autre » colonial à celle de l'ouvrier français ; l'évolution de sa carrière d'éditeur et de militant est d'ailleurs tout à fait exemplaire de ce glissement survenu en France dans le courant des années 1960. Celle de Chris Marker l'est tout autant. Ayant collaboré avec un collectif de cinéastes et d'ouvriers pour produire, en 1967, un « cinétract » sur la grève de Rhodiacéta intitulé *À bientôt, j'espère*, Marker et son groupe choisirent de réserver la primeur du film qu'ils avaient tourné presque simultanément sur la guerre du Viêtnam, *Loin du Viêtnam*, à une audience composée du personnel de Rhodiacéta à Besançon (où 90 ouvriers avaient été « remerciés » après la grève). Selon Celia Britton, le choix de projeter un film sur le Viêtnam à Besançon, ainsi que sa conception technique (Marker y avait en effet inséré des images de son précédent film sur la grève), établissait un rapport direct entre le contexte de l'anti-impérialisme et celui du militantisme ouvrier français[65]. Georges Maurivard, l'ouvrier de Rhodiacéta qui introduisit la séance, ne manqua d'ailleurs pas de le souligner :

« De quoi va-t-il être question sur cet écran ?
De ce qui se passe à l'autre bout de monde ?
D'événements terribles auxquels nous ne pouvons rien ?
Non !
IL VA S'AGIR DE NOUS.
De notre attitude face à ces événements, bien sûr, mais surtout de notre attitude face au monde dans lequel nous vivons notre vie quotidienne.

Au Viêtnam s'affrontent deux puissances que nous connaissons bien aussi : les riches et les pauvres, la force et la justice, la loi de l'argent et l'espoir d'un monde nouveau. »[66]

Lors de la discussion qui eut lieu entre le public et les réalisateurs après la projection, l'un des membres du collectif, Alain Resnais, exprima le désir d'« *aller plus loin que le Viêtnam* », mais dans la direction de la France, et se demanda, par exemple, si, pour la société américaine, le fait de posséder un réfrigérateur implique nécessairement la destruction d'un autre pays et, ensuite, celle de son propre pays. « *Nous partirons du Viêtnam*, dit-il, *mais pour arriver à des choses qui seraient presque uniquement françaises* [...]. *On sent nettement que c'est le capitalisme même qui est dans le tambour.* »[67]

Les formes et les expériences culturelles militantes comme celles de Marker rappellent que c'est avant tout en termes de rapports entre classes que les problèmes du tiers-monde se posaient en France : des solutions globales à ces problèmes ne pouvaient être trouvées que dans la transformation radicale du système capitaliste mondial et dans son remplacement par un nouvel ordre économique. (Le tiers-mondisme anglo-saxon, selon Yves Lacoste, tendait vers une attitude plus philanthropique et religieuse, dérivée de la notion de charité chrétienne, envers le monde sous-développé[68].) Dans le domaine du militantisme étudiant, un document comme « Résolution politique de la première session du premier congrès de l'UJC (m-l) » (ce dernier étant un groupe maoïste fondé en décembre 1966 parmi les althussériens de la rue d'Ulm) révèle l'indissociabilité de la situation du tiers-monde et de celle des ouvriers occidentaux. Le postulat d'un ennemi commun, c'est-à-dire l'impérialisme américain, permet un passage direct du « combattant vietnamien » à l'« ouvrier français », et rattache ainsi la lutte vietnamienne aux problèmes internes de l'Occident. Les principes défendus par le groupe sont les suivants :

1. « [...] *un front uni de la jeunesse contre l'impérialisme américain, ennemi principal des peuples du monde entier.* [...] *un soutien puissant, sans réserves, à la guerre populaire que mènent victorieusement nos camarades vietnamiens.*

2. [...] *former des intellectuels révolutionnaires qui se lieront aux ouvriers et au peuple travailleur qui institueront de nouvelles formes d'organisation qui rendront possible la réalisation de cette tâche.* »[69]

La relation des intellectuels français à l'Autre vietnamien engagé dans sa lutte est une relation de « frontisme uni » et de « soutien » sans réserve. Elle pourrait être définie comme une unité ou une solidarité révolutionnaire franche et honnête, une interdépendance de fronts où la solidarité ne relève pas de la charité. Curieusement, la propre histoire coloniale de la France au Viêtnam n'est pas évoquée ; au lieu de cela, l'impérialisme américain fait des Français et des Vietnamiens des « camarades ». Par ailleurs, la relation entre les étudiants de la classe moyenne française et le « peuple laborieux » en France est à la fois plus complexe et dirigée vers l'avenir, à savoir vers un processus de « formation », et dans l'invention de formes entièrement neuves qui mèneront à une alliance ou à une liaison avec l'Autre en tant qu'ouvrier. S'allier à l'ouvrier implique, semble-t-il, d'articuler théoriquement les relations entre différentes situations ou, mieux, d'inventer des pratiques qui auraient comme objectif principal la création d'une telle articulation.

Dans la tanière du tigre

Quelles étaient ces formes ? L'exemple concret du Viêtnam allait les fournir. L'UJC (m-l) appelait à la « solidarité active » avec les Vietnamiens, par opposition à ce qu'il considérait comme la participation « purement formelle » du PCF au « Mouvement de la Paix » : « *La réalité purement formelle du Mouvement de la Paix était évidente : aucune action propre dans les entreprises, les quartiers, les lycées et les facultés, aucune agitation, ni propagande, aucun travail militant.* »[70] Le slogan des maoïstes : « FNL vaincra », se démarquait également de celui du PCF qui, plus préoccupé par la menace de guerre thermonucléaire, se contentait d'appeler de ses vœux la « Paix au Viêtnam » plutôt qu'une franche victoire révolutionnaire. Mais, surtout, l'UJC mit en place des formes différentes d'activité politique – contact direct, loin de l'université, rencontres régulières dans les logements ouvriers, en dehors de l'usine, dans les cafés des banlieues immigrées – loin du Quartier latin, et donc de la ligne politique officielle définie par le PCF.

Le rôle du Viêtnam était donc tout à fait déterminant. Ce fut littéralement l'étincelle qui alluma le brasier de la violence étudiante. En effet, les événements de mai commencèrent le 20 mars 1968, quand un étudiant, qui avait brisé une fenêtre du siège d'American Express, rue Scribe, à Paris, fut arrêté par la police. Les étudiants protestèrent immédiatement, d'autant plus que plusieurs d'entre eux avaient déjà été emmenés au poste après avoir manifesté contre la guerre du Viêtnam à la suite de l'offensive du Têt ; c'est ainsi que les premiers incidents survinrent à Nanterre : « *Par rapport aux Comités Viêtnam de base, au Comité Viêtnam national, à tous ces machins, ce langage était nouveau, le Mouvement du 22 mars est né là. On était au Mouvement du 22 mars si on était anti-impérialiste, qu'on soit CVN, Comité de base, pro-chinois ou n'importe quoi.* »[71]

(Il n'est pas inutile de rappeler que le nom du « mouvement du 22 mars » était d'inspiration cubaine ; il faisait référence au « Mouvement du 26 juillet », groupe créé par Fidel Castro après ce qui fut la première action insurrectionnelle contre Batista, l'assaut de la forteresse de la Moncada le 26 juillet 1953.) Le Viêtnam permit donc de déclencher l'action dans les rues et de rallier à une même cause une série de groupes (le CVN, dominé par les trotskistes, les CVB, en majorité maoïstes, ainsi que des militants non affiliés) qui avaient jusqu'alors illustré « *le narcissisme des petites différences* ». Tous se mirent à fonctionner ensemble au sein de ce que Jean Chesneaux appelle « *une confédération de tribus rebelles* ». Lorsque la situation vietnamienne empira et que les troupes américaines remplacèrent progressivement les conseillers politiques, la guerre servit à révéler les mécanismes profonds d'une société capitaliste à la pointe de la technologie en illustrant l'exagération monstrueuse de formes d'oppression qui, en Occident, n'étaient que latentes ou occasionnelles. Parallèlement, les pratiques militaires et politiques du Front national de libération vietnamien, fondées sur la colère des masses populaires et le soutien croissant de l'opinion internationale, devinrent, comme disaient les maoïstes « *un modèle pour tous les peuples du monde* », et ce, d'autant plus qu'elles étaient couronnées de succès. Lorsque Sartre écrivit en 1972 qu'il restait convaincu que le Viêtnam avait été à l'origine de Mai 68, il ne voulait pas simplement dire que les étudiants s'étaient rangés aux côtés du FNL dans leur lutte contre les États-Unis. Son commentaire sur l'impact du Viêtnam « *étendant le champ du possible* » pour les militants occidentaux se référait au fait qu'il ne semblait pas possible alors que les Vietnamiens puissent mettre en échec la machine de guerre américaine. Ce sentiment trouve d'ailleurs un écho dans les innombrables références des textes maoïstes à l'« exemplarité » des Vietnamiens. « *Tous les militants savent que les idées qu'ils avaient dans la tête lors des combats de Mai venaient pour une grande part de la pratique du peuple vietnamien.* »[72] Théoriquement, « *la lutte des peuples opprimés avec à leur tête l'héroïque peuple vietnamien* »[73] ouvrit une perspective dans laquelle un certain nombre d'analogies pouvaient être formulées entre le paysan étranger et l'ouvrier français, qui occupaient des positions structurellement similaires par rapport à l'impérialisme capitaliste, conçu comme « ennemi principal ». L'un et l'autre menaient une lutte venue d'« en bas » : la guérilla révolutionnaire des petites nations du tiers-monde contre l'empire militaire et industriel américain avait son pendant dans les grèves sauvages de Rhodiacéta et de Caen, brutalement ou violemment déclenchées « d'en bas », en dehors de l'appareil syndical traditionnel et même, de plus en plus souvent, contre celui-ci. Comme le dit Mao, le « tiers-monde » était devenu la « zone de tempête » de la révolution mondiale. « *Un chemin direct mène des luttes de libération des peuples à l'organisation d'une insurrection populaire dans les métropoles impérialistes* » ; c'est ce qu'affirmait un tract de la Gauche prolétarienne distribué à Vincennes en 1972. Ainsi que Lin Piao l'explique dans *Vive la victorieuse guerre du peuple*, la situation des « villes encerclées par la campagne » produirait inévitablement des étincelles dans les capitales impérialistes. « *Nous pensions que l'avenir de la révolution mondiale dépendait de la victoire ou de la défaite des Vietnamiens. Après la victoire "surprise" de la révolution cubaine, l'impérialisme américain était déterminé à bloquer par tous les moyens, y compris les interventions militaires massives, l'élan révolutionnaire dans les autres pays. La révolution et la contre-révolution mondiales s'affrontaient au Viêtnam.* »[74] En réalité, la probabilité de voir les masses laborieuses de France, aux prises avec leurs propres soucis, s'identifier avec le paysan vietnamien et se mettre à considérer non plus le patron d'usine, mais l'impérialisme américain, comme ennemi principal, était probablement très faible. Mais pour les militants et les intellectuels, le Viêtnam permit de maintenir et de développer une position communiste dissidente du PCF, plus radicale aussi – un positionnement qui, nous l'avons dit, était apparu pour la première fois lors de la crise algérienne. Et comme nous l'avons vu dans la partie sur l'émergence d'un mouvement étudiant radical à cette époque, les étudiants et autres groupes sociaux ne pouvaient être politisés que si les formes d'organisation et de militantisme politiques alors disponibles étaient elles-mêmes radicalement restructurées.

Les formes et les pratiques d'organisation développées autour du militantisme vietnamien, qui cherchaient à se dégager de la politique conventionnelle menée par les appareils centraux, étaient donc d'une importance cruciale pour établir le lien entre le « Mai étudiant » et le « Mai ouvrier ». Elles offraient aux étudiants un contact direct, concret, avec les travailleurs et avec d'autres personnes extérieures à l'université, une sorte de « travaux pratiques » ou d'exercices « de terrain », débouchant sur une série de nouveaux « champs politiques » populaires.

Les Comités Viêtnam de base (CVB), qui furent créés en 1967 et furent, dans bien des cas, à l'origine des Comités d'action qui fleurirent plus tard pendant Mai, étaient l'organisation militante la plus représentative de ce nouveau type, puisqu'elle pratiquait précisément cette forme de délocalisation et développait un style politique en rupture consciente avec la tradition. « *Nous nous sommes emparés de ce qui nous parvenait de la révolution culturelle chinoise pour y puiser des formes d'organisation plus contradictoires et plus instables que celles que nous avait léguées jusque-là la tradition du mouvement communiste. En tant que marxistes-léninistes, nous pensions innover radicalement du point de vue de la théorie et de la pratique de l'organisation. Nous pensions édifier un type d'organisation beaucoup plus dialectique.* »[75]

Les activités de ces comités reposaient sur la reconnaissance du fait que la division entre travail intellectuel et manuel était indissociable de la projection ou du format spatial de cette division, autrement dit du fossé séparant la ville de la campagne et même le Quartier latin des foyers ouvriers concentrés à Saint-Ouen et au-delà. « *Nous nous sommes toujours portés sur les banlieues.* »[76] Mais, pour une bonne part, ces comités semblaient davantage exprimer une sensibilité politique spontanée (j'entends par là qu'ils prenaient la forme adaptée aux besoins du mouvement à ce moment) qu'être façonnés par en haut ou par un apprentissage théorique. Ils étaient élaborés en commun lors de réunions informelles à Toulouse, à Strasbourg et ailleurs, et principalement dans les lycées. « *Il n'est pas vrai* [au sujet de Mai 68] *que tout est parti de rien. Dans les lycées, il y avait une vie politique, les Comités Viêtnam, etc.* »[77] Au sein des comités, une façon de travailler ensemble en tant que groupe prit forme peu à peu, fondée sur la volonté d'accorder autant d'autonomie que possible à la base. Le contact direct sur le terrain (*à la base*), de même qu'un certain littéralisme poussèrent les maoïstes en particulier à donner la priorité à des actions de base, dans les quartiers ouvriers. Régulièrement, des détachements de banlieues, comme on les appelait, étaient envoyés pour établir un lien entre les quartiers ouvriers et la ville : « *On appelait ça : le style de travail de masse.* [...]. *Le point de vue qu'on avait, c'était : les étudiants forment une composante importante, mais qui doit se lier aux masses, si elle ne se lie aux masses, elle n'a pas d'avenir. Liée aux masses, au sens le plus physique du terme.* »[78]

Une des premières résolutions maoïstes appelle à ce type d'alliance : « *Ou bien la jeunesse et les étudiants resteront dans le cadre étroit des lycées et des facultés, coupés du peuple travailleur et de ses luttes et, dans ce cas, leur révolte s'enlisera et ne servira pas la cause révolutionnaire ; ou bien la jeunesse et les étudiants développeront un mouvement de solidarité concrète avec les travailleurs, et, dans ce cas, la lutte des étudiants et de la jeunesse, fusionnant avec celle de la classe ouvrière et du peuple travailleur, sera progressiste, révolutionnaire.* »[79]

Le but était d'intégrer le problème du Viêtnam dans le quotidien en combinant discipline, improvisation, grande régularité – implantation dans un quartier ou un site particulier et innovation, de la même façon que l'Algérie, en raison du recrutement, de la présence significative d'Algériens en France et des attaques de l'OAS, avait été vécue comme indissociable de la vie quotidienne en France.

« *Depuis plus d'un an, comme tous les autres CVB, nous popularisions patiemment – par toutes sortes de méthodes, des panneaux explicatifs aux pancartes en passant par les affiches, sans parler des tracts et des débats – les aspects fondamentaux de la lutte de libération entreprise par l'héroïque peuple vietnamien contre les agresseurs impérialistes américains et leurs laquais à Saigon.* »[80]

Les comités suivaient les directives des initiatives centrales, mais les complétaient par d'autres gestes destinés à attirer l'attention : vente du *Courrier du Viêtnam*, tracts ou slogans criés dans la rue, utilisation de pancartes, d'hommes-sandwichs et d'affiches murales : « *Il ne fallait pas qu'on puisse nous confondre avec les paisibles vendeurs de* L'Huma Dimanche *qui, signe de l'affadissement du PC, avaient depuis longtemps renoncé à toute ardeur combative. Chaque semaine donc, nous tentions d'inventer un nouveau truc destiné à attirer l'attention sur nous.* »[81]

Une militante maoïste qui travaillera plus tard dans une chaîne d'assemblage se souvient : « *J'ai appris à militer dans le Comité Viêtnam de base du XXe arrondissement, où j'habitais. Je vendais* Le Courrier du Viêtnam, *découvrant le militantisme de rue. J'inventais des slogans que je criais très fort dans l'oreille des passants qui faisaient leur marché. J'avais à cœur de ne pas réciter la leçon. C'était notre politique, à l'UJC, d'inventer nous-mêmes les mots d'ordre, d'écrire des panneaux qui soient les plus frappants possible. C'est dans le CVB de mon quartier que j'ai rencontré Jean-Claude, le futur père de mon fils, Fabien. En m'installant avec lui, je rompais pour la seconde fois avec mes parents.* »[82]

Entre ces pratiques maoïstes (comme les activités des CVB) et l'expérience plus connue de l'« établissement », nom donné à une pratique en vogue dans les années qui ont précédé et suivi Mai 68 dans laquelle des intellectuels se faisaient engager dans les chaînes des usines, la ressemblance était frappante. L'une et l'autre étaient fondées sur la nécessité d'un déplacement physique, et non pas simplement textuel ou théorique, hors de l'espace familier dans l'objectif de créer de nouvelles relations sociales à la base. Après tout, ainsi que Mao aimait le demander, « *comment peut-on capturer les petits du tigre si on n'entre pas dans sa tanière ?* » Ces déplacements, soutenus par des slogans comme « se jeter dans le monde » ou « y être comme un poisson dans l'eau », n'étaient pas le seul fait des maoïstes, mais de beaucoup d'autres militants de Mai, y compris ceux qui, pour la première fois, commencèrent à s'intéresser politiquement à la figure du travailleur immigré. Le Comité d'action « Bidonvilles » était l'un de ces groupes : « *Beaucoup d'organismes privés et semi-publics "s'occupent" des bidonvilles. Ils apportent une aide matérielle et morale qui, loin de contester l'existence même du bidonville, permet à celui-ci de se perpétuer et de rester une "réserve" de main-d'œuvre à bon marché.*

Les équipes du Comité d'action "Bidonville" prennent directement contact avec les habitants du bidonville, non seulement pour apporter de la nourriture mais pour mettre à la disposition des travailleurs du bidonville les moyens de diffusion (affiches, tracts élaborés en commun et traduits en plusieurs langues) à même de renforcer leur unité face à l'exploitation du régime capitaliste. »[83]

Mai 68 marque en fait l'émergence sur la scène politique du statut du « travailleur immigré » dans la société française. Avant 1968, les partis de gauche s'étaient montrés peu loquaces sur le sujet de l'immigration, notamment parce que les immigrés ne constituaient pas un électorat potentiel. Le campus universitaire de Nanterre, inauguré en 1964 et construit sur le site du pire bidonville de la banlieue parisienne, offrit aux étudiants une leçon concrète sur les inégalités de développement – une expérience vécue au quotidien, entre autres par Henri Lefebvre. Selon lui, c'est ce contact qui se trouve à l'origine de Mai 68. Tous les jours, les étudiants de Nanterre devaient traverser les bidonvilles pour assister aux cours sur leur nouveau campus. Ceux d'entre eux qui se détournèrent de leur chemin pour entrer dans les bidonvilles franchirent un cap décisif. En mai-juin, les groupes d'extrême gauche agirent comme un catalyseur de nouvelles formes d'expression, de représentation et de mobilisation des travailleurs immigrés ; à partir de 1970, des grèves de loyer, de la faim, le squat et d'autres formes de lutte collective inconnues avant Mai 68 commencèrent à mettre les immigrés en confrontation directe avec l'appareil de l'État[84]. Plus de dix ans après Mai, les groupes d'extrême gauche constitueront toujours l'un des rares vecteurs de solidarité avec ces initiatives.

Une combinaison étrange de littéralisme – dans l'emphase placée sur le contact direct avec les travailleurs, sans l'obstruction d'une médiation théorique ou syndicale, ou encore sur la construction d'une entente à travers la pratique – et d'utopisme permettait, aux maoïstes en particulier, d'anticiper la disparition d'une distinction entre travail intellectuel et manuel en vivant comme si cette distinction avait déjà été supprimée. Ici, on peut considérer que la figure surdéterminée du « docteur aux pieds nus » offerte par la révolution culturelle chinoise joue un rôle tout aussi important que la figure du combattant vietnamien. Un rôle paradoxal, peut-être, puisqu'en grande partie imaginaire : on avait peu d'informations sur ce qui se passait réellement en Chine, les maoïstes français pas plus que les autres, mais ceux-ci parvenaient néanmoins à s'en inspirer pour élaborer un ensemble d'expériences, de pratiques empiriques fondées sur la réalité, consistant à « aller vers le peuple », à se déplacer de « l'autre côté » de la société. Emmanuel Terray nous a laissé un récit des plus éclairant sur les désirs qui se sont cristallisés à cette époque autour de la figure du « docteur aux pieds nus » en tant qu'incarnation d'une critique de la spécialisation. Son récit est d'autant plus exceptionnel et précieux qu'il se démarque de l'habituelle attitude d'autocritique ou d'autoflagellation invariablement adoptée par des maoïstes qui, désabusés après 1976, contemplent leurs erreurs de jeunesse avec une prétendue sagesse rétrospective : « *J'ai été comme bien d'autres un fervent partisan, depuis la France, de la Révolution culturelle. Or je ne considère pas que ce fut là une regrettable erreur de jeunesse sur laquelle il vaudrait mieux aujourd'hui faire silence, ou qu'il faudrait au contraire confesser avec ostentation. Bien entendu, je sais aujourd'hui que la Révolution culturelle dont nous rêvions et qui inspirait en partie notre pratique politique n'avait pas grand-chose de commun avec la Révolution culturelle telle qu'elle a été vécue en Chine. Pourtant, je ne suis pas prêt à mettre mon admiration d'alors au compte d'une aberration mentale. En fait, le pouvoir symbolique maoïste a opéré dans l'Europe de la fin des années soixante indépendamment de la réalité chinoise proprement dite. "Notre" Révolution culturelle était très éloignée de celle-ci, mais elle avait le poids et la consistance de ces représentations collectives que la sociologie et l'anthropologie ont depuis longtemps étudiées et définies.*

Mais à cette éruption "démocratique", inhabituelle mais réelle, était associée une autre éruption, "égalitariste" celle-là. Les intellectuels et cadres devaient se mettre à l'écoute et au service des masses, et à cette fin partager leurs conditions de vie. La Chine connaissait, elle aussi, cet abîme particulièrement profond entre les cadres et la masse de la paysannerie qui est de règle dans tous les pays du tiers-monde : en l'occurrence cet abîme était creusé encore par l'effet cumulé de la culture confucéenne et de la culture communiste, la première affirmant la supériorité des lettrés et des clercs, et la seconde celle de l'avant-garde éclairée. Dans ces conditions, qui pouvait trouver invraisemblable ou criminel un tel programme de réhabilitation des couches sociales méprisées ? Et la volonté d'inverser le mouvement n'était-elle pas admirable, dans un monde largement caractérisé par l'arrogance et le dédain des privilégiés envers "le peuple" ? Les "médecins aux pieds nus", ces infirmiers formés sur le tas ou ces étudiants en médecine quittant la ville pour la campagne, constituaient en quelque sorte le paradigme de cette volonté égalitaire et populiste. »[85]

Les remarques de Terray me donnent à penser que le maoïsme français s'intéressait peut-être moins à la Chine elle-même qu'à la formation d'un ensemble d'aspirations politiques élaboré à partir d'une vision largement imaginaire de la Chine, qui permettait à la nouvelle génération d'établir la synthèse d'une tradition française profondément utopique. En déplaçant l'attention des forces de production vers les relations de production, Mao cherchait à éviter la hiérarchie bureaucratique des Soviétiques ; il plaçait également la division du travail à la tête de l'analyse sociale. À l'inverse de Marx, qui considérait la technologie comme un moyen de se libérer de la division du travail, les maoïstes estimaient que la technologie couplée à la division du travail faisait le lit de l'inégalité. La connaissance technique était une imposture, destinée à hiérarchiser ou à contrôler les travailleurs. La figure du docteur aux pieds nus renvoie à la pensée rousseauiste, avec des réminiscences de l'utopisme précoce de Fourier ou d'un contemporain comme Jacques Ellul, farouche adversaire du développement de la technologie[86]. L'assimilation de nouveaux outils permettant de critiquer la division du travail en France importait plus que toute connaissance véritable de la situation politique en Chine. Les maoïstes français, par exemple, semblaient ne rien savoir des rivalités complexes qui opposaient le Viêtnam, soutenu par l'Union soviétique, et la Chine, et qui devaient conduire à une détérioration dramatique des relations entre Hanoï et Pékin après le début de la révolution culturelle, en août 1966. Ces subtilités n'empêchaient pas les maoïstes français de rester en relation à la fois avec la Chine et le Viêtnam, deux pays qui, aux dires des maoïstes, étaient comme « les lèvres et les dents ». L'aptitude, largement répandue à l'époque, à défendre des arguments complètement contradictoires à l'intérieur d'un même discours utopique leur permettait de soutenir les Vietnamiens en toute sincérité tout en fondant leur analyse et leur projet sur l'expérience chinoise. Cette analyse s'inspirait de la rupture de Mao avec l'Union soviétique et de son élaboration du concept de « guerre du peuple ». Désormais, les succès du FLN algérien et du FNL vietnamien pouvaient être interprétés à la lumière d'un nouveau socialisme révolutionnaire distinct de l'expérience soviétique (discréditée bien avant Soljenitsyne), qui serait à même de redonner vie au mouvement ouvrier en France et en Occident, enterré depuis des décennies sous le stalinisme du PCF et une longue série de capitulations sociales-démocrates. La révolution chinoise ne se proposait pas seulement comme une solution de rechange au capitalisme, mais aussi à la modernisation socialiste représentée par l'Union soviétique. La notion de « peuple », fondamentale chez Mao, accordait la primauté au politique en élargissant le champ politique des

« classes » au-delà de leur stricte définition économique et en les libérant de leur isolement mutuel. Le projet aspirait à la suppression des oppositions entre travail manuel et intellectuel, entre villes et campagnes et, par extension, à la ruine de toute une politique bourgeoise fondée sur la division entre ceux qui ont la connaissance et ceux qui ne l'ont pas, ceux qui commandent et ceux qui obéissent – toute cette politique de délégation et de représentation qui établit une différence claire entre sujets actifs et passifs. Cette entreprise, pour être menée à bien, reposait d'une part sur une immersion dans la dynamique réelle des processus politico-économiques, et, d'autre part, sur une anticipation expérimentale « du futur », comme dirait Slavoj Zizek, dans les relations concrètes vécues avec les travailleurs dans le présent. On peut repérer ce qu'un militant appelait les « *aspects maoïstes, c'est-à-dire un certain rapport à la réalité* »[87], dans cette description des activités de l'un des fondateurs de l'UJC (m-l), Robert Linhart, bien avant que celui-ci ne travaille dans la chaîne d'assemblage de Citroën. Parlant d'un camp de la jeunesse communiste internationale auquel de nombreux jeunes Français assistèrent en Algérie pendant l'été 1963, Tiennot Grumbach écrit : « *De tous les jeunes intellectuels qui sont allés en Algérie, Linhart était le seul qui cherchait vraiment à comprendre ce qui se passait. Il faisait du travail de terrain dans les coopératives, mangeait avec les Algériens, vivait avec eux, essayait de les aider. Il avait un talent très particulier pour bâtir des théories à partir de faits. Une compréhension claire de la réalité. On ne parle pas de ce qu'on ne connaît pas et on ne connaît que ce qu'on a expérimenté, vérifié.* »[88]

Ces expériences maoïstes « vers le peuple » vont largement contribuer à discréditer Mai 68. Les maoïstes et les intellectuels qui collaborèrent sur les chaînes d'assemblage pendant les années précédant et suivant Mai – ce qu'on appelle, je l'ai dit, « établissement » – seront souvent caricaturés plus tard comme représentants extrêmes d'un militantisme dépassé. Le stéréotype du « curé rouge » (prêtre militant) symbolise l'avilissement populiste ou le déni de soi masochiste ; il s'oppose en tout point à l'hédoniste libertaire, l'autre grande figure archétypale de Mai. L'existence de l'un est nécessairement liée à celle de l'autre ; ils entretiennent ainsi une véritable relation spéculaire. Tous deux s'articulent autour du discours de plaisir, et de son incontournable corollaire, l'individualisme. En séparant complètement ces deux sphères, c'est-à-dire en renforçant l'opposition entre, d'une part, le « principe de réalité » d'auto-abnégation du maoïste pratiquant une discipline militante parmi les ouvriers de la chaîne d'assemblage – où, par définition, le plaisir ne joue aucun rôle – et, d'autre part, un anarcho-libertaire purement hédoniste, en quête de sensations fortes et rejetant les contraintes bourgeoises, on ouvre la voie à deux interprétations tout aussi négatives de Mai. Pour le premier, participer aux événements implique de se perdre dans les masses en un avilissement quasi religieux et d'échanger sa voix personnelle contre les stéréotypes du langage militant, ou « langue de bois ». Dans le second cas, Mai devient la préfiguration de l'individualisme possessif des années 1980, un moment purement ludique d'auto-expression ; du moins, est-ce l'interprétation qu'en font au milieu des années 1980 Gilles Lipovetsky, Alain Renaut et Luc Ferry avec un certain succès. Pour résumer, on pourrait dire que, dans le premier cas, tout est politique, il n'y a aucune place ni pour le plaisir ni pour l'individualité, alors que, dans le second, tout est centré sur la fête, le plaisir et l'individu. Le partage s'opère souvent selon des critères générationnels : les étudiants plus âgés, qui ont connu l'Algérie, s'opposent aux plus jeunes, davantage marqués par les phénomènes « contre-culturels » qui sont apparus par la suite.

Or, comme le montrent clairement certains témoignages, celui de Martine Storti par exemple, la collectivité n'est pas forcément synonyme de perte d'individualité : au contraire, certains individus ne s'y affirment que davantage. De même, une expérience peut être à la fois sérieuse et joyeuse (en fait, la nature même des expériences collectives révolutionnaires semble requérir les deux à la fois, ne serait-ce que dans les souvenirs) :

« *Si je ne peux prétendre dire le sens de Mai, je peux dire ce que j'ai fait pendant ces semaines de mai et juin 68, dire aussi qu'elles restent pour moi l'archétype du bonheur public* [...]. *Sans doute chacun a-t-il vécu Mai à sa façon. Mon Mai à moi fut heureux et sérieux.*

Le Tout-Paris qui se presse à la Sorbonne devenu le dernier endroit à la mode, je ne m'en suis même pas aperçue. J'ai certes passé presque toutes mes journées à la Sorbonne ou à Censier, mais je courais d'une réunion à une autre, d'une assemblée générale à une autre et je n'ai pas eu le temps de regarder les célébrités faire leur tour de piste. Le théâtre de l'Odéon occupé, une action qui ne me concernait pas, qui me semblait même friser l'indécence.

Ai-je été sensible à ce qui fut appelé la "fête de Mai" ? Oui, si c'est une fête de manifester tous les jours ou presque, de croire enfin possible de changer le monde, de partager avec d'autres cet espoir et, au jour le jour, de vivre dans cette espèce de légèreté dont je viens de parler. Non, si la "fête", c'est de vouloir "tout, tout de suite", d'inviter à "jouir sans entraves", d'"interdire d'interdire". Pour être franche, j'attachais peu d'importance à ces slogans, je les jugeais, malgré leur radicalité apparente, peu révolutionnaires, je pensais que la société pouvait digérer ces provocations mais pas le "pouvoir aux travailleurs". »[89]

Ce qui, de nos jours, est absent du tableau « fête de Mai », c'est l'expérience que Storti choisit de désigner par l'expression « bonheur public » : la relation au collectif ou à des voies dans lesquelles le plaisir, y compris celui de l'auto-expression, n'était pas considéré ou expérimenté conformément à la conception qu'en avaient les années 1980, c'est-à-dire comme un phénomène isolé, individualiste : « [O]*n pouvait croire qu'on était porté par les gens parce qu'il y avait la grève générale et que tout le monde était dans le mouvement. Tout le monde vivait au-dessus de ses moyens intellectuels, émotifs, sensibles : chacun était au-dessus de lui-même.* »[90] Le « au-dessus » de soi-même évoqué dans cette description correspond à la formation d'une unité qui consiste non pas en une individualité mais dans la relation d'une individualité à une autre, un « un » qui unit identité et altérité individuelle et collective de manière indissociée et indissociable. C'est le « nous » qui émerge lorsque l'on considère attentivement la remarque de Lucien Goldmann sur le fait que le pronom personnel « je » n'a, en réalité, pas de pluriel : « nous » n'est pas le pluriel de « je » mais quelque chose d'autre. Dans son analyse particulièrement vivante de la rumeur et de la communication pendant l'insurrection, Évelyne Sullerot évoque cette relation très différente entre le soi et les autres personnes, l'interface de l'individuel et du collectif, en choisissant un champ d'investigation inattendu, à savoir la phénoménologie particulière de l'usage du transistor pendant les manifestations de rue en Mai. Elle examine les effets de ce que nous pourrions appeler une communication purement horizontale, instantanée et parallèle qui s'est développée quelque temps après que la télévision a été discréditée et que les journaux ont été dépassés par les événements. Il ne restait plus alors que la radio, alimentée par des émetteurs ondes courtes opérant autour de la ville. « *L'ubiquité de l'information due aux transistors*, note-t-elle, *semblait, aux yeux de beaucoup de participants, doter chaque individu de sa propre autonomie de jugement sans le couper de la masse.* » Évelyne Sullerot rapporte le récit d'un étudiant : « *Le 6 mai, j'étais à Denfert-Rochereau. De là, je suis allé à Saint-Germain-des-Prés. Beaucoup de gens avaient des transistors. C'était formidable. C'était de l'information instantanée, et tout le monde pouvait élaborer sa stratégie personnelle. Je sentais que l'individu n'était pas un mouton dans un troupeau. Il pensait. Les gens se regroupaient pour écouter les transistors. Puis ils repartaient et chacun se forgeait sa propre opinion, parfois après une brève remarque aux gens qui avaient écouté avec lui. "Bien, c'est là qu'ils vont ! Allons voir si cela devient chaud là-bas. Nous ne devons pas laisser les gars tout seuls" ou "C'est par là qu'on va se tirer !", quand quelqu'un n'avait pas envie de se jeter dans la bagarre. En fait, chacun décidait tout seul, en fonction de son tempérament et de ses convictions. Il y avait évidemment un esprit collectif, mais il n'y avait pas de chefs. Chaque personne était indépendante. En écoutant le transistor, j'avais l'impression de participer au jeu.* »[91]

Le 23 mai, le gouvernement supprima l'accès des radios aux fréquences qui leur étaient accordées, éliminant ainsi toute transmission directe. De manière plus générale, Fredric Jameson évoque la dynamique qui existait entre individu et collectivité, sur un ton juste mais non dénué de tristesse : « *Dans les années 1960, beaucoup de personnes découvrirent que la foule qui anime un mouvement révolutionnaire ne se compose pas d'une somme de visages anonymes, d'une masse d'individus indissociables les uns des autres. L'individu ne disparaît pas dans la collectivité, au contraire, il s'y développe, s'y affirme et y prend une toute nouvelle dimension. C'est une expérience qui s'est progressivement effacée des mémoires, et qui n'a pas résisté au retour en force de l'individualisme sous toutes ses formes.* »[92]

À la fin des années 1980, la version dominante de Mai en tant que fête libertaire de l'auto-expression a quelque peu déformé ce que Storti rend pourtant de façon très claire ; en effet, la fête, ou le plaisir de l'atmosphère qui régnait ces jours-là, faisait partie intégrante de l'action politique. Ce n'était pas un supplément que l'on pourrait isoler de la politique dont on a voulu se défaire par la suite. Comme Martine Storti, Jean-Franklin Narot relie directement ce plaisir au rythme effréné de ces journées, au vertige ressenti devant les développements imprévus qui dépassèrent rapidement les protagonistes[93]. Mai et juin, insiste-t-il, avaient une temporalité bien spécifique : le caractère intempestif des accélérations, tout comme l'instantané des effets donnaient l'impression que toutes les médiations avaient disparu, que tous les délais étaient suspendus. Non seulement le temps passait plus vite que le temps figé de la bureaucratie, mais il n'avait aucun rapport avec la temporalité lente et prudente qui préside à l'élaboration de stratégies ou de calculs. Lorsque les répercussions d'une action dépassent infiniment les attentes initiales, ou lorsqu'une initiative locale se répercute de manière totalement inattendue aux quatre coins du pays, l'espace se comprime et le temps passe plus vite. Comme Storti, Narot évoque un climat d'« exaltation et d'épuisement » : on courait d'une réunion à l'autre, on s'exténuait aux multiples assemblées générales, tout en étant toujours disponibles et en alerte pour la suite des événements. Ce don de soi enthousiaste se manifestait dans la transformation des relations avec autrui, dans les synchronismes non programmés et dans la destruction, les choses matérielles n'ayant soudain plus aucun sens dans l'extrême intensité de ces changements. (En effet, l'insignifiance, voire l'invisibilité, des choses ou des objets se vérifie d'une manière générale dans les souvenirs personnels de ces journées.) Et comme Storti, Narot insiste sur la joie que chacun éprouvait à se démener ainsi, mais aussi sur l'immédiateté, qu'il se souvient avoir vécue et qui, bien loin de supplanter la logique du conflit, le « suit au contraire comme une ombre ». Le plaisir et le conflit étaient liés. Autrement dit, les interprétations de Mai comme « révolution manquée », fête « sans finalité » ou « privée de projet », propres aux années 1980, avaient, selon lui, intérêt à déplacer le plaisir de l'endroit où il se trouvait en réalité, c'est-à-dire dans le fonctionnement d'un ordre social différent que le mouvement de Mai avait provisoirement réalisé par le biais de nouvelles formes de démocratie directe. La logique de rupture ou de conflit de Mai 68 agissait en quelque sorte à partir de la reconnaissance du fait accompli : les médiations et les institutions habituelles, que ce soient les syndicats étudiants ou l'Assemblée nationale, n'étaient pas susceptibles d'être critiquées, exposées ou dénoncées puisqu'on considérait *qu'elles n'existaient plus*. Tout ce que l'on pouvait accomplir en dépit de ces institutions, en dehors d'elles ou à leur place, l'invention de formes qui éliminaient la représentation, annulaient des distinctions entre directeurs et subordonnés ou encore la possibilité pour nombre de personnes de prendre en charge leurs propres conditions d'activité et d'existence, en un mot, toute cette activité menée dans le but de produire une organisation sociale différente *engendrait* du plaisir à l'état pur.

Les représentations qui mettent l'accent sur l'austérité de la vie militante oblitèrent totalement un aspect qui ressort pourtant assez nettement comme un des souvenirs les plus marquants dans la plupart des récits d'activistes : le plaisir qui pouvait parfois naître de la simple abolition des frontières sociales, dans une société profondément compartimentée comme la France, où la communication, et *a fortiori* la communication subversive, ne s'établissait pas aisément d'un secteur à l'autre. Pendant les semaines d'insurrection, des changements s'opérèrent, parmi lesquels la multiplication de ce que Narot appelle la « rencontre » ; il ne s'agissait pas d'une réunion de quelque société secrète réservée à quelques initiés, mais plutôt du résultat de contacts et de relations entre des personnes qui, en raison des différences de statuts social, culturel ou professionnel, n'étaient pas amenées à se rencontrer. Des petits détails à première vue anodins, mais qui donnaient l'impression que les intermédiaires et le compartimentage social avaient tout simplement volé en éclats. Le récit de Storti ne manque pas d'évoquer le côté fastidieux de la vie militante, qui se cristallise pour elle dans la technique aujourd'hui obsolète du ronéotypage ; bien plus tard (elle aussi écrit à la fin des années 1980), le souvenir de cette expérience la submerge dans toute sa richesse sensorielle et émotionnelle le jour où elle découvre sa madeleine de Proust sous la forme d'un stencil non utilisé : « *Et, plié au milieu des tracts, une relique, ce stencil vierge qui doit avoir une trentaine d'années. Il a conservé son odeur, cette odeur d'encre, de papier carbone, une odeur particulière, à la fois acide et douceâtre, poivrée et sucrée, odeur des heures, des journées, des nuits passées à tirer les tracts à la ronéo, avec cette hantise de la catastrophe, cette peur de voir arriver le moment où le stencil se déchirerait, parce qu'on avait mis trop d'encre ou que la ronéo avait tourné trop vite. Après avoir tenté, le plus souvent en vain, de recoller les morceaux déchirés et de tourner lentement la ronéo à la main, en espérant que le stencil tiendrait le coup jusqu'à la fin, il fallait se résigner à retaper le texte sur un nouveau stencil, à deux doigts sur une vieille bécane.* »[94]

Son récit et ceux d'autres militants révèlent des plaisirs multiples, liés à la transgression physique et sociale, mais aussi à la possibilité de nouvelles amitiés ou complicités. C'est un plaisir, précise Storti, bien distinct de la revendication ou du slogan révolutionnaires de Mai (« jouir sans entraves ») dont elle se méfie, du reste, tout particulièrement, qui n'est pas non plus une fin en soi et qui, sur le moment, n'apparaît même pas nécessairement comme tel. Le plaisir de dépasser le compartimentage, physique ou social, est proportionnel à la dureté de la ségrégation sociale urbaine de l'époque ; les dialogues noués malgré cette ségrégation véhiculent un sentiment de transformation urgente, immédiate, vécue non pas comme une récompense future mais dans l'instant. Robert Linhart se souvient, en 1978 : « *Il y a une quinzaine d'années, les usines étaient un monde fermé, et il fallait être à l'affût des témoignages* »[95] ; une autre militante qui travaillait à la chaîne dans une usine écrit qu'avant son arrivée et celle d'autres intellectuels, « *les ouvriers travaillaient dans les faubourgs de Paris, et les usines semblaient aussi lointaines, aussi inapprochables que l'Algérie ou le Viêtnam* »[96]. Même Jean-Pierre Thorn, réalisateur du documentaire *Oser lutter, oser vaincre*, consacré à la violente grève de Flins, se souvient d'une enfance et d'une adolescence marquées par une véritable ségrégation sociale : « *Jusque 1968, je n'étais pas conscient des usines ou de la classe ouvrière. À cette époque, j'ai commencé à remarquer un monde impressionnant qui existait autour de nous, et qui avait le pouvoir de mener le pays à une paralysie en cessant de travailler. Les drapeaux rouges pendaient aux portes des usines. J'avais vingt ans, ce fut un choc.* »[97] Claire, qui enseignait dans un lycée parisien en 1968, exprime, dix ans plus tard, l'émotion ressentie en voyant des barrières sociales jadis réputées insurmontables enfin franchies : « *Je rencontrais des ouvriers pour la première fois. Je n'en avais jamais vu. Sans blague, même dans le métro.* [...] *je n'avais jamais vu une usine* [...]. *Et, tout d'un coup, j'ai vécu et je n'ai travaillé qu'avec des ouvriers : aussi bien des vieux mecs du parti que des immigrés plus jeunes. Les souvenirs, les seuls vrais souvenirs de Mai 68 que j'ai ce ne sont pas les manifs, mais c'est, entre autres, deux fois par semaine, les réunions chez les ouvriers. Les usines étaient en grève, occupées, on se réunissait pour "faire de la théorie". Et on faisait de la théorie, mais comme on pouvait en faire en 68* [...]. *J'étais bien. Et je croyais que ça allait durer. Je ne m'imaginais pas ce que, aujourd'hui, je suis bien obligée de constater, que, des ouvriers, je n'en verrais plus du tout à nouveau* [...]. *On était accueillis sans problème par le piquet de grève de l'usine, on nous faisait entrer sans problème dans les ateliers...* »[98]

Un autre militant évoque des rencontres analogues : « *En militant par contre j'entrais en contact avec un tas d'autres gens, différents socialement* [...] *la chaleur humaine qu'il y avait entre nous. Quand tu es militant, il y a une chose qui fait tout passer, c'est de se retrouver comme ce matin, à 4 heures, quand il fait beau, avec un motif commun qui échappe aux autres, avec ce bonheur d'être à un endroit où on ne devrait pas être, cette espèce de complicité.* »[99]

Un autre plaisir, plus accessoire peut-être, mais tout aussi authentique, accompagne ces déplacements transgressifs au-delà des frontières sociales, de l'autre côté du « mur » : celui de laisser tout derrière soi, de se délester des vains espoirs et du poids mort des habitudes qui ancrent les gens dans un lieu ou un rôle établis. Comme le notent Jacques et Danielle Rancière, il s'agit d'un autre plaisir fréquemment passé sous silence dans les descriptions misérabilistes post-68 de militants « se mêlant aux travailleurs » : « *L'intellectuel devait extirper de sa personne tout ce qui, dans sa parole ou dans son mode d'être, pourrait rappeler ses origines, tout ce qui, dans ses habitudes, le séparait du peuple. Idéal contradictoire qu'une vue rétrospective un peu trop simpliste a assimilé aux figures du boy-scoutisme ou de l'ascèse. Le calcul des plaisirs et des peines n'était pas à l'époque déficitaire. Laisser aux vieux partis et aux jeunes carriéristes le soin de cogérer les universités et de repeindre le marxisme aux dernières couleurs épistémologiques ou sémiologiques pour pénétrer dans la réalité de l'usine ou dans l'amitié des cafés et des foyers d'immigrés n'avait rien de si lugubre (on le sentirait au moment des retours). Le service du peuple n'était en un sens que l'autre nom du dégoût effectif pour la poursuite, d'un côté ou de l'autre de la chaire, des exercices universitaires. La transformation de l'intellectuel put ainsi être vécue comme une réelle libération.* »[100]

Si le plaisir fut surtout goûté après coup, ressenti de manière indirecte et principalement au moment pénible de la reprise et du retour à ses propres habitudes ou dans son propre milieu, il n'en fut pas moins fort. Parmi les récits d'établis, intellectuels ou militants qui passèrent parfois des années à travailler dans les usines, on trouve bien peu d'éléments étayant cet autre cliché misérabiliste qui décrit les militants adoptant le style de vie des ouvriers, voire souffrant d'une sorte de besoin pathologique de devenir réellement un des leurs. On ne trouve pas non plus trace du discours plus utopiste de Gilles Deleuze sur le devenir – devenir-animal, devenir-machine, devenir-ouvrier – conçu comme désir de métamorphose. Au contraire, un établi souligne : « *La seule chose qui m'intéressait, c'était de trouver des ouvriers pour assurer le relais politique. Je ne voulais surtout pas me mettre à leur place.* »[101] « *Pour nous l'établissement n'a jamais été une mesure de purification, c'est une mesure politique.* »[102] « *J'étais bien à l'usine ; je n'y étais pas parti pour oublier ma condition d'intellectuel mais pour faire se rencontrer des gens d'origines différentes. Je voulais travailler de l'intérieur et surtout ne pas brûler tous mes vaisseaux sitôt arrivé.* »[103] Quelquefois même, comme ce fut le cas début mai, on découvrait que la distance séparant les ouvriers des étudiants n'était pas si grande que cela : « *Mai 68 est arrivé. Le monde étudiant était déjà loin après ces quelques mois passés à l'usine. Après la manifestation du 13 mai, Renault s'est mis en grève ; le 15 ou le 16, l'occupation de notre usine était décidée.* [...] *Une vraie petite guerre de l'intérieur, qui a duré six semaines... J'étais d'autant plus à l'aise dans cette atmosphère qu'à l'époque les ouvriers "s'intellectualisaient", on se rencontrait à mi-chemin de nos trajets respectifs. Les jeunes de l'usine allaient sur les barricades et à la Sorbonne.* »[104]

Peut-être Daniel Bensaïd a-t-il raison lorsqu'il suggère que tous les accoutrements symboliques du début de Mai (manifestations pseudo-insurrectionnelles, forêts de drapeaux noirs, barricades, occupations de campus), clairement inspirés des traditions de lutte ouvrière, doivent être compris comme un ensemble sémantique, un langage par lequel le mouvement étudiant cherchait à s'adresser aux ouvriers sans passer par l'intermédiaire des leaders bureaucratiques, à créer une communication entre deux mondes jusque-là fermés l'un à l'autre et à atteindre la classe ouvrière par le biais d'un long processus de cercles concentriques. Même un slogan comme « CRS = SS », qui fut scandé par les étudiants dès le 3 mai alors que seuls les gendarmes avaient été appelés à la Sorbonne et qu'aucun CRS n'était encore en vue, pourrait bien être interprété comme un acte de conjuration. En un sens, les étudiants noircissaient la situation, puisque les CRS n'étaient pas encore là, en accélérant les choses ou en les poussant à l'extrême. Mais ils interpellaient aussi les travailleurs, qui étaient encore absents, et pour ce faire, empruntaient leur langue spécifique. Le slogan, en effet, n'avait pas été inventé par les étudiants. Il avait été utilisé pour la première fois par des mineurs en grève en 1947-1948, juste après la création des CRS par le ministre de l'Intérieur socialiste, qui avait fait appel à ces nouvelles forces pour mettre fin à la grève[105].

Au commencement de la grève générale, à la mi-mai, le Comité d'action Travailleurs-Étudiants des environs de Censier s'assigna la tâche spécifique de créer des liens entre l'université et les usines. Censier était un peu en dehors des sentiers battus pour les journalistes, qui s'intéressaient davantage à la Sorbonne et au théâtre de l'Odéon, ces grands amphithéâtres du délire verbal. Les documents élaborés par son Comité d'action tout au long de mai et de juin confirment l'existence d'une coopération entre jeunes étudiants et ouvriers pendant la grève. Mais à Censier, le déplacement fonctionnait dans l'autre sens : ce n'étaient pas les étudiants qui allaient vers les ouvriers, mais l'inverse. En effet, ils étaient attirés par les énormes possibilités matérielles offertes pas les lieux : locaux ouverts à toute heure, machines à ronéotyper, main-d'œuvre constamment disponible pour des liaisons, des travaux d'imprimerie, des débats, etc. C'était un espace distinct de la vie syndicale dans les usines, où les ouvriers étaient confrontés à d'inexplicables interdictions, réticences, contrôles, surveillances et manœuvres de toutes sortes. À force de rédiger des rapports, de désigner des porte-parole, de fournir une aide matérielle aux grévistes, Censier devint un centre de coordination et de liaison dont l'efficacité fut parfois réelle. Son existence prévient tout déni ironique de la mythologie ouvrière souvent attribuée à Mai, de même qu'elle mine l'opinion selon laquelle la grève s'est développée de manière autonome, sans aucun lien avec le mouvement étudiant, affirmant que leur simultanéité n'était que pure coïncidence.

La rhétorique de Censier signe une évolution dans le mouvement de Mai. Début mai, lorsque de Gaulle rendit les manifestants responsables de la chienlit (désordre), une célèbre affiche des Beaux-Arts répondit immédiatement à l'insulte par une image de De Gaulle accompagnée des mots : « La chienlit, c'est lui ! » – autrement dit, en lui retournant l'injure. Le 25 mai, Christian Fouchet, ministre de l'Intérieur, poussa plus loin la rhétorique gaulliste en se référant à « *la pègre chaque jour plus nombreuse qui rampe, enragée, depuis les bas-fonds de Paris, qui se cache derrière les étudiants et se bat avec une folie meurtrière* [...]. *Je demande*, ajouta-t-il, *que Paris "vomisse" la pègre qui la déshonore.* »[106] Le journal du Parti communiste, *L'Humanité*, adopta rapidement un vocabulaire identique : « *Toute la nuit durant, dans différents districts de Paris, on trouve une racaille des plus douteuse, cette pègre organisée dont la présence contamine ceux qui l'acceptent et, plus encore, ceux qui la sollicitent.* »[107] On remit au goût du jour le vocabulaire et l'imagerie de la Commune de Paris, caractérisés par leur dimension naturaliste : les ouvriers, la classe inférieure sont des bêtes sauvages, une sale vermine, qui se cachent derrière des étudiants respectables et les contaminent comme de sordides parasites, semant épidémies et contagion. Censier choisit de répondre immédiatement avec un tract reprenant l'expression et refusant la zoologie sociale qu'elle impliquait : « *Si le pouvoir considère que ceux qui étaient sur les barricades, auprès des étudiants, étaient la pègre, nous travailleurs, employés, ouvriers, salariés, chômeurs et sans emplois, nous sommes la pègre.* »[108] Plus ou moins au même moment, un autre Comité d'action qui comptait dans ses rangs Marguerite Duras, Maurice Blanchot et Dionys Mascolo, écrivit un tract similaire : « *Nous avons participé aux actions attribuées à la soi-disant pègre, nous affirmons que nous sommes tous des casseurs, nous sommes tous la pègre.* »[109] La stratégie adoptée par les deux comités consiste à élargir la rupture entre l'être social et la constitution du groupe politique. Comme dans le slogan « Nous sommes tous des Juifs allemands », on dénaturalise la pègre, on dénoue le lien qui relie le mot à sa connotation sociale, si bien que le mot – que ce soit « Juifs allemands » ou « pègre » – devient disponible en tant que nouvelle identité ou subjectivité politique. Ainsi assimilé à cette nouvelle connotation, le nom désigne désormais un groupe sociologiquement non identifiable ; les tracts défont la légitimité, que ce soit celle du ministre ou celle du Parti communiste, qui distribue les places et les fonctions. Ils proposent une définition non naturaliste de la politique et du conflit. La pègre devient une construction du discours sur la relation d'un individu à un autre – ce que Rancière appellerait une autre « identification impossible » : les sujets politiques évoluent entre deux identités dont aucune ne peut être assumée.

Les militants sont parfaitement conscients du fait que la manière même de représenter les acteurs sociaux constitue un facteur non négligeable dans la persistance de l'inégalité ; de là, leur volonté de dépasser ou de contourner ces systèmes de représentation qui produisent ou définissent des images de l'ouvrier pour la classe moyenne. L'enquête, lancée par les maoïstes en 1967, fut un des dispositifs mis en place ; elle était menée par des ouvriers et des paysans sur les marchés, aux entrées de métro et dans les villages de la France profonde, par le biais du porte-à-porte. Elle naquit du refus de la représentation mythique ou transcendantale qui faisait de la classe ouvrière un unique bloc uniforme dépourvu de toute aspérité. (De son côté, François Maspero résista à toutes les représentations prométhéennes ou transcendantales du « tiers-monde » en refusant d'écrire tiers-monde avec des capitales dans ses publications.) Autrement dit, pour que les gens se fassent une idée de l'expérience réelle des travailleurs – ou, en l'occurrence, des petits fermiers –, ils doivent aller vers eux, les écouter, apprendre, ou même agir directement et s'intéresser davantage aux conditions de vie locale, mais certainement pas se plonger dans des textes théoriques. Le modèle maoïste accordait plus d'importance au contexte local et aux conditions historiques – à la situation – qu'aux textes canoniques. Les écrits de Mao sur le lien nécessaire entre la théorie et la pratique, ou, pour reprendre ses mots, sur l'obligation de « *descendre de son cheval pour aller cueillir des fleurs* », furent à l'origine d'un élan hors du Quartier latin, où ses textes étaient moins lus comme une doctrine théorique que comme une invitation à laisser les livres et la ville derrière soi : « *Nous devons partir des conditions réelles dans le pays et au dehors, dans la province et au dehors, dans le district et au dehors, dans l'arrondissement et au dehors, en déduire les lois qui leur sont inhérentes et non imaginées par nous, c'est-à-dire trouver dans les événements qui se déroulent autour de nous le lien interne pour nous servir de guide dans l'action. Pour cela, nous devons compter, non sur notre imagination, sur notre élan d'un instant, sur la connaissance livresque, mais sur les faits existant objectivement, sur les matériaux minutieusement recueillis et, nous guidant sur les principes généraux du marxisme-léninisme, en tirer des conclusions justes.* »[110]

Un autre facteur qui pouvait pousser les étudiants hors du Quartier latin venait peut-être du plaisir qu'il y avait, comme l'un des tracts maoïstes le suggère avec vivacité, à « *se détourner des vaines querelles de groupuscules et des discussions sans fin qu'aucune expérience concrète ne sous-tend* »[111]. Dans leur souci de cerner l'hétérogénéité du monde prolétarien, les enquêtes maoïstes apparaissent aujourd'hui comme le reflet déformé de cet autre type de porte-à-porte réalisé auprès de la classe ouvrière, les enquêtes de consommation, menées à la même époque et immortalisées en 1965 dans le roman de Georges Perec, *Les Choses*. Alors que l'enquête de marché s'adressait à l'ouvrier en tant que consommateur, une catégorie sociale qui, à la fin des années 1960, était déjà quantifiable et divisée en sous-groupes selon les habitudes de consommation et les goûts, l'investigation maoïste cherchait à saisir « le point de vue des masses », défini par sa double opposition au « point de vue du capital » et à celui du PCF-CGT, révisionniste par nature. Les enquêtes de marché peuvent être considérées comme les héritières de toute une histoire d'études sociologiques ou « policières » gouvernementales sur les ouvriers et leurs habitudes, qui remonte au moins au milieu du XIXe siècle. Par exemple, les enquêtes conduites en vue de régler le problème des maisons insalubres, considérées comme dangereuses pour la santé publique, ou celles qui étudiaient les épidémies, avaient acquis une sorte de rigueur scientifique à la fin du siècle. Mais l'information collectée à la faveur de ces enquêtes sur les pauvres à la fin du XIXe siècle avait dès le début servi les intérêts de la régulation sociale dans la mesure où elle avait permis aux enquêteurs de classer les ouvriers et les pauvres en groupes distincts et en catégories sociales précises. Comme Andrew Aisenberg l'a montré, la surveillance de l'hygiène servait les intérêts de la régulation policière[112]. L'enquête maoïste, d'autre part, se réclame d'une origine chinoise qui l'a libérée, au moins en théorie, de ce modèle ; la même dénomination s'appliquait ici à une pratique différente et subversive. Le rôle de l'intellectuel, en s'immergeant dans « l'école des masses », ne pouvait pas être celui du sociologue, de l'hygiéniste, du professeur ou du leader léniniste d'avant-garde, mais, au mieux, celui d'une sage-femme ; en effet, il s'agissait pour lui d'extraire les aspirations révolutionnaires présentes à l'état latent, d'encourager leur expression, puis de les synthétiser et de les traduire en propositions politiques. Comme disait Mao : « *Sans enquêtes, pas de droit à la parole.* » Rassembler des nouvelles de la lutte, les mettre par écrit, les restituer sous une forme neuve, les faire circuler, les reproduire, s'en faire le véhicule. Les *a priori* théoriques devaient être mis de côté, dans l'attente patiente qu'une ligne politique se dégage directement des représentations offertes par les travailleurs de leurs propres conditions, problèmes, aspirations et désirs, de leurs propres voix disparates. « *Rien, en effet, ne peut être compris "spontanément" : pour comprendre, il faut enquêter.* »[113] Dans leurs récits, les ouvriers qui sont entrés en contact avec les maoïstes dans les usines expriment des avis divers concernant le succès de cette pratique. L'un d'eux donne un avis positif de cette rencontre : « *Les trotskistes sont venus aussi. Mais ce qu'il y avait de différent avec les maoïstes* [...], *c'est que les trotskistes sont arrivés avec un tract : "Les ouvriers sont exploités, parce que...", citation de Marx,* Le Capital, *telle page. C'était vachement théorique, on y comprenait que dalle ! À l'inverse, les maoïstes partaient de ce qu'ils nous avaient demandé. Eux, ne savaient rien, avant qu'on leur parle. Ils ne sont pas venus avec des idées et des tracts. Ils ont écouté ce qu'on disait et, de ça, ils ont fait un tract. Ça nous avait vachement frappés...* »[114]

Un autre ouvrier dit l'inverse : « *Dans les usines, il n'y a pas encore tellement de différence entre trotskiste ou maoïste. En fait, pour les gars, tout ça, c'est gauchiste.* »[115] Un ancien établi se souvient d'une impossible communication, qui n'empêcha toutefois pas de nouer des amitiés : « *Moi, j'étais devenu un cadre de Citroën. Je parlais, parlais. Un de ces ouvriers avec lequel je suis resté ami m'a avoué deux ans plus tard que, quand je parlais à l'époque, il ne comprenait absolument rien à ce que je disais. Il faut dire qu'on se servait d'un langage maoïste, sorti tout droit du* Petit Livre rouge. »[116]

La pratique des Comités d'action et de l'enquête donna naissance aux *Cahiers de mai*, une revue dirigée par Daniel Anselme, Jean-Louis Péninou et Marc Kravetz, qui publia trente numéros entre 1968 et 1973 ; cette revue chercha, en particulier après Mai 68, à fournir une sorte d'inventaire des idées nouvelles exprimées dans les luttes récentes et, parfois encore en cours, dans les usines et à la campagne. Un article publié en 1970 dans les *Cahiers*, « Le rôle politique de l'enquête », propose une excellente analyse de la pratique (entendue comme action) en tant que manifestation potentielle ou vérification de l'égalité, constitution d'un espace commun. Dès le début, l'enquête militante se définit en opposition aux formes existantes de « sociologie des travailleurs ». La collecte d'informations et la compilation de documents du sociologue réduisent les travailleurs à des objets d'étude et placent l'enquêteur à l'extérieur de la situation étudiée, reproduisant ainsi la distribution hiérarchique des places et des fonctions conforme à ce que nous avons appelé plus haut la logique de la police. L'enquête, quant à elle, place le projet sous la direction et le contrôle des travailleurs, qui discutent et élaborent un texte initial, phrase par phrase. Par conséquent, l'enquête joue le rôle politique qui consiste à regrouper les travailleurs autour d'un projet, la production d'un texte agissant comme une force unificatrice qui initie ou soutient le processus d'autoformation du groupe, qui prend alors conscience de son existence en tant que tel. Le format de l'enquête l'inscrit donc dans la série d'expériences d'écriture collective « de la base » qui proliféraient à l'époque, des cinétracts de SLON aux collectifs cinématographiques du Groupe Medvedkine à Besançon, en passant par la production de nombreux pamphlets anonymes. Ces pratiques reléguaient définitivement non seulement le sociologue, mais aussi le théoricien isolé et le réalisateur de film en tant qu'auteur dans le confinement solitaire de la production culturelle et intellectuelle bourgeoise. Le texte de l'enquête, une fois rédigé, peut constituer non seulement un instrument de propagande et de fermentation, mais aussi et surtout un outil permettant de relier les usines entre elles, établissant une communication jusqu'alors dénigrée, si ce n'est proscrite, par la « communication verticale » des syndicats. Les enquêtes exposaient au grand jour les demandes et les besoins récurrents des travailleurs ; l'un d'entre eux était précisément ce désir de liaison : communiquer entre ateliers dans une usine donnée, entre usines de la même région, au sein d'une même industrie. De plus, l'enquête atténue la ségrégation entre militants internes et externes à l'usine. Pour citer un autre journaliste militant : « *L'enquêteur ne peut bien sûr pas être neutre. Il n'y a pas d'instrument neutre* [...]. *Tout écouter jusqu'à la fin : ce n'est qu'ainsi que l'enquête prend tout son sens. Parce que tout jusqu'à la fin signifie que l'on ne se satisfait pas des premières réponses* [...]. *Alors vous voyez mieux contre qui et pourquoi vous vous battez, vous découvrez les cicatrices et les tumeurs, vous ne parlez plus de "révolution" avec des stéréotypes, des idées toutes faites, des affirmations triomphalistes, mais avec toute la force explosive que les mots représentent lorsque l'imaginaire et le réel vécus au jour le jour deviennent la base des mots.* »[117]

L'enquête militante cherchait à se distinguer, en tant que pratique, de la représentation discursive des travailleurs par toute une série de personnes revendiquant cette tâche, comme les sociologues, les délégués syndicaux, les théoriciens politiques, ou même les journalistes militants bien intentionnés, et souvent qualifiés de « parachutés » dans les récits ouvriers. (Les fermiers du Larzac préféraient le terme « comète » pour désigner les apparitions soudaines, de courte durée et sans suivi, de personnes extérieures bien intentionnées[118].) Ainsi, un ouvrier de Citroën se plaint du délégué PCF qui arrive dans l'usine, « *parachute son discours et s'en va* »[119]. D'autres ouvriers contestent la représentation de leurs grèves dans « *des textes rédigés en hâte par des journalistes militants qui descendent de Paris* », ajoutant que, « *quand des militants sont "parachutés" dans une grève, il est douteux que leur travail soit un succès* »[120]. Ce genre de textes ignore « *le mouvement réel qui s'est développé, la manière dont il s'est développé, les problèmes qu'il a posés* [...] ; [il] *ne reflète pas concrètement cette lutte*, [qui est] *reléguée au second plan, derrière des analyses abstraites et trop générales* ». L'emploi du verbe « parachuter », auquel on associe toute une série de connotations militaires (l'héroïsme aventurier, l'attaque ou le sauvetage « d'en haut », l'attaque éclair), n'est pas sans rappeler les parachutistes des guerres coloniales, dont beaucoup étaient désormais agents de sécurité dans les usines. Mais il anticipe également les parachutistes humanitaires des années 1980, les « médecins sans frontières » (parmi lesquels beaucoup d'anciens militants), débarquant dans les situations d'urgence, pratiquant ce que certains ont appelé avec mépris la « politique ambulance », ignorant tout de la situation dans laquelle ils atterrissaient. L'enquête doit être le résultat d'une « immersion prolongée » et non d'une « brève incursion », le produit d'une égalité horizontale autour d'un projet partagé et non une communication verticale venant d'en haut. Elle doit résister à toutes les réductions idéalistes, artificielles ou arbitraires, et refuser la distinction entre « essentiel » et « accessoire » inhérente à tout empirisme : chaque personne a droit à la parole, aucune n'est négligée ou considérée comme insignifiante. L'enquête doit refléter la diversité, et même faire preuve envers elle d'un respect scrupuleux.

Les illusions de la représentation

Qu'advient-il du militant après le recul du militantisme, lorsqu'il doit réintégrer son poste de journaliste, de réalisateur, de théoricien ou de leader syndical ? Sa relation au « peuple », aux « ouvriers » doit-elle inévitablement devenir celle du parachutiste ?

Au cours de ce que Pierre Macherey a appelé « la période particulièrement agitée et difficile » des années qui suivirent immédiatement Mai, la critique de la division du travail et les problèmes d'égalité qui y étaient liés, si centraux dans le mouvement, tendirent à disparaître, éclipsés par les problèmes relatifs à la question de la « prise du pouvoir », à la fois institutionnelle et armée ; mais la disparition ne fut toutefois pas complète. On peut encore trouver des traces de la thématique de Mai dans les débats concernant le partage des connaissances dans les écoles et les universités. Se référant à sa propre situation à l'université dans les années 1970, Macherey se souvient d'un climat de discussions politiques fatigantes et souvent amères, de réunions interminables lors desquelles de jeunes enseignants cherchaient à sauvegarder ou à créer la possibilité d'un certain activisme politique dans la modernisation massive du système universitaire par Giscard : « *Rétrospectivement, on a peine à se remémorer, et* a fortiori *à essayer de faire comprendre à ceux qui ne l'ont pas personnellement vécu, à quel point, sur un plan purement émotionnel, ces années ont été bouleversantes : malgré le retour en force de la réaction sous ses formes les plus directes, tout ou presque semblait encore possible, même si dans le cadre de cet avenir imaginairement ouvert s'engouffrait de fait une masse d'incertitudes. Car ne sachant pas où on mettait les pieds, on se figurait toujours aller quelque part.* »[121]

Cependant, dans les mois et les années qui suivirent Mai 68, c'est avant tout dans les recherches qui engageaient directement la question de la représentation, celle du peuple par les intellectuels, autrement dit le journalisme et l'historiographie, que l'on tenta de nouvelles expériences. Pour beaucoup de militants de l'époque, l'expérience de Mai impliquait de ne pas perdre de vue le problème de la communication directe avec les exploités et leur histoire, et de fournir un effort continu pour créer de nouveaux moyens de compréhension (et donc de lutte) entre groupes. Les collectifs militants se dissolvaient, se regroupaient et adoptaient de nouvelles configurations pour tenter de trouver des espaces vierges et une nouvelle direction à la lutte. Les journalistes formés par l'enquête d'usine, comme Jean-Louis Péninou, Jean-Marcel Bouguereau et Françoise Fillinger, passèrent des *Cahiers de mai* à *Libération*, nouveau quotidien radical, né dans la tourmente en mai 1973, et progressivement placé sous les auspices de Sartre ; ils furent rejoints par d'autres militants qui avaient écrit pour *Action*, le quotidien publié pendant mai et juin et vendu au « prix minimum » de 50 centimes (beaucoup de publications de ce type étaient vendues au prix minimum, même si le lecteur était libre de payer plus) ou pour le journal maoïste *La Cause du peuple*, dont le dernier numéro parut en septembre 1973[122]. *Libération*, dont le manifeste initial, de tendance maoïste, proclamait l'objectif utopiste d'« *aider les gens à prendre la parole* », se voulait, au moins au début et dans le projet de certains de ses fondateurs, une sorte d'« écrivain public » : « *l'information vient du peuple et retourne au peuple* ». Pour promouvoir le journal, Sartre accepta de parler à la radio pour la première fois depuis la campagne de dénigrement lancée par le gouvernement contre le Manifeste des 121 pendant la guerre d'Algérie. Au cours de l'émission, il décrivit l'aspiration du journal à la démocratie directe : « *Nous voulons que les acteurs d'un événement soient ceux que nous consultons, nous voulons que ce soient eux qui parlent.* »[123] Michel Foucault, qui était impliqué dans les premiers débats de *Libération* sur la nécessité de créer de nouvelles formes journalistiques qui donneraient priorité à la voix du peuple, voulut y contribuer personnellement avec une « chronique de la mémoire des ouvriers »[124]. La démocratie directe s'étendait également au fonctionnement quotidien du journal : les décisions éditoriales devaient être débattues et partagées collectivement ; tous les employés recevaient le même salaire, 1 500 francs par mois en 1974, soit à peine plus que le salaire minimum, et tous devaient se partager équitablement les tâches de la rédaction et de la production. Dans les mois et les années qui suivirent, *Libération* allait devenir une sorte de relais pour des centaines de militants, qui travaillaient pour des périodes plus ou moins longues dans ses bureaux, situés dans un quartier ouvrier du XIXe arrondissement. C'était, comme l'un d'eux le décrit, « *une manière de ne pas rentrer dans le rang, surtout d'être dans un lieu où l'on pouvait quotidiennement faire avancer un certain nombre d'idées, témoigner de luttes, défendre des causes* »[125]. Alors que certains, comme Serge July, font toujours partie de la rédaction, beaucoup d'autres l'ont quittée, en désaccord avec les compromis et les virages pris par la direction au fil des années ; d'autres encore, comme Sartre, se sont simplement désintéressés du journal lorsqu'il est devenu plus établi et plus conventionnel.

Mais indépendamment de ce que le journal est devenu plus tard, *Libé* permettait à ses premiers lecteurs, en particulier les provinciaux, de rester en contact avec l'actualité. Il offrait ainsi un sentiment de continuité à ceux qui se sentaient isolés ou laissés pour compte dans le climat politique traumatisant de l'après-Mai où il était parfois extrêmement difficile de trouver un numéro du journal ; il constituait, en ce sens, un signe tangible qu'il s'était effectivement passé quelque chose en mai 1968.

L'histoire de *Libération* est bien connue ; le journal a rapidement délaissé ses humbles origines maoïstes pour devenir ce que ses journalistes nomment eux-mêmes la « Pravda *de la nouvelle bourgeoisie* »[126], suivant en cela la voie familière de l'intégration d'une institution contre-culturelle[127]. *Libération* a joué un rôle central dans la production et la circulation des tropes et des images qui allaient progressivement prévaloir pour comprendre Mai. Mais, pour beaucoup d'autres militants issus de l'expérience de Mai et de ses suites, le problème de la relation entre l'intellectuel et le peuple, et la question de la mémoire populaire et de la voix du peuple seraient mieux traités au niveau théorique et pratique dans le champ de l'histoire et de l'historiographie. Il était selon eux possible, grâce à un retour vers le passé et à une nouvelle analyse des discours, des expériences et des pratiques des travailleurs, de prolonger les aspects utopiques du mouvement et de procéder à l'examen et à l'évaluation des désillusions de Mai. Une nouvelle pratique historique subversive pouvait perpétuer le désir de donner la parole à des gens qui n'avaient pas voix au chapitre, de contester le domaine des experts. Alors que les théories qui allaient dominer les années 1970 – le structuralisme et le post-structuralisme – accomplissaient ce que Fredric Jameson a appelé leur

« *implacable mission de recherche et de destruction du diachronique* », un autre type de travail, directement dérivé de l'expérience de 68, était effectué au sein de l'histoire officielle, mais aussi en dehors de ses sentiers battus. C'est de ce côté que nous devons nous tourner pour trouver certaines des expériences politiques les plus intéressantes et les plus radicales sur la question de l'égalité, et non vers les penseurs du Désir, comme Lyotard ou Deleuze, qui sont pourtant fréquemment évoqués pour incarner l'héritage de Mai dans la production intellectuelle.

À l'époque, de nombreuses recherches individuelles étaient menées en histoire, comme la longue étude de Michelle Perrot intitulée *Les Ouvriers en grève*, qui se terminait tout juste au moment où les événements de mai éclatèrent. Des années plus tard, elle écrira : « *Ma décision de faire l'histoire des ouvriers est enracinée dans cette conjoncture* [...] *; prendre la classe ouvrière pour objet de ma recherche semblait une façon de la rejoindre, ou de la servir, en contribuant à sa connaissance et à sa reconnaissance* [...] *; écrire cette histoire pour une université qui l'ignorait, et même, obscurément, la méprisait* [...], [cela semblait] *une entreprise digne d'efforts et une forme de solidarité.* »[128]

Alain Fauré soutint son mémoire de maîtrise à la faculté des lettres de Nanterre en 1970 ; publié plus tard sous le titre *La Parole ouvrière*, il traitait de la classe ouvrière et du mouvement populaire au début des années 1830. Dans une collection lancée par Maspero sous le nom d'« Actes et mémoire du peuple », Alain Cottereau réédita un texte publié en 1870 par Denis Poulot, *Le Sublime ou le travailleur comme il est en 1870 et ce qu'il peut être*, avec une préface gauchisante qui, selon lui, « *pouvait être lue non seulement par le public habituel, mais aussi par les militants ouvriers* »[129] ; la préface analysait le texte de Poulot en termes de résistance ouvrière et de contre-stratégies face à l'exploitation. Mais la période de l'après-Mai vit aussi la naissance de trois revues qui, par la simple vertu de leurs efforts, enracinés dans la pratique de recherche, de rédaction et de prise de décision collectives, pratique quasiment inconnue des milieux académiques, sont peut-être plus intimement liées aux événements politiques de 68 que les travaux des chercheurs individuels. Pour chacune de ces revues, *Le Peuple français*, *Les Cahiers du Forum-Histoire* et *Révoltes logiques*, la « révolte », ou la contestation, était le préalable à partir duquel les historiens devaient mener leurs recherches. Chacune à sa manière tenta de rompre avec une certaine tradition d'élitisme académique, de recherche individuelle et d'histoire politique institutionnelle pour créer une histoire différente, générée par une politique de gauche. Et bien que toutes trois aient fait parfois la promotion des deux autres, ou se soient trouvées engagées à l'occasion dans les mêmes interviews ou les mêmes débats, les différences très nettes qui permettaient de les démarquer dans le champ de l'historiographie nous apprennent davantage que toutes leurs similitudes[130]. Les différences s'articulent autour de trois grands thèmes : la figure de l'ouvrier ou du peuple, le rôle de l'historien et la relation entre passé et présent.

Le Peuple français, revue d'histoire populaire, fut lancé en 1971 par quelques anciens membres du Comité d'action de Nanterre, un groupe principalement constitué de simples enseignants (maîtres auxiliaires et professeurs de lycée). Il ne faisait pas mystère de son populisme (« *Nous, nous écrivons pour le peuple* »), qui s'enracinait dans un style lisible et largement accessible (« *ce qui signifie avant tout que nous nous forçons à écrire simplement* »[131]). Le nombre élevé de lecteurs, entre 5 000 et 7 000 abonnés, tenait en partie au fait que, grâce à l'efficacité et à l'assiduité de son comité de rédaction, qui travaillait sans secrétaire ni staff professionnel, le prix de chaque numéro pouvait être maintenu à un niveau raisonnable (4 francs). Les ouvriers représentaient environ 20 à 25 % du lectorat, les travailleurs agricoles, 10 %. Mais en dépit de ses origines et de sa remise en question de l'idée que l'historien doit être un professionnel reconnu de tous (« *Nous sommes des "chercheurs" à notre façon, mais le travail de chercheur, tout le monde peut le faire* »[132]), *Le Peuple français* ne semblait pas vraiment impliqué dans l'agitation gauchiste en cours. Si le groupe remet en cause les compétences traditionnellement reconnues à l'historien, il ne touche pas aux hypothèses préexistantes concernant l'objet de sa recherche, c'est-à-dire le peuple français. Le titre même de la revue reflète sa foi en l'homogénéité du peuple français, fruit du processus indéniablement centralisateur de l'intégration nationale (par exemple, *Le Peuple français*, en tant que tel, n'avait cure du peuple breton ou du peuple flamand). Il s'intéressait uniquement au Peuple avec un grand « P » : immuable dans son héroïsme et représenté dans la revue par un choix restreint de poses familières, subissant une oppression brutale, ou, au contraire, héros d'une glorieuse épopée, émergeant de la mine, de l'usine ou de son taudis, pour prendre sa place sous la bannière. Parfois, le peuple apparaissait sous un jour plus anthropologique, engagé dans des activités répétitives, folkloriques ou quotidiennes. *Le Peuple français* résista activement à toute réévaluation théorique de la notion de peuple, une catégorie si ambiguë et pourtant si monolithique que tout le monde, de Pétain à Giscard, en passant par le PCF et l'élaboration gaulliste de l'image mythique forgée dans la Résistance, a pu s'en réclamer et l'utiliser comme support légitimant de son discours politique. Selon *Le Peuple français*, Mai 68 n'avait pas changé grand-chose dans ce domaine ; l'unique différence entre son mode de représentation et le mode traditionnel peut être décelée dans les maigres traces de sentimentalisme maoïste, hérité de *La Cause du peuple*, qui affleurent parfois dans ses lignes.

Le Peuple français ne fit non plus aucun effort pour éviter la propension naturelle des historiens à « se nicher », ou à se réfugier, dans le passé comme dans un territoire à part, autonome, n'ayant aucune prise sur les soucis du présent. Au contraire, la revue encourageait ce genre de pratique. Bien que couvrant une gamme extrêmement large de sujets et de périodes historiques, elle refusait de s'aventurer dans la IVe et la Ve République et n'établissait que de très rares connexions entre les événements du passé et les problèmes du moment. Il ne fallait pas être un spécialiste pour écrire l'histoire, mais, en lisant les pages de la revue, on devenait rapidement un spécialiste du passé, ou plutôt d'une connaissance historique sur le passé fonctionnant en circuit fermé et comme une fin en soi. En d'autres termes, il subsistait une division stricte du travail, séparant le rôle technique et extrêmement pédagogique de l'historien, qui rassemble et fournit des informations sur le passé, et celui du militant, engagé dans une réflexion et une analyse politique contemporaines. « *Il n'y a pas de bonne théorie sans bonne connaissance des faits* »[133], argumentait le collectif. Mais l'incessante collecte des faits faisait, semble-t-il, reculer indéfiniment l'horizon de la théorie.

Le collectif *Forum-Histoire* naquit au sein de groupes engagés contre la guerre au Viêtnam et les pratiques impérialistes (les CVB et le CVN) qui s'étaient formés dans les départements d'histoire et de géographie de Jussieu. À l'inverse des deux autres collectifs, il était constitué d'universitaires. Même si la revue, dont le premier numéro parut en janvier 1976, fonctionnait comme un collectif – les participants s'organisaient eux-mêmes en groupes de travail autour de sujets comme « L'Algérie » ou « L'histoire et l'environnement » –, un seul nom, celui de Jean Chesnaux, sinologue maoïste à ses heures, était mentionné dans la rubrique « directeur de publication ». Le sous-titre qui figurait sur la couverture, *L'histoire pour quoi faire ?*, annonçait les intentions du collectif de réaliser, en tant qu'historiens, une critique idéologique de leur propre fonction, selon ce qu'ils nommaient « *une inspiration chinoise* »[134]. Leur premier éditorial exposait la ligne qu'ils allaient suivre : « *Le* Forum-Histoire *s'est constitué comme un groupe d'action politique sur le terrain de l'histoire* [...] *pour aider à la transformation du rapport au passé.* »[135] Moins explicite que *Le Peuple français* concernant la question de savoir qui écrit l'histoire, le groupe *Forum-Histoire* centrait ses recherches sur le rôle même de l'histoire : pourquoi étudier le passé ?

Leur réponse reposait sur une vision utilitariste : l'étude du passé est en soi parfaitement inutile si elle ne se donne pas pour objectif de répondre aux exigences du présent : « *La division du travail (quand j'ai besoin de connaître le passé, je m'adresse à un historien qualifié), qui semble évidente à bon nombre d'intellectuels, nous paraît être dangereuse dans la plupart des cas : elle crée et entretient une séparation de fait entre ceux qui, de par leur métier, peuvent accéder à un savoir et ceux qui ont véritablement besoin de ce savoir au niveau de leur vie quotidienne. Cette séparation est instituée parce que les motivations de la connaissance intellectuelle sont totalement étrangères à la vie réelle des gens : les historiens écrivent des livres d'histoire parce qu'ils font une thèse, parce qu'ils sont chercheurs, parce qu'ils ont besoin de fric ou parce que c'est leur manière de jouir ; à la rigueur les historiens de gauche font l'histoire du mouvement ouvrier, mais la démarche vient d'eux-mêmes, bien plus que des exigences de la lutte des travailleurs.* »[136]

Chesnaux dit ensuite au cours d'une interview : « *Si les historiens acceptent de mettre entre parenthèses leurs divergences quant à la société actuelle, par exemple au service de leurs communes recherches sur le XVIIIe siècle, c'est qu'ils acceptent comme normale une coupure radicale entre passé et présent.* »[137]

Le groupe *Forum-Histoire* n'éprouvait qu'un profond dédain envers les débats menés à l'intérieur du discours historique conçu comme science, par exemple envers ces polémiques purement techniques sur les catégories, comme la longue ou la moyenne durée. Ses membres cherchaient en revanche à critiquer la pratique sociale de ceux qui, comme eux-mêmes, écrivaient de l'histoire. La question posée n'était pas « comment écrire l'histoire ? », mais plutôt « quel passé pour quel futur ? » Si on ne posait pas cette question au préalable, l'histoire ne pouvait, selon eux, prétendre être davantage qu'un produit fabriqué par les spécialistes puis mis à la disposition des consommateurs, plus ou moins réceptifs en fonction de leur degré de passivité et d'incompétence.

Forum-Histoire s'efforçait donc de supprimer les trois distinctions suivantes, que le collectif considérait comme déterminantes dans la pratique historique classique : le passé et le présent, l'étude du passé et la pratique politique du présent et, enfin, les historiens et leurs objets (sujets) d'étude. Le passé doit servir à nourrir l'action politique et l'analyse d'aujourd'hui – non pas en instaurant un lien mécanique ou continu avec le présent, mais plutôt en contribuant à éclaircir ce qui, précisément, n'est pas continu, ce qui constitue la nouveauté du moment. Étudier le passé devrait nous aider à saisir la contingence du présent dans toute son immédiateté et non à la lumière de schémas répétitifs ou de catégories épistémologiques dont la certitude ne peut jamais être démontrée. « *Penser politiquement le passé pour penser historiquement le présent.* »[138] Autrement dit, penser le présent comme quelque chose qui peut changer. *Forum-Histoire* n'avait guère recours au « revivalisme » populaire pratiqué par *Le Peuple français*, à sa construction monolithique du

« peuple », ou à sa récupération des moments héroïques du passé en tant qu'outils d'édification morale pour le présent.

Comme *Révoltes logiques* et la plupart des autres publications radicales, *Forum-Histoire* (vendu 8 francs le numéro) eut toutes les peines à se maintenir à flot ; finalement, la publication et la distribution de la revue furent prises en main par François Maspero. On publiait environ 4 000 exemplaires de chaque numéro. Mais des problèmes plus sévères, inhérents à la propre pratique du groupe, commencèrent à montrer clairement que, bien qu'ayant réussi à remettre en question les trois distinctions et à se dégager du poids mort de certaines traditions historiographiques, ils avaient, selon leur propre évaluation, échoué à produire « une autre histoire ». Leur rencontre au milieu des années 1970 avec les fermiers et les travailleurs du Larzac, alors engagés dans ce qui matérialisait l'une des insurrections populaires les plus significatives de l'époque, constitue un cas exemplaire.

En 1971, le gouvernement français décida d'agrandir un camp militaire dans la région isolée du Larzac (Aveyron), particulièrement touchée par l'exode rural et les problèmes économiques. Il prétendait contribuer ainsi au développement de l'activité commerciale de cette zone avant tout agricole, et de la défense européenne. Les fermiers du plateau se révoltèrent, ce qui entraîna une confrontation avec l'armée ; parmi eux se trouvaient aussi bien des paysans très pauvres, qui dirigeaient des fermes de subsistance traditionnelles, que des propriétaires de plus grandes exploitations, dits « modernistes ». La confrontation allait durer dix ans. Bientôt, un troisième groupe entra en scène, celui des « paysans installés » ou, si l'on veut, établis, composé de transfuges d'autres régions qui avaient abandonné leur mode de vie pour se lancer dans l'activité agricole. Ils se mirent à appuyer le mouvement en occupant, souvent illégalement, par le biais du squat, les terres et les bâtiments que l'armée voulait annexer, ou qu'elle possédait déjà. José Bové, l'un de ces paysans installés, arriva sur le plateau en juillet 1976 pour ne plus le quitter. En 1973 eut lieu le premier d'une série d'immenses rassemblements de soutien au mouvement ; comme l'observa l'un des participants, c'était probablement la première fois que plus de 100 000 personnes venues de la France entière se mobilisaient et se rassemblaient à un endroit précis. Entre-temps, le mouvement s'était engagé dans ce que les maoïstes appelaient une « guerre prolongée », c'est-à-dire des années de batailles légales obstinées et inventives destinées à entraver les projets de l'armée. En 1978, par exemple, un groupe de fermiers marcha du Larzac à Paris, accompagné de ses moutons, et envahit le tribunal. La force du mouvement résidait dans la diversité des personnes et des idéologies qu'il rassemblait : activistes et pacifistes antimilitaristes (objecteurs de conscience), séparatistes régionaux occitans, partisans de la non-violence, révolutionnaires résolus à renverser l'État bourgeois, anticapitalistes, anarchistes, écologistes et autres gauchistes. Lorsque François Mitterrand fut élu en 1981, il sentit qu'on attendait qu'il fasse un geste envers la gauche radicale qui avait travaillé si dur pour sauver le Larzac et se montra fidèle à la promesse qu'il avait faite lors de son passage sur le plateau en 1974 ; l'armée fut obligée d'abandonner ses projets d'agrandissement.

Parmi les divers efforts destinés à démonter l'argument de l'armée qui justifiait l'extension par la désertification croissante du plateau, il y eut la création de Larzac-Université. Elle devait héberger des séminaires et divers projets culturels et de formation organisés par les militants et fermiers locaux, mais aussi par des Parisiens et d'autres militants. En 1976, un groupe de *Forum-Histoire* se joignit à des historiens de la région ainsi qu'à des non-historiens, ouvriers et fermiers, pour organiser un séminaire sur l'histoire des fermiers et des travailleurs de la région de Millau. Dès le début surgirent un certain nombre de divergences entre les différents groupes : les historiens régionaux, de tendance traditionaliste, considéraient le séminaire comme un effort pour mieux comprendre la région du Sud-Aveyron. L'objectif des historiens de *Forum-Histoire* était, lui, plus théorique : se servir de la lutte en cours au Larzac pour penser plus largement le passé en termes politiques et permettre aux masses populaires de se réapproprier leur histoire sans dépendre d'historiens professionnels. Le collectif, dans une série d'articles sans ambages publiés dans sa revue, les *Cahiers du Forum-Histoire,* analysa les incertitudes, les déceptions et les fantasmes qui étaient entrés en conflit lors de la préparation du séminaire comme lors de son déroulement[139]. Par exemple, les Parisiens, qui étaient étrangers à la région, avaient tendance à rester entre eux. Les non-historiens ne parlaient pas beaucoup aux historiens. Le groupe de Millau, très actif pendant l'organisation du séminaire, se fit très discret par la suite. Les fermiers du Larzac et les ouvriers de Millau, qui étaient supposés être au centre des débats, acceptèrent d'être interviewés dans le cadre d'enquêtes, mais n'assistèrent guère au séminaire lui-même, qui entrait, il est vrai, peut-être en conflit avec leurs horaires de travail.

Finalement, il apparut que les Parisiens avaient exagérément idéalisé à la fois leurs propres idées théoriques et le mouvement du Larzac lui-même. Ils étaient arrivés avec une conception du mouvement, alors vieux de cinq ans, formée à partir de livres, de films et d'articles ; dans cette version, 103 fermiers, unis dans un modèle d'organisation démocratique, avaient rompu avec un passé réactionnaire pour entreprendre un combat prolongé et radical contre l'autorité de l'État, afin de pouvoir continuer à vivre comme ils avaient toujours vécu. Leur combat contre l'armée symbolisait la lutte mythique de la vie contre la mort. Ils étaient ouverts aux nouveaux venus, à tous ces marginaux qui, attirés par leur lutte, avaient déménagé pour venir vivre sur le plateau.

Ils accueillaient d'immenses rassemblements de plusieurs milliers de personnes venues leur prêter main forte ; enfin, ils se montraient solidaires envers d'autres causes, que ce soit celle des ouvriers de l'usine Lip, alors engagés dans une grève prolongée à Besançon, ou celle des Irlandais et d'autres peuples luttant pour leur autodétermination.

À leur arrivée dans le Larzac, les Parisiens furent stupéfaits de trouver à la place un groupe de fermiers hésitants, profondément usés et fatigués par leurs années de combat, tentés par les compromis et dominés par les gros propriétaires de la région – ces « notables » du plateau qui s'étaient autoproclamés porte-parole du mouvement. De plus, le groupe était profondément divisé. Si les fermiers du Larzac accueillaient les partisans de la contre-culture et les marginaux venus sur le plateau, ils se montraient beaucoup moins hospitaliers envers les autres travailleurs agricoles qui cherchaient à s'y établir. Lorsqu'ils s'alliaient à d'autres luttes, ils choisissaient de préférence celles qui se tenaient à une certaine distance : les ouvriers en grève dans les environs de Millau se plaignirent de n'avoir pas reçu grand soutien de la part des voisins fermiers.

Quant aux intellectuels, les fermiers avaient tendance à ne les considérer que comme soutiens inconditionnels des décisions que les fermiers étaient seuls à prendre ; à leurs yeux, le statut d'intellectuel ne permettait que ce seul type de participation politique. C'était précisément le type d'appui que ces mêmes fermiers hésitaient à apporter aux ouvriers de Millau. Alors qu'ils accueillaient volontiers le soutien et l'entrain qu'on leur apportait de l'extérieur, ils ne montrèrent que peu d'intérêt pour le séminaire d'histoire dont le thème était pourtant leur propre passé. Étant donné leurs divisions internes et l'urgence de leur combat contre l'armée, les fermiers ne se sentaient pas majoritairement concernés par l'idée de comprendre leur passé ou de lier ce passé à leur lutte politique. Ils ne parlaient pour la plupart que du présent ou des cinq années écoulées depuis le début de leur combat et se souciaient surtout de savoir s'il fallait ou non négocier avec l'armée.

Les émissaires de *Forum-Histoire* ressentaient un embarras croissant à définir leur rôle. En effet, l'expérience du Larzac insistait pour que l'on garde séparés ce que leur théorie cherchait à réunir : d'un côté, une histoire locale et vivante du passé, de l'autre, le présent et les enjeux politiques essentiels de la lutte du Larzac ; en d'autres termes, l'histoire professionnelle et la pratique quotidienne. Comme leurs possibilités d'action étaient de plus en plus réduites par les préoccupations du moment, ils entreprirent de produire une série d'enquêtes fondées sur des interviews, dans l'espoir de comprendre l'évolution de la situation. Ils n'essayèrent cependant pas de jouer les sociologues, ne prirent pas d'échantillons représentatifs et ne se réfugièrent derrière aucun masque de pseudo-objectivité scientifique. Leurs travaux mirent en évidence un ensemble de thèmes ou de problèmes liés à la division entre fermiers traditionnels et fermiers modernisés – ceux qui avaient réalisé des investissements significatifs dans la région, qui possédaient de grandes propriétés et qui dirigeaient des fermes utilisant du personnel. Ce résultat amena le collectif à élargir sa perception du Larzac. Le plateau n'était pas seulement le théâtre d'une lutte de défense contre l'armée, mais aussi un endroit où des questions cruciales sur le développement capitaliste de l'agriculture étaient posées et débattues.

L'histoire en tant que telle avait disparu du tableau. Non seulement le présent était le point de départ de leur entreprise, mais ils se rendirent compte qu'ils s'y arrêtaient de plus en plus. Ils avaient cessé de « travailler sur » pour « travailler avec » : l'histoire s'était complètement dissoute dans la pratique politique. Certes, ils avaient réussi à éliminer l'érudition historique comme une fin en soi. « *Mais nous en étions restés là ; nous n'avons pas su définir une recherche historique alternative, nourrie du présent et pourtant exigeante et rigoureuse* »[140] ; leur tentative de combiner une critique radicale de l'histoire dominante avec les voix de l'histoire populaire avait largement échoué. « *La contribution de ces "historiens sauvages" était très importante pour alimenter notre critique de l'histoire dominante et de son élitisme professionnel, pour montrer que la coupure entre l'histoire et le présent – la lutte politique – n'était pas inéluctable. Mais c'est nous qui les appelions des "historiens différents" : cela ne les intéressait pas du tout de se définir comme tels.* »[141]

Dans une certaine mesure, cette rencontre entre le groupe *Forum-Histoire* et les fermiers du Larzac, marquée par des attentes mal placées, des surprises, des déceptions et des réajustements de part et d'autre, révéla un ensemble de complications pratiques que se proposait justement d'analyser le troisième collectif d'histoire, Révoltes logiques. Issus d'un milieu plus philosophique qu'historique – certains membres du groupe avaient suivi à Vincennes le séminaire de Jacques Rancière sur les pratiques ouvrières –, les membres du collectif de *Révoltes logiques* ne souhaitaient pas poursuivre le projet que *Forum-Histoire* n'avait, selon eux, pas réalisé, à savoir écrire « une autre histoire »[142]. Ils voulaient plutôt remettre en question les catégories et les représentations épistémologiques qui servaient à étayer le discours historique, en particulier celui de l'histoire sociale, qui ambitionnait d'écrire l'histoire de cet « Autre » privilégié par la modernité politique : l'ouvrier. D'où viennent les représentations du travail et des travailleurs générées par les historiens sociaux, et que cachent-elles ?

Le collectif tirait son nom d'un poème en prose d'Arthur Rimbaud, « Démocratie », écrit peu après la fin de la Commune de Paris. Dans ce poème, Rimbaud parodie le discours d'une classe bourgeoise mouvante et impérialiste, qui s'étend de la métropole « *aux pays poivrés et détrempés* », alimentant « *la plus cynique prostitution* », massacrant les « *révoltes logiques* ». Comment imaginer un autre futur après la défaite sanglante de la Commune, désormais confrontée au « marécage » de la classe moyenne française consolidant l'élan colonial qui la propulserait à travers les décennies suivantes ? Comme plusieurs des *Illuminations*, « Démocratie » évoque les conséquences émotionnelles déchirantes de la répression d'une révolution, l'expérience vécue des possibilités politiques qui se referment, le démantèlement ou l'affaiblissement des conceptions utopiques du changement – un ensemble de perceptions et d'expériences indéniablement partagé par le collectif de *Révoltes logiques* lorsque, dans la foulée de Mai 68, il se tourne vers Rimbaud pour se trouver un nom[143]. Les « révoltes » du titre annoncent les objectifs clairement politiques de la revue, sa tentative de prolonger par d'autres biais la récente révolte à laquelle le collectif avait participé et de contrer la récupération en cours de l'après-Mai politique par la sociologie, discipline qui dominait à présent la scène intellectuelle. Selon le collectif, cette réabsorption ne pouvait déboucher que sur une sorte de « critique radicale » d'une situation inchangeable ou immuable. Le titre de la revue faisait aussi écho au slogan « On a raison de se révolter », du groupe maoïste Gauche prolétarienne, auquel certains de ses membres avaient été associés. L'indétermination du pronom « on » indique combien le processus de subjectivation révolutionnaire avait été ouvert, mis à la disposition de toutes les collectivités, même virtuelles. Ce slogan avait également été repris par Sartre, Philippe Gavi et Benny Lévy (*alias* Pierre Victor) comme titre au long entretien qu'ils avaient publié en 1974 chez Gallimard, dans la collection « La France sauvage », lancée cette année-là par un manifeste proclamant : « *Nous nous proposons de partir des faits et d'y revenir sans cesse, parce qu'il nous paraît que c'est une voie d'accès à une pensée possible de la liberté.* »[144] Sartre fit don de sa part des bénéfices de la vente (30 000 francs) au journal *Libération*, financièrement dans l'embarras[145]. Que ce soit dans son titre ou dans son projet, la revue *Révoltes logiques* porte certaines traces d'un « non-événement » du milieu des années 1970, à savoir le projet avorté d'une série télévisée qui devait avoir pour thème principal l'itinéraire intellectuel de Sartre. Rancière, Philippe Gavi, Simone de Beauvoir et quelque 80 autres chercheurs et historiens travaillèrent environ un an sur les étapes initiales du projet, qui devait être dirigé par Roger Louis, un reporter de télévision comptant parmi ceux qui avaient démissionné de l'ORTF pendant la longue grève de mai et juin 68. De petites équipes d'historiens, de militants et d'universitaires organisèrent et menèrent des recherches sur des sujets particuliers comme la révolte féministe ou celle des ouvriers. Daniel Lindenberg, qui allait rejoindre le collectif éditorial de *Révoltes logiques* dans les années 1980, fut chargé de préparer une étude sur Paul Nizan : « *Nous y avons investi une somme de travail assez considérable*, se souvient-il, [car nous étions] *tous absolument certains que le projet serait mené à bien.* »[146] Mais finalement, la série télévisée, à laquelle Chirac s'était montré ouvertement hostile dès le début, dut paraître trop polémique pour les chaînes d'État. Sous le prétexte de difficultés techniques et financières – le gouvernement tenta même de faire croire que Sartre essayait de tirer un profit financier personnel de la série –, le projet fut annulé, amenant Sartre et les autres à tenir une conférence de presse intitulée : « Un problème de censure à la télévision ».

La nervosité avec laquelle l'État accueillit le projet télévisé autour de Sartre, qui avait pour titre « Histoire de la révolte », contraste violemment avec la diffusion enthousiaste, débutant au même moment, des visages et des discours des Nouveaux Philosophes. Ce contraste donne une idée du type de gauchistes qui avaient droit de cité pendant les années Giscard. Mais si le projet télévisé échoua, il donna naissance au groupe, essentiellement composé de maoïstes, qui fonda le Centre de recherche sur les idéologies de la révolte ; c'est ce centre qui publia *Révoltes logiques*. Ainsi que le collectif l'écrivit dans le premier numéro, l'objectif de la revue était d'« *interroger l'histoire commençant par la révolte et la révolte commençant par l'histoire* ». Mais la forme plurielle de l'adjectif « logiques » du titre attire l'attention sur un autre ensemble de problèmes, à savoir ceux qui naissent de l'interaction, dans l'écriture historique, de deux logiques interdépendantes : la logique de l'historien et celle de son objet d'étude. Selon la logique de l'historien, la vérité réside dans les données du passé transformées en connaissance, puis dans la connaissance transformée en leçons (les « leçons de l'histoire ») valables aujourd'hui. Selon celle de l'objet (qui n'est en fait qu'une autre version de la logique de l'historien), la vérité réside dans l'authentique « culture de la classe ouvrière » défendue par les marxistes et les empiristes (voire par les deux ensemble, comme dans *Le Peuple français*). Cette vérité est détenue par des ouvriers qui ne peuvent pas la connaître ou l'articuler eux-mêmes, pas plus qu'ils ne peuvent éviter de l'incarner et de l'exprimer sous l'œil exercé de l'historien. Qu'y a-t-il de faux dans ce tableau, s'interroge *Révoltes logiques* ?

Dans sa déclaration inaugurale, le collectif exprimait une sorte de désir utopique, rappelant le maoïsme des débuts, d'établir une « autre mémoire », mémoire populaire ou « pensée d'en bas », débarrassée de la médiation et liée à la capacité effective du peuple de se représenter lui-même et d'écrire sa propre histoire. Cette capacité n'avait cessé d'être niée par toutes les conventions de l'historicisme, et par tous les « types » sociaux, anthropologiques et économiques, à travers lesquels la classe ouvrière avait été identifiée et classifiée, louée ou dénigrée. Mais en premier lieu, *Révoltes logiques* décide d'énumérer toutes les entreprises historiques ou d'exploration de la mémoire populaire qu'ils ne voulaient ni incarner ni réaliser eux-mêmes. L'histoire d'État, ou officielle, n'affirme que la capacité héroïque des maîtres : « [Elle] *ne connaît ni révolte ouvrière ni paysanne. Ni les femmes ni les minorités nationales.* » L'histoire à la mode, c'est-à-dire celle de l'école des Annales, est fustigée pour sa vision d'une histoire immobile et d'un peuple qui l'est tout autant, trop heureux de laisser à une élite la responsabilité historique du changement. L'histoire des gauchistes, ou du Parti, offre une simple métaphysique de la révolte ; dans une description prémonitoire du phénomène des Nouveaux Philosophes, qui n'en étaient alors qu'à leurs débuts, les gauchistes qui s'étaient libérés de Marx étaient considérés par le collectif comme ayant basculé dans la métaphysique du Désir ou de la Religion. La « littérature populaire », cette sorte de mémoire collective encodée dans les chants folkloriques et les légendes, et cultivée par des gardiens proclamant la pureté, l'authenticité et l'imperméabilité du peuple à l'influence extérieure, est considérée comme un simple dépôt de représentations et de stéréotypes que les représentants de *Révoltes logiques* cherchaient précisément à briser. Le collectif ne se reconnaissait pas non plus dans l'« histoire discursive » pratiquée par le contemporain sans doute le plus proche de ses objectifs, Michel Foucault. Il proclamait ne pas vouloir faire de l'histoire discursive, mais plutôt analyser l'articulation entre discours et pratiques. Pour Foucault, que le collectif interviewe dans l'un de ses numéros, les pratiques discursives étaient toujours celles du pouvoir ; en tant que tel, Foucault (et plus encore ses successeurs, comme Michel de Certeau) restait enfermé dans un schéma mécanique fondé sur le va-et-vient entre pouvoir et résistance populaire. Dans cet entretien, le collectif formulait une critique de Foucault autour des questions suivantes : l'analyse des techniques du pouvoir ne rend-elle pas celui-ci absolu en le présupposant toujours déjà là, persévérant face à l'action de guérilla et aux tactiques de résistance non moins persévérantes des masses ? Cela ne revient-il pas à éluder la véritable question posée par le pouvoir, qui est de savoir qui il sert et dans quel but[147] ?

Après s'être démarqué des modes dominants de l'historiographie, le collectif définit son propre projet en ces termes :

« Révoltes logiques *voudrait simplement réentendre ce que l'histoire sociale a montré, restituer, dans ses débats et ses enjeux, la pensée d'en bas. L'écart entre les généalogies officielles de la subversion – par exemple l'"histoire du mouvement ouvrier" – et ses formes réelles d'élaboration, de circulation, de réappropriation, de résurgence.*

La disparité des formes de la révolte.

Ses caractères contradictoires.

Ses phénomènes internes de micro-pouvoirs.

Son inattendu.

Avec l'idée, simple, que les luttes de classe ne cessent pas d'être, pour n'être pas conformes à ce qu'on apprend à l'école (de l'État, du Parti, ou du groupuscule) [...]

Révoltes logiques [...] *essaiera de suivre les parcours et les chemins de traverse de la révolte, ses contradictions, son vécu et ses rêves.* »[148]

Ainsi, le passé serait abordé de manière transversale depuis le présent, afin de trouver la préhistoire d'un certain nombre de problèmes contemporains perceptibles dans la fracture qui sépare mouvement ouvrier organisé d'une part, discours et formes de luttes d'autre part. Dès lors, était-ce le rôle du passé d'offrir des leçons au présent ? Le collectif de *Révoltes logiques* rejette toute relation pédagogique entre passé et présent, toute conception du passé comme connaissance susceptible d'être traduite sous forme de leçons ou d'histoires édifiantes. Il ne cherche pas à réaliser une reconstitution historique sous forme d'histoire. Il n'est pas non plus attiré par les systèmes et les leçons en tant que modes d'expression. Le passé ne nous apprend rien. « *Laissons le soin des leçons à ceux qui font profession de révolution ou commerce de son impossibilité.* »[149] Si le passé ne donne pas de leçons au présent, pourquoi donc l'étudier ? La « leçon » de l'histoire consiste, au mieux, à « *reconnaître le moment d'un choix, d'un imprévisible, bref, l'émergence d'une liberté* ; [à] *tirer de l'histoire non des leçons ni exactement une "explication" mais le principe d'une vigilance à ce qu'il y a de singulier dans chaque appel de l'ordre et dans chaque affrontement* »[150]. Le passé permet donc une certaine vigilance dans le présent et offre la possibilité de savoir quand un choix doit être fait, un choix qui est contingent et singulier, et non pas le produit de structures ou de déterminations répétitives. Les ruptures plutôt que la continuité, les individus singuliers plutôt que les groupements statistiques, ce que les gens disent plutôt que ce qu'on leur fait dire : « *Ce qui nous intéresse,* [...] *c'est que l'histoire soit à tout instant une rupture, devant être interrogée seulement ici, seulement politiquement.* »[151] *Révoltes logiques* cherche à écrire la particularité de la révolte, son « autre mémoire ».

Que contient donc cette « autre mémoire » et où peut-elle être trouvée ? Contrairement à *Forum-Histoire*, *Révoltes logiques* pense qu'elle se trouve dans les archives, et plus spécialement dans les mots, le discours d'hommes et de femmes spécifiques, qui ne peuvent être entendus ou écoutés que dans la mesure où l'on considère la notion de travailleur littéralement comme sujet. Comment les paroles et le vécu des ouvriers peuvent-ils mener à la liberté ? Les mots eux-mêmes – non pas ceux des gens qui parlent « pour » les masses, mais simplement ceux des gens qui parlent – font partie intégrante de la lutte. C'est le bavardage dans lequel les historiens sociaux pataugent pour parvenir à la vérité statistique des travailleurs ou qu'ils ignorent parce qu'il n'est pas conforme aux différentes caractéristiques essentielles du monde ouvrier : amour ou haine du métier, solidarité, communauté, etc. Rencontrer des gens du passé comme on rencontre des égaux signifie accorder autant d'intérêt à leurs propos, à leurs textes et à leurs actions qu'aux paroles des intellectuels bourgeois, d'hier ou d'aujourd'hui. Et cela signifie prêter une attention particulière à la rhétorique utilisée, même si elle ne résonne pas comme des voix d'« ouvriers » et secoue nos convictions sur les travailleurs, telles les voix de ceux qui, en imitant le discours bourgeois, pourraient être relégués par d'autres historiens dans la catégorie des « traîtres à leur classe ».

« *L'ouvrier qui, sans avoir appris l'orthographe, s'essaie à faire des rimes au goût du jour est peut-être plus dangereux pour l'ordre idéologique que celui qui récite des chansons révolutionnaires.* [...] *Car c'est sans doute à partir de ses lignes de fuite qu'une classe devient dangereuse, à partir des lignes de fuite des minorités qui ne supportent plus le travail, mais aussi les mœurs et les propos de l'atelier, bref qui ne supportent plus l'être-ouvrier.* »[152]

On s'est trop focalisé sur les ressemblances entre travailleurs et pas assez sur leurs différences ; sur leur culture et pas assez sur leurs rencontres avec les autres cultures, leurs déplacements et leurs échanges avec d'autres classes. De même que la rencontre difficile entre ouvriers et intellectuels lors de Mai 68, ou entre historiens et fermiers du Larzac, ces relations étaient des exemples de ce que d'autres pourraient être tentés de désigner par les concepts de « contamination culturelle » ou d'« infiltration des valeurs bourgeoises ». Mais ce sont ces rencontres avec des personnes différentes, et non la satisfaction de l'identité partagée, qui permettaient à un rêve de changement de s'épanouir. Dans le cadre de cette quête de la contradiction et des destinées singulières, on ne s'étonnera pas que la place et le discours des femmes, ouvrières ou intellectuelles, du XIXe siècle représentent pour la revue un sujet privilégié, ni qu'une importante théoricienne féministe comme Geneviève Fraisse entame ses travaux en tant que membre du collectif.

Pour le groupe de *Révoltes logiques*, une revue comme *Le Peuple français* incarnait toutes les tendances empiristes et positivistes de la gauche qu'il s'efforçait de démanteler ; c'est la raison pour laquelle ce périodique se trouvait au centre de leur critique. Le projet du *Peuple français* n'était rien de plus qu'une accumulation de détails destinée à en apprendre davantage sur ce que nous savons déjà. Au bout du compte, les historiens de la condition sociale, ces sociologues du passé, éliminent l'idée que les choses pourraient être radicalement différentes. Leur hommage à la classe laborieuse masque un autre message, tout différent : soyez fidèles à votre identité sociale, restez à votre place, agissez comme des ouvriers – ou plutôt, agissez comme nous pensons que les ouvriers agissent.

Mais pour le type d'attention que *Révoltes logiques* entendait accorder aux particularités du discours ouvrier, il fallait un dépouillement exceptionnellement lent et patient des archives, ainsi qu'une lecture attentive de textes souvent obscurs. Si *Forum-Histoire* avait fini par oublier le passé pour se dissoudre dans l'activisme quotidien, *Révoltes logiques*, pour sa part, risquait de se perdre dans le passé. Sa tâche exigeait une immersion profonde et prolongée dans les archives des ouvriers français du XIXe siècle qui, souvent, n'avaient encore jamais été examinées. Pour trouver les voix jusque-là négligées parce qu'elles ne correspondaient pas aux représentations standard des ouvriers, il fallait non seulement être un archiviste attentif et patient, mais presque meilleur historien que les historiens. Même si ses propres ambitions théoriques évitaient à la revue d'emprunter le chemin empiriste des faits pour eux-mêmes, elles semblaient cependant appeler une autre forme d'hyper-empirisme : le refus de conceptualiser ou de généraliser. *Révoltes logiques* restait le plus souvent rivée à la spécificité radicale de destins singuliers, de moments inhabituels, rares ou cachés, bref, aux aspects marginaux des luttes ouvrières. Les jalons théoriques si radicaux et si larges dont on pouvait attendre qu'ils transcendent le niveau local y restaient enracinés, sous la contrainte des archives ; en raison de sa réticence à pratiquer la comparaison ou à étendre sa recherche en dehors de la France, la revue risquait de devenir une sorte d'exception.

Si *Révoltes logiques* partait des archives ouvrières du XIXe siècle, elle ne le faisait qu'en pensant au présent. Dans ce processus, l'histoire apparaît moins comme un lieu de conservation que comme un laboratoire permettant l'exploration et la critique du discours et de la pratique politiques contemporains. En 1978, le groupe se lança dans l'analyse des traces et de la mémoire de Mai dans la vie quotidienne française. Il s'intéressa aux activités d'un grand nombre de ses camarades et chercha à retracer le destin d'une certaine idée de la politique « d'en bas » associée à Mai et jadis largement partagée. Il en résulta un numéro spécial de *Révoltes logiques* intitulé *Les Lauriers de Mai*, qui pourrait bien être l'écrit le plus sérieux publié sur la mémoire de Mai à l'occasion du dixième anniversaire de l'événement.

Les Lauriers de Mai sont un document émouvant à double titre. D'une part, parce que ses auteurs refusent de se poser en détenteurs de la vérité sur Mai 68, sur sa véritable doctrine ou, en d'autres termes, sur les désirs politiques réels de la masse ; et, d'autre part, parce que, du même coup, ils refusent de se reconnaître dans la version hégémonique émergeante de leur histoire, diffusée, en premier lieu, par des ex-gauchistes réformés, les Nouveaux Philosophes, qui étaient occupés à réencoder les éléments antistaliniens du gauchisme dans des célébrations du capitalisme libéral. L'ampleur de la déformation subie par la mémoire des événements de Mai incita le collectif à tenter de retrouver d'autres « intermèdes » perdus du passé, et l'amena, comme Donald Reid le suggère, à combattre une lecture de l'histoire qui réduisait ces « intermèdes utopiques », ou ces tentatives de vivre ou de penser dans un monde différent, à une liste d'échecs ou de déviations, avec pour effet, sinon pour but, de dissuader celui qui voudrait tenter quelque chose de semblable[153]. Après s'être plongés dans les intermèdes du XIXe siècle, ils décidèrent d'écrire sur les retombées de l'intermède de Mai ; leur propre histoire récente serait une autre sorte de « mémoire historique alternative ». Retracer les différents itinéraires gauchistes des dix dernières années, des Nouveaux Philosophes au Parti socialiste, en passant par *Libération* et la CFDT, impliquait inévitablement, pour le collectif de *Révoltes logiques*, de se livrer à une sorte d'auto-analyse, ou, pour reprendre leurs termes, à « *une interrogation sur nous-mêmes* [...], *sur les raisons qui nous rendent intolérants à certains discours et certaines pratiques* ». Sans prétendre à l'objectivité scientifique ou à une vérité supérieure, le collectif chercha à se distancier de ces gauchistes à qui Mai avait conféré une nouvelle légitimité politique, qu'elle soit syndicale, intellectuelle ou journalistique, en faisant d'eux, dix ans plus tard, les « gestionnaires » d'un patrimoine.

La tentative du collectif d'évoquer ou de sauvegarder « une autre mémoire » de Mai se heurta, avant même la publication, à divers problèmes. Au départ, *Les Lauriers de Mai* devaient constituer un numéro spécial des *Temps modernes*. Mais l'article principal, une lecture très polémique du phénomène récent des Nouveaux Philosophes, fut jugé inacceptable par l'équipe éditoriale de la revue. En effet, il reliait les efforts de ces derniers pour s'auto-introniser en tant qu'intelligentsia post-68 aux pratiques de la Gauche prolétarienne et aux déceptions de l'après-Mai. Comme d'anciens membres de la Gauche prolétarienne (notamment Benny Lévy) figuraient parmi les collaborateurs des *Temps modernes,* la lecture de leur histoire commune avait dû apparaître trop polémique, sinon blessante.

La difficulté de revendiquer une version de sa propre histoire récente est également évoquée dans un article des *Lauriers de Mai* analysant le parcours de *Libération*, ce quotidien dont les origines (« Libération*, qui n'était pas un journal mao mais qui avait été lancé par des maos* »[154]) et les aspirations initiales à saisir la voix du peuple ressemblaient tellement à celles du collectif de *Révoltes logiques*. Intitulé « *Libération*, mon amour ? », l'article se propose non seulement d'analyser l'histoire institutionnelle de *Libé* suivant les transformations du slogan « On a raison de se révolter », mais aussi l'engagement actif du journal lui-même dans un projet d'écriture de l'histoire. « *Nous ne pouvions rester indifférents à la mise en représentation dans*

Libé *de cette histoire du gauchisme, qui est aussi en grande partie la nôtre.* »[155] Bien que le journal fût une partie vitale de l'histoire du mouvement de 68 et de l'après-68, il était en train de devenir un des organes, sinon l'organe principal, de la représentation populaire de cette histoire.

Pour éviter d'adopter le point de vue du lecteur mécontent, le collectif de *Révoltes logiques* réalisa une enquête auprès de cinq collaborateurs de *Libé*, dont le directeur, Serge July, Bénédicte Mei, ancienne typographe et écrivain, et Philippe Gavi, l'un des coauteurs, avec Sartre, de *On a raison de se révolter*. Rédigé à partir de leurs remarques, l'article commence par énoncer un verdict par rapport aux objectifs gauchistes-populistes du journal, à savoir incarner, comme l'un des premiers numéros le proclamait, la voix des personnes anonymes, de la « *France d'en bas, de la France des projets de logements, des champs et des usines, du métro et du tramway* » : en 1977, le but est loin d'être atteint. L'analyse se poursuit avec ce qu'est devenu *Libé* : une entreprise journalistique, une institution culturelle et un instrument idéologique. Alors que l'on devenait jadis journaliste en étant militant, on devenait à présent journaliste par profession. L'obligation de devoir sortir un numéro chaque jour avait contribué à créer une situation dans laquelle les tâches partagées par tous aux premiers temps du journal étaient à présent clairement divisées et assignées : une rupture nette entre le travail d'édition (réalisé pendant la journée, essentiellement par des hommes) et celui de la production (assuré de nuit et presque uniquement par des femmes) s'était recréée, de même que d'autres aspects traditionnels de la division du travail. Une anecdote « d'en bas », c'est-à-dire de Bénédicte Mei, offre un tableau clair de la situation : « *Un jour, nous avons voulu faire paraître dans le journal quatre pages sur la fabrication* [...]. *Ils n'ont pas supporté qu'on raconte simplement comment ça se passe dans le journal : on a failli se battre, certains ont même menacé de quitter le journal si c'était publié* [...]. *Ce qui les faisait chier, c'est qu'était porté sur le journal un regard qu'ils n'avaient pas. Ce n'était pas pour eux une analyse politique du journal.* »[156]

Le tournant, ou moment emblématique de ce processus de professionnalisation mercantile, fut, selon Gavi, l'entrée du directeur, Serge July, dans le Club de la presse d'Europe 1 en 1976. Une ancienne journaliste de *Libé*, Martine Storti, partage cet avis. Bien qu'il lui soit impossible de fixer une date précise dans ce qui fut en fait un glissement progressif du journal du militantisme vers le journalisme, elle souligne également l'importance du jour où July annonça qu'il avait été invité à faire partie de ces débats du dimanche qui réunissaient la crème de la presse française. Jusque-là, le journal n'avait pas eu grand-chose à voir avec la « politique des politiciens ». Mais si une personne se mettait à représenter ou à incarner, aux yeux du reste du monde, *Libé*, Storti et d'autres craignaient que cela puisse ouvrir la porte aux stars et aux autres aspects pervers de la personnalisation[157]. *Libé* ne serait-il pas désormais lié, dans l'esprit des gens, à un visage particulier, celui du « chef » ou du « propriétaire », dont la présence est généralement considérée comme indispensable à la tête de toute entreprise ? À la même époque, July se mit également à publier ses propres éditoriaux ; Gavi commente : « *Faire un éditorial à la une de Libé qui n'est pas signé par le journal, mais par quelqu'un qui est la direction, c'est rentrer dans une forme elle-même politicienne.* » Selon Storti, les raisons de l'évolution de *Libé* étaient claires : fatigue de vivre en marge, désir de mettre fin au militantisme, d'obtenir une reconnaissance sociale, besoin de créer un journal qui se vendrait mieux. Mais elles furent déguisées en différents alibis par des personnes qui, pendant tout ce temps, réussirent à apparaître comme les gardiens du temple qu'ils étaient en train de démolir. À la fin des années 1970, lorsque Storti quitta le journal, « *la fidélité à une cause se mit à passer pour de l'activisme imbécile, tandis que la réconciliation avec la société se donnait pour une libération des tabous politiques* »[158].

L'invitation faite à July par des journalistes professionnels était elle-même un signe que *Libé* entrait dans le rang des journaux sérieux, qu'il était reconnu, comme les auteurs de « *Libération*, mon amour » le soulignent, par d'autres institutions, au point de devoir répondre à des attentes en tenant un rôle particulier, en jouant de l'instrument qui lui était assigné dans l'orchestre de la presse dominante française. Chaque journal qui aspire à être un bon produit doit accomplir sa tâche dans la division des compétences ; *Libé* serait chargé de se spécialiser dans l'excentrique, le marginal, la création d'une sorte d'enclave culturelle pour la gauche. Son travail serait de recenser toutes les options contradictoires et les chemins individuels suivis au fil de la désintégration du gauchisme dans les différents mouvements sociaux des années 1970 et, au-delà, dans l'émergence du consensus « libéral/libertaire » (selon la définition prémonitoire de l'idéologie du journal par Serge July en 1978) des années 1980. Et puisqu'il était devenu un pur journal d'« information », décrivant la réalité contradictoire qu'il voyait plutôt que d'en proposer une analyse en vue de la transformer, son équipe tenait désormais moins du collectif travaillant pour produire une pensée commune minimale que de la somme d'invidualités. Dans ce cadre, la page du « Courrier des lecteurs » jouait, aux yeux des auteurs de *Révoltes logiques*, le rôle d'alibi pour l'objectif initial de donner une voix au peuple : le plus souvent, *Libé* ouvrait ses pages aux lecteurs lorsqu'il n'avait pas envie de prendre parti lui-même, c'est-à-dire lorsqu'un sujet particulier, comme le viol, devenait trop sensible ou, pour prendre un exemple précis, lorsque la mort des membres de la bande à Baader, en Allemagne, créa un malaise dans l'équipe éditoriale à propos de son propre ex-militantisme de gauche. Selon Bénédicte Mei, les événements sur lesquels on pouvait penser que le journal formulerait une opinion propre étaient au contraire traités par le biais d'appels à l'« opinion populaire » : « *Lorsqu'il faut qu'ils s'engagent, ils passent le relais au lecteur. Pour l'affaire Baader, c'était significatif : pour prendre une certaine distance et ne pas apparaître comme trop liés à eux, on ne les a ni critiqués ni soutenus. On reçoit un tas de lettres d'engueulade : du coup on va faire une double page "courrier des lecteurs" pour rétablir la balance. Comme ça on dira :* Libé *émotionnellement soutient la bande à Baader, bien que politiquement il la critique.* »

À peu près au moment où *Révoltes logiques* publiait *Les Lauriers de Mai*, Serge July écrivit dans *Libération* du 3 mai 1978 un célèbre éditorial intitulé « Ras l'mai » ; dans une interview, il commentait le fait que le journalisme était devenu le principal mode d'expression de l'époque, remplaçant la littérature et la philosophie, et que le journaliste était devenu le nouvel intellectuel[159]. Dans une interview de 1979, le directeur-fondateur de *Libération*, Jean-Paul Sartre, qualifia cette vision du journalisme d'absurde. Il y manifesta également une grande réserve vis-à-vis de ce que le journal était devenu, suggérant par là que le motif généralement invoqué pour justifier la fin de sa participation active à *Libé* en 1974, à savoir des raisons de santé, n'était pas le seul valable. « *Je pensais que* Libération *pourrait être une partie de mon travail, c'est-à-dire que j'y travaillerais et qu'il deviendrait meilleur. Aujourd'hui,* Libération *continue. C'est un journal qui n'est pas mauvais* [...]. » Quant au style de l'écriture, Sartre aurait voulu le voir évoluer vers un nouveau langage « parlé/écrit », vers une traduction écrite du discours populaire, celui de la femme de ménage, de l'ouvrier, de l'étudiant – alors que dans les faits, ce style était, selon lui, seulement « infantile ». « Libération *raconte la vérité gauchiste. Mais plus personne ne sent la vérité derrière lui. Il y a du bon travail, mais on ne sent plus la révolte.* »[160]

Comme chacun sait, *Libération* se trouve toujours dans les kiosques. La durée de vie des trois revues d'histoire radicales, en revanche, devait être bien moins longue. Les trois collectifs publièrent leurs derniers numéros entre la fin des années 1970 et le début des années 1980, succombant en partie aux difficultés financières propres au maintien d'un petit journal dans une époque marquée par des changements de perspectives à la fois intellectuels et politiques[161]. Dans son avant-dernier numéro, *Révoltes logiques* publia un SOS, un appel aux souscriptions afin de sauver de la faillite *Le Peuple français*, dont la volonté de maintenir un faible prix, malgré des coûts de production de plus en plus élevés, avait ruiné les finances. Depuis dix ans, l'édition, l'impression et la distribution de la revue étaient assurées par moins de dix personnes, sans le moindre support des médias, des partis politiques ou des institutions financières, et comptant essentiellement, pour sa survie, sur un réseau d'amis. « *Aujourd'hui, nous avons des dettes à la place de salaires.* »[162] À la page suivante, *Révoltes logiques* imprima son propre appel à l'aide et aux souscriptions sous la forme d'un auto-itinéraire. Le journal, rappelait-on aux lecteurs, était né en 1975 « *des illusions et des désillusions de l'après 68 et du refus des différentes formes de retour aux traditions que ces désillusions entraînaient bien souvent* ». Le sentiment de l'énorme gouffre temporel et politique séparant le climat idéologique de 1981 de celui qui avait présidé à la naissance du journal, à peine six ans plus tôt, est très nettement rendu dans cet éditorial. En 1975, la recherche politique, artistique et politique était florissante ; presque chaque jour, on assistait à de nouvelles manifestations de la pensée créative. Peut-être, note le collectif, ces efforts de recherches vivaient-ils déjà, en 1975, dans la menace d'être supplantés par « *les nouveaux impérialismes théoriques et commerciaux* ». Mais, si tant est que l'on en était conscient, cela ne comptait pas. Cela n'avait pas empêché le collectif d'entreprendre son travail dans les marges du discours officiel, afin de remettre en cause les certitudes de celui-ci. « *En cinq ans de tâtonnements dans cette voie, nous avons reçu des marques d'intérêt et d'encouragement qui ont parfois vaincu nos propres incertitudes. Mais nous avons aussi éprouvé que "l'autre côté" de la contradiction progressait beaucoup plus vite que le nôtre.* » En 1981, les signaux étaient trop clairs. « *Les conditions idéologiques et commerciales actuelles laissent bien peu d'espace à la diffusion de travaux que leur nature fragmentaire et leur forme interrogative rejettent en dehors des créneaux rentables. Les journalistes compétents ne retrouvent plus le temps de signaler l'existence des "petites" revues à leurs lecteurs et les libraires sont de moins en moins nombreux à vouloir s'en encombrer.* »

Le groupe des *Cahiers du Forum-Histoire* avait connu une impasse similaire deux ans plus tôt. Dans le dixième et dernier numéro de la revue, il commentait ses raisons de mettre fin à la publication. Comme pour les deux autres journaux, le nombre d'abonnements était insuffisant. D'autre part, le groupe répugnait à adopter les solutions ou adaptations choisies par les autres revues radicales. Il ne souhaitait pas, par exemple, suivre la même voie qu'*Hérodote*, revue radicale fondée par Jean Dresch et une série de géographes militants après 1968. Après s'être cherchée pendant plusieurs numéros, celle-ci s'était délibérément orientée vers un lectorat de géographes professionnels, devenant ainsi la rivale efficace des *Annales de géographie*. La revue *Hérodote*, notons-le, paraît encore aujourd'hui. Les *Cahiers*, quant à eux, ne voulaient pas se confiner à un public d'historiens ou d'autres professionnels de la connaissance. Et étant donné le manque de cohésion idéologique fièrement cultivé au sein du groupe, ils ne pouvaient pas non plus prétendre être l'expression d'une tendance idéologique précise, ainsi que des journaux comme *Dialectique* cherchaient à l'être. Leur choix d'un travail de rédaction collectif et anonyme ne leur permettait pas non plus d'aller dans la direction de *Révoltes logiques* en devenant une « revue d'auteurs »[163]. Ils restaient attirés par une critique de la spécialisation, la leur et celle de leur lectorat présumé, mais après dix numéros, ils n'avaient pas réussi à atteindre une large audience ni à étendre leur groupe de travail initial de façon significative, au-delà du « ghetto » de l'université de Jussieu.

Ces efforts collectifs étaient si étroitement liés à une histoire politique particulière aux possibilités d'expansion exceptionnelles, qu'ils ne purent lui survivre. Aucune de ces revues ne reflétait directement « son époque » dans sa matière ; elles s'intéressaient plus largement à l'histoire et à la question du passé. Mais par leur nature, elles se révélèrent extrêmement vulnérables aux vicissitudes de leur temps. L'existence éphémère mais réelle de tels projets montre qu'ils étaient, dans tous les sens du terme, situationnels – c'est-à-dire impliqués dans le présent, tributaires des exigences et des contraintes du moment, sans aucune protection institutionnelle susceptible de tenir ces exigences et ces contraintes en échec. Dans leurs derniers numéros, on peut noter qu'une tristesse et une confusion énormes accompagnent la tentative de résoudre le problème de la survie, autrement dit le problème de la survie ou de la continuité de pratiques et de collectifs politiques spontanés créés à une époque qui, semblait-il, était à présent révolue. Mais d'autres signes indiquaient, pour certains militants, qu'un nouvel objectif, certes encore lointain, était en train de se mettre en place.

« *Mais la permanence d'une structure "organisée", n'en déplaise aux paléo-léninistes, est-elle bien l'objectif principal et la condition préalable de la pertinence politique ? C'est peut-être tout le contraire. Une "structure" ne doit-elle pas s'effacer le plus tôt possible, dès qu'elle a cessé de remplir une fonction positive et qu'elle risque de devenir une fin en soi, une mangeuse d'hommes et d'énergies ?* [...] *Savoir s'arrêter, ce n'est pas forcément l'aveu d'un échec et d'une impuissance, bien au contraire !* »[164]

NOTES

[1] « *La réforme oui ; la chienlit, non* » : ce fut l'un des seuls commentaires faits par de Gaulle pendant Mai au sujet des événements qui agitaient la France. Au XVIe siècle, le mot chienlit, qui dérivait de « chier-en-lit », désignait un masque de carnaval. Le Larousse signale que c'est en 1968 que le mot a été employé pour la première fois pour désigner une « *situation désordonnée et chaotique* ». De Gaulle n'était toutefois pas le premier à utiliser le terme dans le contexte de Mai 68. Selon Keith Reader et Khursheed Wadja, l'honneur en revient à l'hebdomadaire néo-fasciste *Minute*, le 2 mai : « *Nous n'abandonnerons pas la rue à la chienlit des "enragés".* »

[2] Sartre, *Situations VIII*, *op. cit.*, p. 194.

[3] Goldman, *Souvenirs obscurs d'un juif polonais né en France*, *op. cit.*, p. 70-71.

[4] Raymond Aron, *Mémoires : 50 ans de réflexion politique*, Paris, Julliard, 1983, p. 473.

[5] L'historien Pierre Nora est le commentateur le plus récent qui ait réitéré l'affirmation d'Aron selon laquelle « *rien ne s'était passé en "68"* », dans la conclusion de ses *Lieux de mémoire* : « *Rien même de tangible et de palpable* » ne s'est passé. *Les Lieux de mémoire*, tome 3, Paris, Gallimard, 1997, p. 4689.

[6] Aron, *La Révolution introuvable*, *op. cit.*, p. 36.

[7] Tract, Comité d'action Écrivains/Étudiants/Travailleurs, non daté mais postérieur au 30 mai.

[8] Travailleur de Renault, cité dans Gudie Lawaetz, *Mai 68*, documentaire filmé, 1974.

[9] « Mai : connais pas », épisode de la série télévisée *Vendredi*, 13 mai 1983, prod. par André Campana, FR3.

[10] Daniel Cohn-Bendit a raison lorsqu'il affirme que les « *grandes manœuvres de Grenelle représentent la plus formidable escroquerie du siècle. Tous les pouvoirs se retrouvent pour sauver leur propre pouvoir* [...]. *Pompidou sauvant le PC et la CGT, Séguy soutenant le pouvoir avant qu'il se noie* [...]. » Daniel et Gabriel Cohn-Bendit, *Le Gauchisme, remède à la maladie sénile du communisme*, Paris, Seuil, 1968, p. 142. Les ouvriers ont bien moins gagné de Grenelle qu'ils n'avaient gagné en 1936, lorsque les accords de Matignon mirent fin aux grèves sans précédent qui avaient suivi la victoire du Front populaire. Pour une analyse détaillée des termes des accords de Grenelle, voir Cornelius Castoriadis, *Mai 1968 : la brèche. Premières réflexions sur les événements*, Paris, Fayard, 1968, p. 122.

[11] Ouvrier de Citroën, cité dans *CA 13 : Comité d'action du 13e*, documentaire filmé, Collectif Arc, juin 1968.

[12] Voir Aron, *Mémoires*, *op. cit.*, p. 475-478 ; de Gaulle, cité dans le documentaire télévisé « La dernière année du général », épisode de la série *Les Brûlures de l'histoire* (produit par Patrick Barberis, 1995), qui commente la stratégie de Pompidou, consistant à distinguer les revendications des ouvriers en grève de celles des étudiants.

[13] Georges Pompidou, *Pour rétablir une vérité*, Paris, Flammarion, 1982, p. 185.

[14] Voir « Le mouvement de Mai : de l'étranglement à la répression », *Analyse et documents*, 156 (27 juin 1968), p. 5.

[15] Pierre Peuchmaurd, *Plus vivants que jamais*, Paris, Robert Laffont, 1968, p. 115-116.

[16] *Ibid.*, p. 120-121.

[17] Voir « Le mouvement de Mai : de l'étranglement à la répression », *Analyse et documents*, 156 (27 juin 1968).

[18] Pamphlet anonyme daté du 25 avril 1968.

[19] Ouvrier cité dans Daniel Vidal, « Les conditions du politique dans le mouvement ouvrier en mai-juin 1968 », *in Grèves revendicatrices ou grèves politiques ?*, éd. par Pierre du Bois, Paris, Anthropos, 1971, p. 514.

[20] Évelyne Sullerot, « Transistors et barricades », *in* Labro, *Ce n'est qu'un début, op. cit.*, p. 135. Le mot « Katangais » se référait à un groupe de combattants de rue particulièrement durs, rebelles à toute forme de discipline ou d'organisation, dont certains avaient déclaré s'être battus comme mercenaires au Katanga.

[21] D'où cette affirmation du préfet de Loire-Atlantique : « *La situation parisienne fut moins grave et moins significative que celle de Loire-Atlantique* », cité dans *1968 : exploration du Mai français*, vol. I, *Terrains*, éd. par René Mouriaux *et al.*, Paris, L'Harmattan, 1992, p. 255. Voir aussi Danielle Tartakowsky, « Les manifestations de mai-juin 68 en province », dans le même volume, p. 143-162.

[22] Hempel, *Mai 68 et la question de la révolution, op. cit.*, p. 51.

[23] « *Il faut ouvrir les usines occupées à tous les camarades travailleurs et étudiants pour établir le contact, afin que tous ensemble nous décidions ce que nous voulons* », tract, Comité d'action Travailleurs-Étudiants, non daté mais postérieur au 15 mai 1968.

[24] Pamphlet, « Le syndicalisme à l'épreuve », cité dans Hempel, *Mai 68, op. cit.*, p. 62. La raison principale de l'isolement des ouvriers des usines était la « *volonté délibérée, de la part des dirigeants syndicaux, de couper les liaisons* ». « Contribuer à la liaison travailleurs étudiants », *Cahiers de mai*, 3 (1er sept. 1968, p. 3).

[25] Jacques Willemont et Pierre Bonneau, *La Reprise du travail aux usines Wonder*, juin 1968.

[26] Voir Bernard Lacroix, « À contre-courant : le parti pris du réalisme », *Pouvoirs*, 39 (1986), p. 117-127.

[27] Luisa Passerini, *Autobiography of a generation : Italy, 1968*, Middletown (Conn.), Wesleyan University Press, 1996, p. 111.

[28] Rosa Luxemburg, *Réforme sociale ou révolution ? Grèves de masse, partis et syndicats*, Paris, La Découverte, 2001, p. 141.

[29] Tract anonyme, « Nous continuons le combat », 1er juin 1968.

[30] Tract non daté, « Projet de plate-forme politique des Comités d'action ».

[31] Denise, cité dans Daum, *Des révolutionnaires dans un village parisien, op. cit.*, p. 149.

[32] *Ibid.*, p. 145.

[33] Comité d'action Étudiants-Écrivains, attribué ultérieurement à Marguerite Duras, « 20 May 1968 : Description of the Birth of Students-Writers Action Committee », *in Green Eyes*, New York, Columbia University Press, 1990, p. 55.

[34] Bulletin de liaison inter-Comités d'action (BLICA), 22 juillet 1968.

[35] Bulletin daté du 15 mai, signé « La coordination de la région parisienne », cité dans Schnapp et Vidal-Naquet, *Journal de la commune étudiante*, *op. cit.*, p. 475.

[36] Les deux meilleures sources concernant les Comités d'action montrent toutes deux que les femmes y jouaient un rôle égal à celui des hommes. Le documentaire du Collectif Arc, *CA13, Comité d'action du 13e* (juin 1968), se concentre sur l'un des collectifs qui eut le plus de succès et sur son engagement dans le soutien des grévistes des usines dans le 13e arrondissement. Dans *Des révolutionnaires dans un village parisien* de

Nicolas Daum, on trouve des interviews réalisées vingt ans plus tard avec les membres du CA des 3e et 4e arrondissements, l'un des comités qui vécut le plus longtemps. Voir aussi « Journal d'un Comité d'action de quartier », *in Cahiers de mai*, 3 (août-sept. 1968), p. 13-16.

[37] Aron, *La Révolution introuvable*, *op. cit.*, p. 45.

[38] Alain, cité dans Giorgini, *Que sont mes amis devenus ?*, *op. cit.*, p. 88-89.

[39] Terray, *Le Troisième Jour du communisme*, *op. cit.*, p. 15.

[40] Peuchmaurd, *Plus vivants que jamais*, *op. cit.*, p. 13-14.

[41] Jacques Vergès, éditorial, *Révolution*, 1 (sept. 1963).

[42] Jean-Paul Sartre, « Sartre par Sartre », *Situations IX*, Paris, Gallimard, 1972, p. 127.

[43] Slogan cité dans *Classe de lutte*, film du Groupe Medvedkine, SLON-Iskra Production, 1968-1969.

[44] Jean-Pierre Rioux, « À propos des célébrations décennales du Mai français », *Vingtième siècle*, 23 (juillet-sept. 1989), p. 57.

[45] François Maspero, cité dans une interview avec Guy Dumur, « Maspero entre tous les feux », *Le Nouvel Observateur*, 17-23 sept. 1973, p. 60.

[46] Guy Dumur, « Maspero entre tous les feux », art. cité, p. 58.

[47] Claude Liauzu, « Le tiers-mondisme des intellectuels en accusation. Le sens d'une trajectoire », *Vingtième siècle*, 12 (oct.-déc. 1986), p. 75.

[48] Cité dans le film de Chris Marker, *On vous parle de Paris : Maspero. Les mots ont un sens*, SLON Production, 1970.

[49] Jean-Francis Held, portrait de François Maspero, *in Le Nouvel Observateur*, 24-30 août 1966, p. 26.

[50] Jean-Paul Dollé, *L'Insoumis : vies et légendes de Pierre Goldman*, Paris, Grasset, 1997, p. 39.

[51] Martine Storti, *Un chagrin politique : de Mai 68 aux années 80*, Paris, L'Harmattan, 1996, p. 70-71.

[52] La librairie elle-même fut régulièrement la cible de bombes, d'attaques et de surveillance au cours de la période, de la part de l'OAS pendant la période algérienne et de la part de la police pendant 68. Un tract signé Maspero, distribué par la librairie en septembre 1968 et intitulé « À propos des agents de police devant notre librairie », dit notamment : « *En mai dernier des éléments nouveaux sont intervenus : des membres de la police en uniforme ont lancé des grenades à gaz dans notre librairie pleine de monde, interdisant la sortie, matraquant ceux qui passaient outre, faisant ainsi plusieurs blessés graves* [...]. *C'est là le plus grave attentat qu'avait connu notre librairie depuis plusieurs années : dérision, il a été commis par la police elle-même. Aujourd'hui, la même police, portant le même uniforme, monte sa "garde" devant nos vitrines. Contre qui ? Qu'il soit bien clair que nous n'avons rien à voir dans cette comédie. F. Maspero.* »

[53] Voir « Maspero entre tous les feux », art. cité, p. 58-59.

[54] Maspero, cité dans Marker, *On vous parle de Paris*, film cité.

[55] Maspero, cité dans une interview de Jean-Francis Held, *Le Nouvel Observateur*, 24-30 août 1966, p. 27.

[56] Maspero, cité dans une interview, « Le long combat de François Maspero », *Le Nouvel Observateur*, 27 sept. 1976, p. 56.

[57] Vercors, éditorial, *Partisans*, 1 (sept. 1961), p. 5.

[58] Maspero, cité dans Held, interview, art. cité, p. 27. La majorité des titres portant sur le tiers-monde publiés dans la Petite Collection Maspero ont paru entre 1960 et 1968.

Voir Claude Liauzu, *L'Enjeu tiers-mondiste, débats et combats*, Paris, L'Harmattan, 1988, p. 37.

[59] Vladimir Fisera dit la même chose dans un programme documentaire de la BBC radio 4, *Year of Dreams*, diffusé les 20 et 24 janvier 1988 (éd. David Caute, prod. David Levy).

[60] Denise, citée dans Daum, *Des révolutionnaires dans un village parisien, op. cit.*, p. 143.

[61] Maspero, cité dans « Le long combat de François Maspero », art. cité, p. 56.

[62] Maspero, cité dans Marker, *On vous parle de Paris*, film cité.

[63] *Des Soviets à Saclay (1968) ; Notre arme c'est la grève* [travail réalisé par un collectif de militants du Comité d'action qui ont participé à la grève de Renault-Cléon du 15 mai et 17 juin 1968] (1968) ; J.-P. Talbot, éd., *La grève à Flins*, Paris, Maspero, 1968 ; Yannick Guin, *La Commune de Nantes*, Paris, Maspero, 1969.

[64] Maspero, cité dans « Le long combat de François Maspero », art. cité, p. 56.

[65] Le SLON (Société pour le lancement des œuvres nouvelles) incluait Alain Resnais, Joris Ivens, Claude Lelouch, William Klein, Jean-Luc Godard et Agnès Varda, ainsi que Marker. Voir Celia Britton, « The representation of Viêtnam in French films before and after 1968 », *in May 68 – Coming of age*, éd. D/L/ Hanley et A.P. Kerr, Londres, Macmillan, 1989, p. 163-181. Voir aussi Sylvia Harvey, *Mai '68 and Film Culture*, Londres, BFI Publications, 1978.

[66] Cité dans « Loin du Viêtnam », *Cinéma*, janvier 1968, p. 37.

[67] *Ibid.*, p. 48.

[68] Voir Yves Lacoste, *Contre les anti-tiers-mondistes et contre certains tiers-mondistes*, Paris, La Découverte, 1986, p. 17.

[69] « Résolution politique de la session du 1er congrès de l'UJC (m-l) », *Cahiers marxistes-léninistes*, 15 (janv.-fév. 1967).

[70] Compte rendu ronéotypé des activités des CVB pour l'assemblée militante du 7 octobre 1967.

[71] Mouvement du 22 mars, *Ce n'est qu'un début, continuons le combat*, Paris, Maspero, 1968, p. 17.

[72] *Cahiers de la Gauche prolétarienne/La Cause du peuple*, 5 (avril 1969), p. 24.

[73] *Ibid.*

[74] Henri Weber, cité dans Ronald Fraser, *1968 : A Student Generation in Revolt*, Londres, Chatto and Windus, 1988, p. 114.

[75] Robert Linhart, « Évolution du procès de travail et luttes de classe », *Critique communiste*, numéro spécial, mai 68-mai 78 (1978), p. 105-106.

[76] Pierre Victor (Benny Lévy), *in* Michèle Manceaux, *Les Maos en France*, Paris, Gallimard, 1972, p. 217.

[77] Yann, cité dans Giorgini, *Que sont mes amis devenus ?, op. cit.*, p. 120.

[78] Victor (Benny Lévy), *in* Michèle Manceaux, *Les Maos en France, op. cit.*, p. 188.

[79] 23 avril 1968, résolution de l'UJC (m-l), citée dans Jean Moreau, « Les "Maos" de la Gauche prolétarienne », *La Nef*, 48 (juin-sept. 1927), p. 77-103.

[80] « Une rencontre entre un Comité Viêtnam de base parisien et une cellule du Parti communiste du même quartier », dans le journal des CVB, *Victoire pour le Viêtnam*, 6 (mars 1968).

[81] Jean-Pierre Le Dantec, *Les Dangers du soleil*, Paris, Les Presses d'aujourd'hui, 1978, p. 84.

[82] Danièle Léon, cité dans Virginie Linhart, *Volontaires pour l'usine*, Paris, Seuil, 1994, p. 121.

[83] Tract, Comité d'action « Bidonvilles », 4 juin 1968.

[84] Voir tract, « Projet de programme de lutte des travailleurs immigrés » (29 mai 1968) ; voir aussi Geneviève Dreyfus-Armand, « L'arrivée des immigrés sur la scène politique », CNRS, Institut d'histoire du temps présent, *Lettre d'information*, 30 (juin 1998) ; Yvan Gastaut, *L'Immigration et l'opinion en France sous la Ve République*, Paris, Seuil, 2000.

[85] Terray, *Le Troisième Jour du communisme*, *op. cit.*, p. 19-20. On trouve une critique ancienne et déterminante du maoïsme français chez les situationnistes ; voir en particulier Hector Mandarès, éd., *Révo cul dans la Chine pop : anthologie de la presse des gardes rouges (mai 1966-janv. 1968),* Paris, Union générale d'éditions, 1974, publié dans une série éditée par le situationniste René Viénet. Voir aussi Simon Leys, *Les Habits neufs du président Mao*, Paris, Champ libre, 1971. L'autocritique par d'anciens maoïstes atteint sa forme la plus élaborée dans Claudie et Jacques Broyelle, *Deuxième retour de Chine* (Paris, Seuil, 1977) et *Le Bonheur des pierres, carnets rétrospectifs* (Paris, Seuil, 1978) ; dans *Deuxième retour*, Claudie Broyelle impute l'erreur de son ancien texte maoïste sur les femmes chinoises, *La Moitié du ciel* (Paris, Denoël Gonthier, 1973) à une première visite trop rapide de la Chine. Aucun livre n'offre une étude cohérente du système politique chinois des années 1970 ; ils se fondent à la place sur des citations reprises dans Raymond Aron, Simon Leys et René Viénet pour affirmer que l'expérience chinoise n'était qu'une pâle imitation de l'expérience soviétique. Terray n'est pas seul dans son refus d'autocritiquer son attirance pour les concepts maoïstes ; en 1992, Jean Chesnaux affirme l'importance continue des idées maoïstes pour l'analyse de la politique globale : « *Je continue pourtant à penser que, pour tragiquement dévoyé qu'il fût, le maoïsme posait des questions fondamentales, dont la situation non moins tragique du tiers-monde montre la pertinence : relations villes-campagnes, impossibilité de généraliser les modèles soviétique et occidental de développement, génération quasi spontanée d'une néo-bourgeoisie d'État dans les pays sous-développés, repli naturel des intellectuels sur leurs privilèges.* » Voir ses « Réflexions sur un itinéraire engagé », *in Politiques*, 2 (printemps 1992), p. 1-10.

[86] Voir A. Belden Fields, *Trotskysm and Maoism : Theory and Practice in France and the United States*, New York, Autonomedia, 1988 ; et « French Maoism », *in The 60s without Apology*, éd. Sohnya Sayres *et al.*, Minneapolis, University of Minnesota Press, 1984, p. 148-177 ; dans le contexte de l'historiographie des groupes maoïstes en France, Fields formule des remarques intéressantes sur les courants utopiques spécifiquement français du maoïsme.

[87] Victor (Benny Lévy), *in* Manceaux, *Les Maos en France*, *op. cit.*, p. 190.

[88] Tiennot Grumbach, cité dans Fraser, *1968 : A Student Generation in Revolt*, *op. cit.*, p. 5-57.

[89] Storti, *Un chagrin politique*, *op. cit.*, p. 88-89.

[90] Adek, cité dans Daum, *Des révolutionnaires dans un village parisien*, *op. cit.*, p. 18-19.

[91] Sullerot, « Transistors and Barricades », *in* Labro, *Ce n'est qu'un début*, *op. cit.*, p. 183-184.

[92] Fredric Jameson, *Brecht and Method*, Londres, Verso, 1998, p. 10.

[93] Voir Jean-Franklin Narot, « Mai 68 raconté aux enfants. Contribution à la critique de l'inintelligence organisée », *Le Débat*, 51 (sept.-nov. 1988), p. 179-192.

[94] Storti, *Un chagrin politique*, *op. cit.*, p. 52.

[95] R. Linhart, « Évolution du procès de travail », art. cité, p. 117.

[96] Jenny Chomienne, citée dans Linhart, *Volontaires pour l'usine*, *op. cit.*, p. 102.

[97] Jean-Pierre Thorn, cité dans Linhart, *Volontaires pour l'usine*, *op. cit.*, p. 190-191.

[98] Claire, institutrice, citée dans *Libération*, 19 mai 1978.

[99] Militant anonyme, cité dans Giorgini, *Que sont mes amis devenus ?*, *op. cit.*, p. 50.

[100] Danielle et Jacques Rancière, « La légende des philosophes (les intellectuels de la traversée du gauchisme) », *Révoltes logiques*, numéro spécial, *Les Lauriers de Mai ou les chemins du pouvoir*, 1968-1978 (1978), p. 14.

[101] Nicole Linhart, citée dans Linhart, *Volontaires pour l'usine*, *op. cit.*, p. 119.

[102] Georges, ouvrier-ingénieur, cité dans Manceaux, *Les Maos en France*, *op. cit.*, p. 63.

[103] Yves Cohen, cité dans Linhart, *Volontaires pour l'usine*, *op. cit.*, p. 181.

[104] Danièle Léon, citée dans Linhart, *Volontaires pour l'usine*, *op. cit.*, p. 123.

[105] Voir Michelle Zancarini-Fournel, « L'autonomie comme absolu : une caricature de Mai et des années 1968 », *Mouvements*, 1 (nov.-déc. 1968), p. 138-141. Voir aussi Daniel Bensaïd et Henri Weber, *Mai 1968 : une répétition générale*, Paris, Maspero, 1968, p. 142-143.

[106] Christian Fouchet, cité dans *Le Monde*, 25 mai 1968.

[107] *L'Humanité Dimanche*, 26 mai 1968.

[108] Le Comité d'action Travailleurs-Étudiants/Censier, « L'escalade : après la Chienlit, la pègre », tract, non daté mais postérieur au 26 mai 1968.

[109] Comité d'action Écrivains/Étudiants/Travailleurs, tract, 26 mai 1968.

[110] Mao Tsé-toung, *Réformons notre étude*, Pékin, Éditions en langues étrangères, 1961, p. 12.

[111] « Pour un travail correct parmi les étudiants », directive stencilée de l'UJC (m-l), citée dans Patrick Kessel, *Le Mouvement "maoïste" en France : textes et documents, 1968-1969*, vol. 2 (Paris, Union générale d'édition, 1978), p. 31 (italiques dans l'original).

[112] Parmi les plus anciennes de ces enquêtes sociologiques, citons Eugène Buret, *De la misère des classes laborieuses en Angleterre et en France*, publié en 1840, et Honoré Frégier, *Des classes dangereuses dans la population des grandes villes et des moyens de les rendre meilleures*, publié en 1850. Pour la meilleure étude concernant cette littérature et ses développements dans la dernière partie du siècle, voir Andrew Aisenberg, *Contagion : Disease, Governement, and the « Social Question » in Nineteenth-Century France*, Stanford, Stanford University Press, 1999, en particulier p. 156-164.

[113] *Garde rouge*, 2 (avril 1967).

[114] Georges, ouvrier de Citroën, cité dans Manceaux, *Les Maos en France*, *op. cit.*, p. 77.

[115] Patrick, ouvrier de Renault, cité dans Manceaux, *Les Maos en France*, *op. cit.*, p. 93.

[116] Gérard, cité dans Giorgini, *Que sont mes amis devenus ?*, *op. cit.*, p. 50.

[117] Philippe Gavi, *Tout*, 2 (8 oct. 1970).

[118] Voir Catherine Fabienne et Raphaël Fabienne, « Larzac : lutte contre l'armée et luttes de classes », *Les Cahiers du Forum-Histoire*, 5 (janv. 1977), p. 14.

[119] Ouvrier cité dans le film *Citroën – Nanterre*, mai-juin 1968, Collectif Arc (1968).

[120] « Le rôle politique de l'enquête », *Cahiers de Mai*, 22 (juillet 1970), p. 12.

[121] Pierre Macherey, *Histoires de dinosaure : faire de la philosophie, 1965-1997*, Paris, Presses universitaires de France, 1999, p. 74.

[122] *Action*, qui avait un feuillet détachable pouvant servir d'affiche de rue, était connu pour ses slogans et ses dessins humoristiques, souvent dus à Siné : « Debout les damnés de Nanterre », « Les chiens de garde aboient toujours de la même façon » ; « La rue

vaincra ! » Pendant mai et juin, lorsque les autres revues et journaux étaient paralysés par la grève, *Action* était lu pour l'information quotidienne, ainsi que les 12 numéros de *L'Enragé*, « bulletin officiel » des événements. (Le 2e numéro de *L'Enragé* avait une couverture de Siné où on lisait « Crève général ».) Pendant la seconde moitié de 1968, *Action* était l'une des publications clandestines les plus visées par le gouvernement, en partie en raison de la croissance rapide de son tirage de 100 000 à 550 000 exemplaires.

[123] Jean-Paul Sartre, émission radiophonique *Radioscopie*, 7 février 1973.

[124] Voir Didier Eribon, *Michel Foucault*, Paris, Flammarion, 1989, p. 267-268.

[125] Storti, *Un chagrin politique*, *op. cit.*, p. 132.

[126] La phrase est de Guy Hocquenghem. *Lettre ouverte*, *op. cit.*, p. 15.

[127] Voir surtout François-Marie Samuelson, *Il était une fois « Libération »*, Paris, Seuil, 1979, et Jean-Claude Perrier, *Le Roman vrai de « Libération »*, Paris, Julliard, 1994.

[128] Voir Michelle Perrot, « L'air du temps », *in Essais d'égo-histoire,* éd. Pierre Nora, Paris, Gallimard, 1987, p. 286. Voir aussi *Les Ouvriers en grève*, 2 vols, Paris, Mouton, 1974.

[129] Alain Cotterau, cité dans « Au sublime ouvrier : entretien avec Alain Cottereau », *Révoltes logiques*, 12 (été 1980), p. 32.

[130] Voir, par exemple, « Le Peuple français », une analyse critique de cette revue dans *Les Cahiers du Forum-Histoire*, 7 (oct. 1977), p. 41-46.

[131] Éditorial, *Le Peuple français*, 24 (oct.-déc. 1976), p. 3. Les deux noms figurant sur la manchette de la revue sont Gilles Ragache et Alain Delale.

[132] *Ibid.*, p. 4.

[133] Collectif « Le Peuple français », cité dans « Une société sans mémoire ? », *Vendredi*, 23 nov.- 6 déc. 1979, p. 11.

[134] Jean Chesnaux, cité dans « Une société sans mémoire ? », art. cité, p. 11.

[135] Éditorial, *Les Cahiers du Forum-Histoire*, 1 (janv. 1976), p. 2.

[136] Éditorial, *Les Cahiers du Forum-Histoire*, 5 (janv. 1977), p. 2.

[137] Jean Chesnaux, cité dans Christian Descamp, « Jean Chesnaux, historien du présent et de l'avenir », *Le Monde dimanche*, 4 sept. 1983, p. 4.

[138] *Ibid.*

[139] Voir les articles groupés sous le titre « Le stage d'histoire de Larzac-Université », *Les Cahiers du Forum-Histoire*, 5 (janv. 1977), p. 3-27 ; et « "Faire de l'histoire"... avec les paysans du Larzac, II », *Les Cahiers du Forum-Histoire*, 6 (mai 1977), p. 50-54 ; mon exposé sur la rencontre entre historiens et paysans dans ce chapitre repose sur les comptes rendus de ces revues.

[140] Chesnaux, cité dans Descamp, « Jean Chesnaux, historien du présent et de l'avenir », art. cité, p. 4.

[141] Jean Ahmad et Jean-Michel Dominique, « Pourquoi cessons-nous de publier *Les Cahiers du Forum-Histoire* », *in Les Cahiers*, 10 (nov. 1978), p. 57.

[142] Les membres d'origine du collectif étaient : Jean Borrel, Geneviève Fraisse, Jacques Rancière, Pierre Saint-Germain, Michel Soulerie, Patrick Vauday et Patrice Vermeren. Environ 2 500 exemplaires de chaque numéro furent publiés. Lorsque le dernier numéro du journal fut publié, en 1981, le collectif avait été rejoint par Serge Cosseron, Stéphane Douailler, Christiane Dufrancatel, Arlette Farge, Philippe Hoyau, Daniel Lindenberg et Danièle Rancière.

[143] Le titre de Rimbaud, « Démocratie », fait allusion au glissement idéologique du terme à son époque : il avait subi une profonde modification pendant le Second Empire,

lorsque le régime impérial s'en était emparé pour se démarquer du régime bourgeois (l'empereur affirmant avoir rendu sa souveraineté au peuple). Voir mon *Emergence of Social Space : Rimbaud and the Paris Commune* (Minneapolis, University of Minnesota Press, 1988), p. 152-153.

144 Cité dans Simone de Beauvoir, *La Cérémonie des adieux*, suivi de *Entretiens avec Jean-Paul Sartre, août-septembre 1974*, Paris, Gallimard, 1981, p. 90.

145 Voir Annie Cohen-Solal, *Sartre, 1905-1980*, Paris, Gallimard, 1989, p. 619.

146 Daniel Lindenberg, cité dans Cohen-Solal, *Sartre*, *op. cit.*, p. 641.

147 Voir « Pouvoirs et stratégies avec Michel Foucault », *Révoltes logiques*, 4 (1977), p. 89-97. La critique de Foucault par le collectif de *Révoltes logiques* ressemble à une critique formulée par Nicos Poulantzas un an plus tard. Voir son chapitre « Towards a Relational Theory of Power », *in State, Power, Socialism,* Londres, Verso, 2000, p. 146-153.

148 Éditorial, *Révoltes logiques*, 1 (hiver 1975).

149 *Ibid.*

150 Éditorial, *Révoltes logiques*, 5 (printemps-été 1977), p. 6.

151 Collectif de *Révoltes logiques*, « Deux ou trois choses quc l'historien social ne veut pas savoir », *Le Mouvement social*, 100 (juillet-sept. 1977), p. 30.

152 Jacques Rancière, « Le bon temps ou la barrière des plaisirs », *Révoltes logiques*, 7 (printemps-été 1978), p. 30.

153 Donald Reid a fait ces remarques sur l'œuvre de Jacques Rancière, l'écrivain le plus étroitement associé à *Révoltes logiques*, lors d'une table ronde à laquelle il participait, ainsi que Linda Orr, Lloyd Kramer et moi-même, à la conférence des historiens français de Vancouver, en 1991. Voir l'excellente introduction de Reid à la traduction anglaise de *La Nuit des prolétaires*, de Jacques Rancière : *The Nights of Labor*, Philadelphie, Temple University Press, 1989. Voir aussi mon introduction à ma traduction de Rancière, *Le Maître ignorant* (*The Ignorant Schoolmaster*, Stanford, Stanford University Press, 1991).

154 Jean-Paul Sartre, cité dans Beauvoir, *La Cérémonie des adieux*, *op. cit.*, p. 373.

155 Pierre Saint-Germain, « *Libération*, mon amour », *Révoltes logiques*, numéro spécial, *Les Lauriers de Mai* (1978), p. 59.

156 *Ibid.*, p. 61.

157 Voir Martine Storti, *Un chagrin politique*, *op. cit.*, p. 128-164. Storti raconte que, lorsque les membres de l'équipe suggérèrent de prendre le virage avec July en assistant aux rencontres dominicales du Club, il insista sur le fait que la même personne devait y assister chaque semaine. Plus tard, les membres de la rédaction apprirent que ce n'était pas vrai.

158 Storti, *Un chagrin politique*, *op. cit.*, p. 193.

159 Voir l'interview de Paul Thibaud avec July, « De la politique au journalisme : *Libération* et la génération de 68 », *Esprit*, 5 (mai 1978), p. 2-24.

160 Jean-Paul Sartre, interview avec François-Marie Samuelson, *Les Nouvelles littéraires*, 15-22 nov. 1979, cité dans Perrier, *Le Vrai Roman de* Libération, *op. cit.*, p. 161.

161 *Les Cahiers du Forum-Histoire* disparurent en 1978, *Le Peuple français* en 1980 (certains membres du collectif étant passés dans une autre revue similaire, appelée *Gavroche*) et *Révoltes logiques* en 1981.

162 *Révoltes logiques*, 13 (hiver 1981), p. 104.

163 Ahmad, « Pourquoi cessons-nous », art. cité, p. 57.

164 *Ibid.*, p. 58.

AUTRES FENÊTRES, MÊMES VISAGES

Reprises et procès

Au bord de l'esplanade, à l'endroit où l'usine se fond avec la rue et où la lutte économique devient lutte politique, une jeune femme travaillant à la fabrique de piles Wonder à Saint-Ouen crie qu'elle ne « *retournera pas dans cette taule* », qu'elle ne reprendra pas le rythme de la chaîne, que le vote mettant fin à la grève a été truqué. Nous sommes à la mi-juin 1968, juste après la signature des accords de Grenelle et avant la fin des grèves, juste avant que tout ne revienne à la normale ; dernier moment entre l'incertitude et la certitude de la déception. La femme porte un gilet blanc léger ; ses bras sont croisés contre sa poitrine. D'autres personnes, en majorité des hommes, l'entourent : le délégué CGT, le patron de l'usine, le lycéen maoïste et le chef du personnel. Plusieurs tentent de la raisonner en lui disant qu'il est « *important de savoir quand mettre fin à une grève* », que des gains significatifs ont été acquis ou le seront bientôt, dans le futur. La femme continue à crier son refus ; à l'arrière-plan, d'autres ouvriers rentrent lentement dans l'usine. Qu'avait-elle donc imaginé ?

La Reprise du travail aux usines Wonder est un documentaire d'une dizaine de minutes, tourné par deux étudiants en cinéma qui avaient attaché une caméra sur le toit de leur 2 CV. Leur école, l'IDHEC, était en grève ; ils avaient ainsi tout le temps d'aller dans les faubourgs industriels de Paris pour effectuer ce genre d'enquête. Leur film est peut-être le document le plus marquant des années 68[1]. Il est le résultat d'une rencontre purement fortuite entre le monde du cinéma et celui du travail ; ce n'est que parce que les ouvriers sont dehors, sur l'esplanade de l'usine, qu'ils peuvent être filmés : l'espace de production, lieu de travail des ouvriers, a toujours été soigneusement interdit aux caméras par la direction. On ne peut filmer les ouvriers que lorsqu'ils ne travaillent pas. En 1995, un jeune cinéaste, Hervé Le Roux, eut l'idée d'utiliser ce bref documentaire de 1968 et d'en faire une « reprise » (c'est d'ailleurs le titre de son film), c'est-à-dire une seconde prise. Le film *Reprise* dépeint les efforts de Le Roux pour localiser trente ans plus tard la femme du film original – cette femme anonyme, inconnue, figure tout à la fois puissante, tremblante et éphémère qui s'impose à l'écran l'espace d'un instant. Caméra au poing, il entre dans la vie quotidienne des gens sous prétexte de la retrouver, et rencontre les autres protagonistes du film, collègues d'usine pour la plupart, mais aussi les leaders syndicaux et l'établi maoïste. Il ravive les souvenirs de chacun en leur montrant le film de 68, puis bavarde avec eux. Son film à lui sera composé des histoires et des associations que ces images suscitent chez eux.

Pourquoi a-t-on le plus souvent recours au genre de l'enquête policière pour appréhender l'histoire des années 1960 et sa relation au présent ? Les œuvres les plus intéressantes de ces dernières années l'utilisent en effet presque systématiquement. Je songe non seulement à Hervé Le Roux, mais aussi à d'autres, plus célèbres, et directement reliés au domaine du roman policier, comme Jean-François Vilar, Didier Daeninckx et Francis Zamponi, dont les textes ont déjà été abordés dans cette étude, ou à certains écrits de Jean-Patrick Manchette[2]. Le Roux explique son choix de cette façon : « *L'enquête était le fil conducteur qui m'amusait et me permettait de jouer avec le spectateur* [...], *de jouer sur les codes du film policier, qui allègent un matériau assez lourd constitué par les expériences qu'apportent les gens : leurs conditions de vie et de travail étaient dures* [...], *donc, l'enquête* [était un] *moyen d'alléger le matériau. Ce qui me permet d'éviter la sociologie, c'est de passer du temps avec les gens* [...]. »[3]

Le Roux, semble-t-il, s'intéresse moins au passé qu'à la vie quotidienne des banlieues des années 1990, dont la représentation se réduit le plus souvent à quelques nouvelles à sensation dans les journaux télévisés. Son pari est de réussir à piéger le public ; pour ce faire, il décide de confronter les spectateurs issus de la classe moyenne parisienne, qui ignorent souvent tout de ces conditions de vie, aux intolérables conséquences du développement inégal dans leur propre banlieue (qui, bien que proche, leur semble aussi éloignée, tant historiquement que géographiquement, que l'Algérie ou le Viêtnam), et ce, sous l'apparence de la plus traditionnelle, de la plus crédible et éprouvée des pistes policières : « chercher la femme ». « *Le film devait être l'enquête, et c'est ce qu'il était.* »[4]

Mais en optant pour le style « enquête policière », Le Roux s'inscrit en fait dans la lignée de l'ancienne enquête maoïste et de son rêve de donner la parole au peuple. Son film tente une fois de plus d'affronter le problème de la communication directe avec les exploités et leur histoire. La structure policière en elle-même n'est qu'un alibi ; retrouver la femme n'est que le prétexte pour rencontrer les gens du peuple et entreprendre un projet commun. Du coup, le réalisateur en tant que tel disparaît presque entièrement, et avec lui toute tentation de proposer un récit interprétatif, commentaire ou thèse *a priori*, ou simplement de structurer le matériau récolté. Même le montage, insiste Le Roux, n'est pas destiné à produire la « vérité » en juxtaposant ou en confrontant différentes descriptions d'une même situation, à savoir la fin de la grève ou les conditions de travail chez Wonder. « *Mon but n'était pas d'établir la vérité de manière contradictoire, mais de donner la parole aux gens. Je n'avais pas de thèse objective à prouver.* »[5] Les histoires qu'il rassemble remplacent les représentations sociologiques (avec leurs chiffres, leurs faits et leurs statistiques) susceptibles de structurer les vies relatées au cours du film, comme celles de ces filles de 14 ans traînées par leurs mères pour travailler sur une chaîne d'assemblage qu'elles ne quitteront qu'à la retraite.

En novembre 1995, au beau milieu du tournage, d'importantes grèves, affectant notamment le secteur du transport, paralysèrent à nouveau la France. Le projet de Le Roux et la représentation de cette grève à la télévision française n'auraient pu être plus différents l'un de l'autre ; à la télévision, la parole n'était accordée aux ouvriers que pour quelques secondes (quand elle l'était), alors que les commentaires de soi-disant experts monopolisaient chaque soir l'antenne et présentaient la grève comme quelque chose de « fantasmatique », d'« irrationnel » ou même d'« archaïque ».

Le film de Le Roux est émaillé d'images du premier documentaire : la jeune femme y incarne le refus pur et simple, l'impossibilité de supporter ce moment *après* avoir fait l'expérience de l'agitation révolutionnaire. Alors que la vie avait subitement pris un autre cours, que l'on pensait définitif, comment supporter que tout s'évanouisse ensuite pour retomber dans la plus morne des routines, « la bonne ornière », comme disait Rimbaud ? La romancière Leslie Kaplan, qui, en 1968, travaillait dans une usine, évoque le pénible contrecoup de la fin de la grève et le moment où les ouvriers reprirent le travail dans l'insatisfaction générale. Elle utilise à ce propos une image qui traduit bien l'atmosphère et le sentiment général au cours de cette période, si difficile à délimiter (quelques mois ? cinq ans ? trente ans ?), que l'on appelle l'après-Mai. « *Cette impression de cadavre, impossible à tuer, qui pourrit, et qui revient, c'était, après la grève, ce que l'on pouvait éprouver pour l'ensemble de la société, tout apparaissait sous cet aspect sinistre.* »[6]

En repassant le film original, au ralenti, sous forme de courts extraits et avec de multiples arrêts sur image, plus symboliques que strictement informatifs, le réalisateur parvient à insinuer dans nos mémoires le caractère intolérable de cette première reprise, entendu dans le sens habituel de « reprendre ». Cette première reprise nous conduit au deuxième sens du terme, plus violent celui-là : quelque chose d'initialement pris ou vécu par les ouvriers pendant la grève (prise de pouvoir ? de parole ? de conscience ?) est à présent repris par les forces de l'ordre, et peut-être même irrémédiablement perdu.

Plus tôt dans son roman, Kaplan évoque la façon dont cette parenthèse que constitua la grève générale avait permis, ne fût-ce qu'un court instant, d'appréhender d'autres vies possibles, d'ouvrir un vaste champ de possibilités inexplorées : « *Quelque chose d'insaisissable, de difficilement saisissable, qui était là pendant la grève et l'occupation. Quelque chose est en train de se passer, quelque chose se passe : seulement ça, le sentiment de ça... Que quelque chose vienne du dehors, à votre rencontre, et vous étonne, vous enlève, vous soulève, vous fasse basculer, c'est là, c'est maintenant, on est au bord, on est avec, on sent la pression et on la crée, tout arrive, tout peut arriver, c'est le présent, et le monde se creuse et enfle, et les parois reculent, elles sont transparentes et elles reculent, elles s'écartent, elles s'éloignent, elles laissent la place, et c'est maintenant et maintenant et maintenant... C'est ce que l'on peut éprouver dans l'amour, dans l'art, il est rare de l'éprouver dans la société, où l'on est presque toujours confronté à une part d'inertie obligatoire, où l'activité que l'on déploie, que l'on peut déployer, va presque toujours avec le sentiment pénible de sa limite.*

Mais pendant la grève on pouvait le toucher du doigt, le frôler. »[7]

Au cours du film, Le Roux explique pourquoi la femme est introuvable, ou tout du moins difficile à localiser : elle travaillait apparemment dans le plus sordide des ateliers de Wonder, où le travail, qui impliquait le contact avec du goudron et des produits chimiques, était si insupportable que les gens n'y restaient pas longtemps ; ils partaient pour d'autres usines. Mais la présence fantomatique de cette femme incarnant le refus, et momentanément placée au centre de notre attention, suppose une sorte de condamnation historique dans laquelle 68 devient lui aussi fantomatique et fuyant, partie intégrante de l'habituel caractère insaisissable du passé récent dans l'esprit même de ceux qui l'ont vécu. On garde de Mai 68, ainsi que de cette femme, un souvenir paradoxal, à la fois clair et flou, qui semble proche et en même temps très lointain, comme s'il s'était produit dans un autre monde, un autre espace (c'est particulièrement le cas avec les documents visuels, dont la puissance d'évocation est nettement plus forte que celle des textes écrits). On ne sait plus très bien si les événements se sont déroulés de notre vivant ou du temps de Zola (notons que « zolaesque » et « XIXe siècle » sont des termes récurrents dans les témoignages du film de Le Roux pour décrire les conditions de travail chez Wonder dans les années 1960). Le film original, trop court pour être qualifié de récit, ne raconte pas l'histoire d'un « peuple » (au sens anthropologique du terme) prédestiné à incarner la « classe laborieuse » qui, au cours de son existence opprimée, se soulève et dit non. Il le montre plutôt, par l'intermédiaire de la femme, parvenue à l'existence par la réalité de son refus. C'est cette vision du peuple – qui, tel un fantôme, hante le film pour rappeler son existence et perturber le présent – qui est aujourd'hui difficile à retrouver. C'est uniquement dans son « actualisation » que le peuple « apparaît », bouleversant par là l'ensemble des récits et des représentations que les anthropologues, les historiens sociaux et les sociologues mobilisent pour classer un événement de ce genre.

Cependant, *Reprise* se révèle, à bien des égards, plus intéressant que les intentions déclarées de son réalisateur. Dans une interview, Le Roux explique qu'il a essayé de créer une continuité dans la mémoire sociale des ouvriers, aujourd'hui perturbée par la vaste restructuration industrielle qui a supprimé de nombreux emplois dans certains secteurs, comme à Saint-Ouen, où quelque 40 000 métallurgistes vivaient et travaillaient à la fin des années 1960[8]. Dans ce cas, son objectif implique un nouveau sens du mot « reprise », entendu cette fois comme raccommodage d'une étoffe. C'est la traditionnelle métaphore utilisée dans l'histoire sociale pour décrire les objectifs d'une certaine conception de la mémoire, tout aussi traditionnelle d'ailleurs. Mais même dans ce modèle qui consiste à « réinjecter » respectueusement de la mémoire dans le groupe social concerné de manière à consolider son identité vacillante – la reprise renouant les fils qui ont été rompus entre les générations –, certains problèmes se posent, tant à l'historien qu'à la couturière. La réparation se voit toujours. Le film de Le Roux réussit parfaitement à montrer les discontinuités entre passé et présent : il crée un palimpseste temporel entre deux moments dont aucun n'a priorité sur l'autre, auxquels il est accordé une égale validité, dont aucun n'est en mesure de juger ou de critiquer l'autre. Certes, le passé, dans le film, n'est pas mobilisé pour servir de solution au malaise du présent, et, au demeurant, aucun des personnages se penchant sur son passé ne réagit de cette façon. Mais à l'inverse de ce qui se produit invariablement dans les récits de la presse dominante de la période d'après-guerre et des années 1980 en particulier, le présent n'est pas présenté comme un pinacle au sommet duquel on peut prendre la mesure de tout.

Reprise fonctionne comme une entreprise de réécriture de ce qui aurait pu être l'histoire des années 1960. Il s'apparente en effet aux deux meilleurs ouvrages qui ont été écrits pour définir le mouvement de Mai en tant que mouvement de masse : *Mai en héritage*, d'Élisabeth Salvaresi, et

Des révolutionnaires dans un village parisien, de Nicolas Daum. Tous deux ont été publiés, chez des éditeurs peu connus, en 1988, à l'époque du 20e anniversaire de Mai. Tous deux ont fait figure d'iconoclastes dans la littérature contemporaine consacrée à Mai 68, qui avait avant tout à cœur d'exorciser tout passé militant. L'expérience de Daum est celle qui présente la plus grande ressemblance formelle avec celle de Le Roux. Comme pour le réalisateur, son ethnographie est dès le début circonscrite par une organisation : il ne s'agit plus d'une usine, mais de la structure décentralisée du Comité d'action qui s'était formé à la mi-mai dans les IIIe et IVe arrondissements de Paris, et qui resta en activité sous diverses formes jusqu'en 1972. Daum, qui a lui-même fait partie du comité en question, retrouve une vingtaine des membres d'origine (ouvriers, artistes, enseignants et ingénieurs d'âges variés) pour les interviewer. Sa propre interview par certains d'entre eux vient conclure le livre. Ce sont tous des anonymes ; non pas des célébrités ou des martyrs, mais des personnes qui étaient à l'époque profondément impliquées dans le tissu des activités quotidiennes du quartier. Depuis le milieu des années 1980, leurs voix avaient quasiment disparu de toutes les présentations de 1968, éclipsées par celles des stars autodésignées, des leaders et des porte-parole du mouvement. Ce qui restait de 68 n'était-il donc qu'une connaissance de la période dont seul un nombre restreint de personnes était autorisé à devenir les experts ? Daum est conscient que sa méthode constitue de manière générale une attaque délibérée des stratégies de personnalisation, de récupération et de spectacularisation qui en étaient venues à dominer la représentation de Mai. L'introduction ne manque d'ailleurs pas de le mentionner : « *Je crains de frustrer quelques lecteurs, malgré une certaine demande, par mon incapacité à chapeauter ces entretiens par quelque chose à la mode du genre : "La quarantaine pétillante, elle me reçoit entourée de ses chats dans son loft du quartier des Halles, tout en arrosant sa collection de cactus. Elle n'a pas changé avec ses yeux rieurs et ses cheveux bouclés" ou "Marié, père de famille, il travaille dans une administration où il est chargé des recoupements..." Ce genre de détail réducteur et insignifiant restera un mystère insignifiant, puisque Adek n'est pas seulement peintre, J.-P. n'est pas seulement physicien, etc., ils le disent eux-mêmes : ils sont bien d'autres choses aussi. D'autre part, ce sont des personnes privées : aucune n'a occupé le devant de la scène médiatique, il n'y a pas eu de leader, elles se sont fait connaître (et comment !) dans leur quartier, mais elles sont restées anonymes.* »[9]

Elles sont bien d'autres choses *aussi*. Elles n'ont jamais été non plus, dans les années 1960, des protagonistes avec un grand P, n'ont jamais fait la « une » des journaux, n'ont jamais symbolisé leur génération (en fait, leur âge très variable contredit la notion même de « génération », qui constitue pourtant le pilier principal de la représentation de ces années, en tout cas à partir du milieu des années 1980), pas plus qu'elles n'ont été des militants professionnels ou exemplaires. Les personnes que Daum interroge font partie de cette masse de camarades qui constituaient la structure des assemblées générales, qui étaient actifs aux portes des usines et dans un certain nombre d'initiatives et de Comités d'action décentralisés. Dans son film, Le Roux utilise une stratégie de représentation similaire avec les personnes interrogées : il essaye, selon ses propres dires, « *de respecter la parole, de laisser à chacun une durée suffisante pour apparaître, y compris dans sa complexité, y compris dans ses contradictions, de ne jamais réduire un protagoniste à une étiquette sociale (contremaître, ouvrier) ou politico-syndicale (la trotskiste, le mao, le cédétiste, le cégétiste, le communiste)* »[10]. Mais Daum parvient aussi à montrer que ses interlocuteurs ont une autre vie, bien distincte de celle du comité, ce que Le Roux ne réussit pas réellement à faire ; ce n'est sans doute pas surprenant si l'on considère la façon relativement aléatoire dont des gens de différentes conditions adhéraient au Comité d'action puis le quittaient, comparée au déterminisme de l'usine et du métier. Les syndicalistes de Le Roux parlent pour la plupart le langage syndical ; les ouvriers qu'il interroge s'expriment en général comme des ouvriers ; c'est l'usine qui leur assigne leur rôle, sauf, bien entendu, pendant la grève – or, la grève est en train de se terminer. Le groupe de personnes interrogées dans le livre de Daum, en revanche, résulte d'une rencontre assez contingente qui a eu lieu vingt ans plus tôt. Même le simple fait de vivre dans le même quartier n'en fait pas automatiquement ce que l'on pourrait appeler les « voix du Marais ». Bien que leur terrain d'action commun fût effectivement le Marais, ce qui les rassemblait ou les séparait était bien plus arbitraire. Antoine, par exemple, suit une fille sous la pluie car il pense qu'elle se rend à une réunion politique que lui-même essaie de trouver, mais se retrouve, en lieu et place, au Comité d'action, où il restera pendant plusieurs années. Comme le fait remarquer une autre personne interrogée par Daum, « *la cohésion était indépendante des individus qui composaient le groupe : quand quelqu'un arrivait, il s'intégrait, si un autre partait ce n'était pas grave parce que ce qui était important, c'était le bouillon de culture* »[11].

À la représentation du militant professionnel (ou plutôt de l'ex-militant professionnel) qui domine les années 1980, Daum oppose ce souvenir d'une expérience collective : « *Mais autant on se sentait d'emblée dans le courant général en mai 68, autant j'ai l'impression maintenant d'être totalement à contre-courant de l'idéologie dominante. C'est la seule nostalgie de Mai 68 que j'aurais, ce qu'on faisait n'était pas vraiment du militantisme, c'était une manière d'être, il n'y avait pas de différence entre la vie et le militantisme, il n'y avait pas de coupure. À la maison, il y avait des copains presque tous les soirs. Il y avait une relative concordance entre ce qu'on était et ce qu'on disait.* »[12]

Ces remarques offrent la meilleure description que j'aie pu trouver de l'atmosphère spécifique engendrée par l'infiltration de la politique dans la vie quotidienne des gens. Elles définissent précisément la notion de *praxis* comme expérience du quotidien dans toute sa richesse et débarrassé de tous les petits tracas qui peuvent survenir. Lorsque le quotidien fusionne avec la politique, les divisions causées par l'aliénation sont abolies, de même que la lente et profonde rupture entre le quotidien et le non-quotidien, entre public et privé, ou encore entre vie militante et vie ordinaire. On retrouve évoqué dans ces quelques phrases ce que Henri Lefebvre désigne par « quotidien transformé », c'est-à-dire la création d'une culture, non pas conçue comme institution mais comme façon de vivre, reproduisant pour un temps ses propres conditions de vie dans l'activité d'un groupe qui prend en main son rôle et sa vie sociale. L'activité politique cesse d'apparaître comme une sphère distincte et isolée de la vie sociale : chacun peut travailler à l'élaboration d'un autre futur, et ce, quel que soit son lieu de travail ou de résidence. La spécialisation, domaine « naturel » des experts, est fondée sur la séparation des sphères ; ici, le social a été reconfiguré pour éliminer ce genre de distinction, pour refuser les catégories établies de l'expertise.

En dehors de leur militantisme activiste en mai 1968, les personnes interviewées par Élisabeth Salvaresi n'ont aucun dénominateur commun. Contrairement à Daum ou à Le Roux, elle interroge aussi bien des personnes connues, comme Guy Hocquenghem, Christine Fauré ou Serge July, que des anonymes, ou elle-même, sous forme d'« auto-itinéraire ». Son objectif est de créer un palimpseste composé de « *leurs rêves et leurs cauchemars d'aujourd'hui* [...] *confrontés, plus qu'à leurs idées d'alors, au fantôme de leurs 20 ans* »[13]. Comme Le Roux, Salvaresi décrit son travail comme une enquête au sens policier du terme, même si, une fois encore, le résultat est peut-être plus proche du désir gauchiste de capter « la voix d'en bas », de saisir le témoignage immédiat : « *La lecture de l'enquête a donc des chances de ressembler à l'enquête elle-même, qui a consisté en des heures et des jours passés à interroger les uns sur leurs souvenirs des autres : et un tel ? Tu te souviens d'un tel ? Tu le revois ? Tu as de ses nouvelles ? La quête a pris ainsi les allures de travail de détective, remontant d'une bribe d'information à une autre jusqu'à retrouver tel ou tel, dont le nom, parfois incomplet, parfois juste un surnom, avait surgi au détour des interviews, accompagné d'une image, d'une scène, d'un épisode soixante-huitard. Cette sorte d'enquête, qui a procédé par recoupements, est à la fois fastidieuse et fascinante. J'y ai pris du plaisir, là encore j'espère que ce plaisir sera partagé.* »[14]

Néanmoins, on peut avancer une des raisons qui incitent des auteurs comme Vilar, Salvaresi ou Le Roux, qui écrivent sur les années 1960, à faire appel au genre policier : le passé récent, semble-t-il, a été perdu ou dissimulé, peut-être même confisqué. Le crime réside dans cette confiscation ; dans l'exclusion ou, au contraire, dans l'élection d'un groupe, celui des experts, pour incarner tout un mouvement de masse. C'est un crime qui autorise la suprématie de la fiction nationale contemporaine et de l'ordre social établi. L'intérêt de retrouver ce qui a été perdu ou de désigner les criminels ou les forces responsables de cette dissimulation n'est pas tant d'offrir aux Français une autre « image » de leur passé ou une version différente de 68, que de défamiliariser, de restructurer leur propre expérience du présent.

Entièrement préoccupés par leurs reconstitutions commémoratives de 68 et, plus encore, par le bicentenaire de la Révolution française l'année suivante, les médias ont fait peu de cas des ouvrages de Salvaresi ou de Daum lorsqu'ils sont parus, en 1988. Quant au plaisir tel qu'il est évoqué par Salvaresi, le sien comme celui des lecteurs, il est absent du climat généralement lugubre qui accompagne ces « événements organisés » que sont les commémorations télévisées, alors qu'elles considèrent dans le même temps que le « plaisir » ou l'« imagination » sont des revendications majeures, si ce n'est les seules véritables, de Mai 68[15]. Prenons comme exemple « Le procès de mai », une émission de 1988 animée par un ancien militant de l'UEC, cofondateur de Médecins sans frontières, personnalité médiatique omniprésente et qui fut plus récemment chef de la mission des Nations unies au Kosovo : Bernard Kouchner[16].

Comme son titre l'indique, « Le procès de mai » est vaguement organisé à la manière d'un procès, avec un accusé, une accusation, une défense et un jury. Ignorant toute idée de réjouissance qu'une « festivité à date fixe » comme une commémoration était susceptible d'éveiller parmi les spectateurs, l'émission adopte le mode beaucoup plus sombre du procès : il faut juger Mai 68. Juger et rendre un verdict ? En tout cas, avoir le dernier mot – chose impossible pour un historien mais non pour un juge –, émettre une évaluation finale, un jugement éthique selon l'éternelle division entre le Bien et le Mal, sur un événement à présent reformaté comme un crime, puis tirer les leçons de cette histoire, sous forme de maximes et de morales auxquelles il faudra se conformer. Il ne suffit plus que Mai soit une révolution « *introuvable* » (Aron) ou impossible ; il doit à présent devenir un crime. Dans ce cas, bien entendu, ce n'est pas la confiscation ou la dissimulation de Mai qui constitue le crime, mais Mai lui-même. L'audience rassemblée dans le studio est formée d'un groupe de jeunes gens élevé au rang de « jury » : ce sont eux, la génération de 1988 apparemment, qui seront appelés à juger celle de 68, personnifiée par Kouchner dans la posture à présent familière de l'autocritique, jouant à la fois le plaignant et l'accusé dans le procès de son passé et de celui d'innombrables autres qu'il est supposé incarner. Des images introductives assorties d'un commentaire évoquent le décor de Mai 68 : une France « dynamique et prospère » (vues du Concorde, de gros navires et de voitures), riche et pacifique, ne connaissant pratiquement pas le chômage, gouvernée par un « dirigeant prestigieux ». On passe, sans transition, à des vues de voitures renversées et brûlées dans le Quartier latin. Qu'a-t-il bien pu arriver ? « Quelle mouche a piqué la jeunesse française ? »

Si on la prend au pied de la lettre, la question suggère une inexplicable susceptibilité de la part d'étudiants privilégiés, vivant dans un monde prospère. Que peut-il bien être arrivé à la jeunesse française? Mais elle suggère aussi que les activités des étudiants sont inexplicables à moins de les considérer comme le résultat d'une contagion par un virus extérieur ; la politique, considérée comme une fièvre transmise par l'air ou par un insecte qui se répand depuis l'étranger, constitue une reprise des schémas largement utilisés par les médias dominants dans les années 1960 : « La fièvre s'est emparée du Quartier latin » (*France Soir*, 11 mai 1968), « Le virus Cohn-Bendit » (*L'Aurore*, 13 juin 1968), etc. La première réponse à cette question est proposée par Kouchner lui-même, l'animateur (et, par chance, le médecin) de service. Celui-ci offre une interprétation strictement culturaliste des faits, rappelant au jury les aspects archaïques de la France des années 1960 ; il évoque, en guise d'exemple, les codes vestimentaires dans les lycées et le manque d'accès à la contraception. « *La vie*, dit-il, *allait trop vite* », la France avait été industrialisée trop vite, et « *nous avions oublié de nous parler* ». Il fallait s'arrêter un peu, même par-dessus une barricade, pour se parler. La distance séparant l'ancienne maxime maoïste, « La révolution n'est pas un dîner de gala » de cette idée de conversation pacifique et conciliatrice ne pouvait être plus grande. Loin de symboliser la contestation ou la division, la barricade apparaît ici comme ce qui *permet* au dialogue thérapeutique de prendre place.

Dans la partie suivante de l'émission, intitulée « Les excès de Mai », des experts décrivent et analysent le lourd tribut que la France a payé à la révolte. En effet, la notion même d'excès présente dans le titre souligne la nécessité d'une expertise, à même d'évaluer ces excès à la lumière des objectifs du mouvement. Le premier excès, qui concerne la désorganisation subie par les universités, est présenté par Annie Kriegel, ancienne professeur d'histoire de Nanterre, ex-dirigeante communiste, devenue anticommuniste. Kriegel explique qu'en discréditant la connaissance et les études, le discours de Mai 68 a fait prendre à la modernisation de l'université française un retard de « quinze ou vingt ans ». Sur l'écran, on nous montre des images d'une classe désertée, à Nanterre, accompagnées d'une bande sonore proche de la marche funèbre ; la caméra zoome sur l'unique phrase, ou graffiti, figurant au tableau : « *Je rêve d'être un imbécile.* » Sommes-nous à Pékin ou à Paris ? Kriegel rend la comparaison explicite : « *Ce qui s'est passé ici ressemblait à la révolution culturelle chinoise*, affirme-t-elle. *Les gens ont oublié les scènes atroces d'humiliation, les horribles moments où, à Nanterre, les "érudits" furent littéralement traînés dans la boue.* »

Passant à l'excès suivant, l'« ultraféminisme », une *ancienne* (comme elle le souligne à plusieurs reprises) militante féministe, à présent journaliste à *Libération*, Annette Lévy-Willard, est invitée à décrire les tout débuts du mouvement féministe, lorsque les femmes décidèrent qu'elles n'avaient pas besoin des hommes pour vivre, qu'elles allaient plutôt se comporter comme eux et « montrer qu'elles avaient des couilles ». Du haut de sa maturité de la fin des années 1980, Mme Lévy-Willard poursuit en regrettant que ces excès aient conduit d'innombrables femmes à souffrir de leur absence de maternité, de leur divorce ou de leur solitude actuelle. Elle brandit alors un exemplaire de son tout nouveau livre ; gros plan sur le titre : *Moi Jane, cherche Tarzan.*

Le féminisme pose manifestement problème à l'orientation idéologique de l'émission, car on ne peut considérer l'assouplissement des rôles familiaux et des contraintes imposées aux comportements sexuels que comme un acquis positif de Mai, sans parler du fait que les femmes ont certainement contribué à ce changement. La grande majorité des images évoquées tout au long de l'émission concernent d'ailleurs les hommes et les femmes, la vie de couples mariés et les relations sexuelles des adolescents dans les lycées. À cet égard, Henri Weber, un autre « ancien combattant » trotskiste devenu membre du Parti socialiste, apparaît ensuite pour critiquer la description du féminisme proposée par Lévy-Willard. Afin d'étayer sa vision de Mai en tant que vaste mouvement démocratique et libertaire, Weber présente la liberté sexuelle et le MLF (Mouvement de libération des femmes) non seulement comme des résultats de 68, mais aussi comme ses plus grandes réalisations, celles qui ont mené à une « société changée en mieux ». (Entre-temps, une femme médecin, appelée au téléphone, confirme qu'aujourd'hui, grâce à 68, les membres de la famille se reconnaissent les uns les autres comme des êtres sexués.) Mais la logique de l'émission est assez claire. En faisant écho à la revendication, propre au Parti socialiste, d'être l'héritier de l'esprit de Mai, Weber s'approprie les mérites du mouvement féministe alors que, dans le même temps, l'ancienne féministe renie son passé et s'excuse de son ancien radicalisme. En fait, l'apologie des femmes précède la récupération, par l'ex-militant de sexe masculin, de cette histoire politique et sa transformation, non pas en politique, mais en évolution nécessaire de la société. Nécessaire, sans doute, parce qu'elle a eu lieu, parce qu'elle faisait partie d'un développement mécanique, évolutionniste, de la destinée sociale. La politique doit être occultée pour permettre la célébration de la grande (et inévitable) marche en avant de la modernisation culturelle : Mai est un prolongement, pas une rupture. Pour la commémoration, le passé n'est pas autre, mais s'inscrit dans une nécessaire continuité avec le présent.

La violence, un autre « excès de Mai », soulève des problèmes plus épineux encore que le féminisme : l'émission choisit du reste de le traiter assez rapidement. Les images de violence diffusées se limitent à des gros plans sur des titres du journal maoïste *La Cause du peuple*, ainsi qu'à des photographies de patrons séquestrés ou enfermés dans des usines occupées au début des années 1970. La violence est entièrement située du côté des insurgés et dans la période gauchiste de l'après-Mai. Aucune illustration de la violence de la police ou de l'État, de la préhistoire coloniale de Mai, de la violence des puissances impérialistes comme les États-Unis ou encore des affrontements brutaux entre CRS et ouvriers à Flins et à Sochaux, où des ouvriers et un militant lycéen trouvèrent la mort sous les coups de la police. L'émission va jusqu'à éviter toute description de la violence de rue. L'État, ici, est décrit comme une entité éternellement passive et inerte, comme si l'action n'était le fait que de ceux qui agissent contre l'autorité. Les formes de violence étatique que je viens de citer constituaient la majeure partie des images des commémorations du dixième anniversaire, comme l'« Histoire de mai », d'André Frossard. Mais à l'époque du vingtième anniversaire, à l'apogée de la grande contre-réforme libérale des années 1980, l'action de l'État avait disparu et la violence du début des années 1970 s'était réduite aux dérives d'une minorité ou d'une frange extrémiste.

Le commentaire qui introduit la courte partie de l'émission consacrée à la violence montre bien que la commémoration du vingtième anniversaire de Mai 68, ou plutôt son procès, est également appelée à fonctionner comme un prélude au bicentenaire de la Révolution française programmé pour l'année suivante. L'expression employée, « *La terreur trouve son origine dans la vertu* », identifie la violence politique gauchiste des années 1970, c'est-à-dire les enlèvements et les séquestrations de patrons, les différents tribunaux populaires, les sabotages d'usines, les attentats à la bombe et les multiples représailles qui se succédèrent à l'époque – à une regrettable « dérive terroriste » survenue après un départ pourtant prometteur. Le « joli mois de mai », cette joyeuse conversation évoquée par Kouchner, a donc dérapé et abouti à de malencontreuses dérives. Ce modèle narratif a bien entendu été emprunté à l'une des interprétations de François Furet sur la Révolution française. Le problème posé par la commémoration de la révolution est le suivant : aussi anodine qu'elle puisse paraître dans sa forme, la commémoration, qui semble n'évoquer rien de plus qu'un souvenir soigneusement remisé dans un tiroir, n'en reste pas moins l'évocation d'un souvenir.

De ce fait, même un moment aussi étroitement organisé et contrôlé que la commémoration de 1968 dans les années 1980 court le risque d'échapper à tout contrôle et de réveiller des démons, ne serait-ce que parce que son existence même constitue la reconnaissance formelle du fait que quelque chose s'est passé, qu'un événement a eu lieu. En effet, comment commémorer un non-événement, quelque chose qui ne s'est pas passé ? Mais si un événement a eu lieu, c'est sans doute qu'à un moment donné quelqu'un, quelque part, a décidé de jeter un pavé ou d'arrêter de travailler. Les commémorations du passé récent, en particulier lorsqu'elles sont orchestrées par d'anciens militants (même repentants), ne peuvent reposer entièrement sur un parti pris idéologique intégrant l'événement dans un récit de modernisation culturelle *post facto*, sans que l'événement commémoré se fonde complètement dans une transition harmonieuse et sans rupture vers la modernité. Une fois purgés de leurs éléments extrémistes, nettoyés de leurs utopies, de leurs aspirations antifamille et anticouple, et prudemment tenus à l'écart d'un mode de vie bourgeois à nouveau mis en valeur, la liberté sexuelle et le mouvement des femmes peuvent être incorporés dans un récit qui en fait de simples éléments positifs dans le déroulement d'une transformation pacifique. Il semblerait que ce processus de purgation/incorporation ne fonctionne pas pour la violence. Par moments, l'émission présente la violence gauchiste des années 1970 comme ce qu'il faut renier pour sauver un Mai bien intentionné et vertueux, de la même façon que Furet est, à divers moments de son interprétation de la Révolution française, enclin à répudier 1793, le régime jacobin et la Terreur afin de louer le 1789 de la Déclaration des droits de l'homme. Mais même cette stratégie peut parfois s'avérer insuffisante, et l'émission suggère *in fine* que tel est le cas pour la fin des années 1980. Dans son livre de 1978 intitulé *Penser la révolution française*, Furet offrait une interprétation de l'événement dans laquelle le règne de la Terreur était conçu comme le destin nécessaire et inéluctable de toute révolution politique. Suivant cette vision plus générale, la terreur finit toujours par se glisser après-coup dans tout élan dirigé vers un changement social systémique. Par conséquent, « la terreur trouve ses origines dans la vertu » : l'idée même de changement mène inexorablement vers toute une série de totalitarismes. De même que la Terreur était la conséquence logique de 1789, le totalitarisme soviétique, le goulag et finalement Pol Pot (!) étaient celle de la Révolution française ; Staline était déjà vivant en Robespierre. Et la violence gauchiste des années 1970 était l'inévitable conséquence de l'insurrection de Mai.

Plus tard, Furet présentera une version plus poussée de son analyse de la Révolution française. Dans sa version finale, la Révolution ne se trouve plus à la source de la révolution communiste, mais à celle de la culture politique démocratique moderne[17]. Toutefois, la partie sur la violence dans « Le procès de Mai » s'apparente davantage au discours du Furet de la fin des années 1970, dans lequel le goulag est considéré comme l'essence et l'aboutissement inévitables de la politique révolutionnaire. La réinterprétation agressive de la Révolution française opérée par Furet dans le contexte de l'historiographie académique a, selon Sunil Khilnani, offert « un imprimatur historique capital »[18] aux ex-gauchistes connus sous le nom de Nouveaux Philosophes, qui s'efforçaient alors d'imposer une vision plus dramatique des goulags auprès des médias. Furet et les Nouveaux Philosophes, en effet, œuvrèrent ensemble à coproduire et à diffuser un nouveau vocabulaire critique centré sur le terme « totalitarisme », une *doxa* selon laquelle les « excès » de la Révolution française sont considérés comme les racines des discours et des pratiques totalitaires. À la fin des années 1970, Furet était, journalistiquement parlant, très proche du *Nouvel Observateur*, le magazine qui avait pris fait et cause pour Soljenitsyne et permis aux Nouveaux Philosophes de toucher pour la première fois un large lectorat. Il était aussi devenu le magazine par excellence de la « prise de distance » par rapport au passé révolutionnaire. Mais d'autres journaux, plus académiques, jouèrent également un rôle dans la diffusion de ce nouveau discours. Par exemple, la revue *Esprit* publia, plus ou moins à la même époque, deux numéros intitulés « Le retour de la politique »[19], dont le but était d'établir l'équation « révolution = communisme = totalitarisme ».

Vers la fin de l'émission, l'économiste Michel Albert fait, à propos de l'industrie française, un diagnostic d'expert étonnamment proche de celui d'Annie Kriegel sur l'état de l'université, et largement fondé sur une évocation implicite du scénario de la révolution culturelle chinoise. Suivant son raisonnement, le déclin industriel français est un résultat de 68, et s'amorce à cette date : Mai 68 a mis l'industrie française en retard « de dix ans ou plus ». Selon quel critère ? Apparemment, celui que détermine l'expérience japonaise. Son discours est illustré par des images de chaînes d'assemblage japonaises, propres et efficaces, exemples d'une modernisation économique réussie, qui offrent un contraste saisissant avec les ateliers d'Usinor dans les années 1970, occupés par des ouvriers et couverts de drapeaux signalant la grève. Les ouvriers qui font tourner la chaîne de production japonaise ne sont pas des hommes, mais des robots ; ils sont l'image même du bon travailleur, qui peut travailler nuit et jour sans se plaindre ; autrement dit, la forme parfaite de la rationalité.

Avant tout soucieux de l'après-Mai, le « procès de Mai » s'efforce de mobiliser les acquis du mouvement féministe dans les années 1970 pour discréditer la violence gauchiste ou ouvrière qui était d'actualité à la même époque. Cette violence est rendue responsable d'un retard général, d'un manque de développement de l'université et de l'industrie, deux sujets sensibles pour la génération de 1988, qui se trouve confrontée à un taux de chômage particulièrement élevé. Comme la Révolution française pour Furet, Mai 68 est une violence infligée au cours naturel des choses, à la marche vers le libéralisme ; la société française en sort défigurée, contrainte de courir pour rattraper sa propre modernisation manquée. Donc, des anciens combattants comme Kouchner et Weber, qui ont encore besoin de sauvegarder une version partiellement positive de Mai, voient avant tout dans le mouvement féministe une réhabilitation du privé face aux excès du public, ayant, en tant que tel, contribué à relancer l'individualisme. Sur cette base et sur celle de la « conversation amicale sur les barricades », l'émission peut soutenir que Mai a favorisé la modernisation culturelle et la progression du libéralisme. Dans cette interprétation des faits, il est hors de question de donner à Mai 68 une dimension politique, qu'elle soit marxiste ou utopique. Par ailleurs, Kriegel et Albert, pour qui l'enjeu est moindre, prétendent que Mai a mis la France en retard et créé des handicaps ou des déficiences qui ont ralenti les restructurations nécessaires après 1973, lorsque la crise économique a commencé à se faire sentir. Paradoxalement, la mémoire de Mai est peut-être plus malmenée par ceux qui, désireux de promouvoir une interprétation socioculturelle aux dépens d'une interprétation politique, se sont proclamés les défenseurs de l'événement.

Et quel est le verdict des jeunes ? Il est extrêmement difficile de le savoir dans la mesure où l'émission choisit le plus souvent d'écouter un « expert » de la jeunesse des années 1980 plutôt que les jeunes réunis dans le studio à cet effet[20]. On ne s'en étonnera pas trop puisque l'objectif principal de l'émission est moins de donner une interprétation de Mai que de désigner et de certifier les experts spécialisés dans cette tâche. Laurent Joffrin, auteur de *La Génération de 86*, rédigé à la suite des manifestations étudiantes de cette année-là liées aux problèmes de l'enseignement, explique au jury que les jeunes d'aujourd'hui (c'est-à-dire eux-mêmes) sont pragmatiques et conservateurs, méfiants vis-à-vis des idéologies et de la politique. Les étudiants du jury renchérissent en disant que les activistes de 1960 ont, selon eux, « fait tomber toutes les barrières » ; quant à eux, ils sauront faire preuve d'intelligence en cherchant l'harmonie. Aux yeux de la jeunesse actuelle, 68 semble trop idéologique ; les jeunes gens d'aujourd'hui, conclut Joffrin, forment une « génération morale », soucieuse des valeurs traditionnelles, démocratiques et surtout éthiques, comme « le droit à l'éducation ».

Il est difficile d'imaginer ce que les jeunes membres du jury (choisis, sans doute, parce qu'ils incarnaient la génération « morale » de Joffrin), ou le spectateur moyen peuvent penser et ressentir. Ils ont déjà été à la fois matraqués et disqualifiés par le passé. Kouchner, en particulier, adopte un ton à la fois sentimentalo-héroïque et pédagogique. À un moment donné, il déclare en s'adressant au jury : « *Tous les vingt ans, il est nécessaire de poursuivre un rêve ! Tout a changé en 68 !* » Et en même temps, la jeune génération est louée pour sa sensibilité morale et son pragmatisme, qui faisaient défaut à ses intraitables aînés. Le « jugement », que l'émission était supposée favoriser, est en fait anesthésié. Une bataille de souvenirs n'est ni un échange d'arguments ni une discussion destinée à orienter le public ; c'est plutôt un discours à sens unique. À cette fin, le réalisateur utilise les augmentations de volume sonore et les silences significatifs plutôt que les arguments rationnels ; ses images fortes suscitent les réactions affectives et les émotions plutôt que la réflexion. Les jeunes de 20 ans des années 1980 sont inférieurs ou supérieurs (et parfois les deux à la fois) à leurs aînés qui avaient leur âge dans les années 1960, mais ils ne sont jamais égaux. Les inquiétudes concernant le chômage et l'éducation, particulièrement vives à la fin de la décennie 1980, sont nourries par le discours de l'émission sur le « retard » : 68 a fait rater à la France le train du développement économique et de la modernisation universitaire et, par conséquent, les jeunes d'aujourd'hui ne trouvent pas d'emploi. La politique radicale (incarnée par Lévy-Willard) mène à la misère personnelle ou à une carrière lucrative d'expert et de conseiller officiel surmédiatisé (incarnée par Kouchner). La gamme des émotions ressenties – envie, inadéquation, gratitude, ressentiment, mépris, pitié, ennui – est affirmée dans une relation hiérarchique (d'infériorité et/ou de supériorité) au passé ; aucune d'entre elles (sauf peut-être l'ennui) n'est une émotion politique. Mai et ses spectateurs, semble-t-il, ont droit à tout, excepté à la politique.

Si je me suis attardée si longuement sur cette émission, c'est parce qu'elle offre un inventaire particulièrement riche des *doxas*, stratégies narratives, astuces rhétoriques et personnalités à l'œuvre dans le récit révisionniste dominant de 68, dont la lente sédimentation s'est accélérée à partir du milieu des années 1970, mais dont la forme n'atteint sa perfection que dans le climat politique de la fin des années 1980. Plusieurs des stratégies narratives et tropes – par exemple l'« autocritique » ou le concept même de « génération » – qui sous-tendent la structure entière de l'émission, se sont d'abord généralisés dans la littérature, en premier lieu dans l'essai et le journalisme. En effet, « autocritique » et « génération » tendent à travailler main dans la main : le concept de « génération » n'est mobilisé que lorsque les gardiens autodésignés de la mémoire en ont besoin pour généraliser leur propre répudiation de Mai dans une série d'écrits autocritiques signant le passage de l'enthousiasme aveugle au dénigrement systématique. Mais la forme de la commémoration ou du documentaire télévisé facilite indéniablement l'achèvement formel de ce type de stratégie. Pour prendre un exemple évident, l'« incarnation de la vérité » *via* la figure d'un ex-gauchiste vieillissant, porte-parole et relique de l'histoire de 68, ne pouvait se réaliser si pleinement à aucun autre endroit, certainement pas dans un texte écrit. Et les intérêts et les opinions de ceux qui sont devenus les fonctionnaires et les gardiens officiels de la mémoire ne coïncident nulle part si parfaitement avec ceux des élites gouvernementales et des groupes propriétaires de médias. La télévision exige que les idées soient exprimées de façon ramassée, ce que réussissent fort bien les « Je rêve d'être un imbécile », ou « Moi Jane, cherche Tarzan ». Des idées ou des expressions comme celles-là, trop lisibles et trop élémentaires, traduisent l'intense activité d'un imaginaire social occupé à mettre agressivement en place les symboles ostensibles de l'orthodoxie désirée. L'essentiel du pouvoir de la télévision réside, comme Noam Chomsky ne se lasse jamais de le rappeler, dans des actes simples, comme la sélection initiale des sujets et la façon dont certains d'entre eux sont soulignés. Pourquoi, par exemple, les femmes de la classe moyenne sont-elles mises en vedette alors que les ouvriers ne sont présentés que de façon négative[21] ? Si la mise en évidence des femmes et des rapports sociaux de sexe est un phénomène totalement inédit dans les diverses commémorations de 68, cela ne signifie en aucun cas que la « vision des femmes » ou que les femmes elles-mêmes contrôlaient la production des années 1980, ou que les rapports sociaux de sexe étaient un souci conscient ou explicite en 1968. Bien que chronologiquement plus proches des turbulences du MLF au début des années 1970, les productions télévisées de 1978 ne se concentrent pas en particulier sur les femmes ni même ne les mentionnent[22]. Dans ma propre lecture des documents de mai-juin 1968, les femmes actives au sein des Comités d'action, dans la rue ou dans les usines ont tendance à s'identifier à un certain nombre de catégories – ouvriers, membres de différents groupuscules ou tendances politiques, juifs allemands, pègre, militants – mais n'envisagent jamais les rapports sociaux de sexe. Sur les quelque 350 affiches produites par l'Atelier populaire des Beaux-Arts pendant les mois de mai et juin, une seule représente une figure féminine et il s'agit de Marianne, la République[23] ! Autrement dit, la différence de sexe ne semble pas avoir été ressentie de manière consciente pendant les événements. Et lorsque le mouvement féministe prend son essor au début des années 1970 et que les femmes commencent à formuler de nouvelles demandes fondées sur le sexe, il n'est pas certain que ces revendications soient perçues par les militants masculins comme compatibles avec « le mouvement de 68 » (même si, bien entendu, beaucoup de femmes pensaient l'inverse[24]). Tout cela suggère une fois de plus que, dès lors qu'un récit des années 1980 cherche à faire de 68 un moment fondateur dans la « conquête de l'autonomie », une certaine version épurée du mouvement des femmes, censée représenter une étape du retour à la « vie privée », apparaît plus efficace ou plus compatible avec les buts poursuivis que des thématiques comme la lutte des classes ou l'anti-impérialisme. Les combats des femmes et des homosexuels dans les années 1970, qui étaient en fait devenus des combats de masse uniquement grâce à la politisation de questions jusque-là réservées à la sphère privée (avortement, sexualité), se voient ainsi récupérés au service de l'idéologie bourgeoise dominante, qui constituait à l'origine leur cible principale.

Certains sujets sont non seulement négligés, mais délibérément livrés à l'amnésie, effacés du souvenir. On le constate dans une des manipulations les plus frappantes du *Procès de mai*, qui apparaît très tôt dans l'émission. Kouchner, qui vient, sur un ton d'autosatisfaction, de louer la génération 68 parce qu'elle « osait rêver », passe de manière abrupte à l'autocritique. « *Mais nous étions nombrilistes, oublieux du monde extérieur, nous ne voyions pas ce qui se passait dans le reste du monde, nous étions repliés sur nous-mêmes.* » Puis il poursuit, plus triomphant encore : « *Nous ne savions pas ce que nous découvririons les années suivantes : le tiers-monde et la misère.* »

Par une simple pirouette, Kouchner s'arroge le droit de balayer une dimension entière du mouvement, à savoir sa relation avec les luttes anti-coloniales et anti-impérialistes en cours, comme le Viêtnam, l'Algérie, la Palestine et Cuba, où lui-même s'était rendu au début des années 1960 afin d'interviewer Castro pour le journal communiste étudiant *Clarté*. Kouchner a balayé le terrain pour que, dix ans plus tard, ses amis et lui-même puissent s'arroger la « découverte » du tiers-monde à la façon des premiers explorateurs coloniaux. Tout un univers – la guerre au Viêtnam, l'iconographie du Che, Mao et Ho Chi Minh, les efforts d'éditeurs comme Maspero, bref, tout ce qui constitue le tiers-monde militant ou combattant – disparaît afin qu'un autre puisse être héroïquement « découvert » des années plus tard, c'est-à-dire le tiers-monde tel que représenté dans le discours des Droits de l'homme, dont Kouchner s'est entre-temps imposé comme l'un des principaux porte-parole. Les « damnés de la terre » de Fanon ont été, au nom d'une subjectivité politique émergeante, fondamentalement réinventés : le tiers-monde est toujours damné, mais sa subjectivité a disparu, pour ne laisser place qu'à la misère née des famines, des inondations ou des régimes autoritaires[25]. Toute la subjectivation politique qui avait pris forme chez certains Français à l'occasion de la guerre d'Algérie est réduite à néant.

Tel est le danger d'une situation dans laquelle un petit nombre d'acteurs sont investis, en fonction des besoins du moment, du pouvoir de nier ou de répudier certains aspects de l'événement dont ils ont fait partie. Le danger est bien entendu aggravé lorsque ces mêmes voix sont autorisées, dans le processus, à devenir les interprètes les plus écoutés de l'événement en question. L'examen de 68 par le biais des commémorations télévisées produites tous les dix ans force à constater que d'anciens principes gauchistes qui gouvernaient le mouvement, comme « la base doit emmener la tête » ou « ne laissez pas les haut-parleurs parler pour vous », n'y tiennent plus aucune place alors que les mêmes « porte-parole d'une génération » réapparaissent encore et toujours. Les efforts des étudiants pour « fuir le ghetto étudiant » sont soigneusement ignorés par les commémorations, qui mettent systématiquement en exergue le Mai étudiant et le Quartier latin aux dépens de la grève générale et des événements qui se sont déroulés en dehors de Paris. Comme les porte-parole désignés avancent en âge et retournent leurs vestes en fonction de l'idéologie du moment, ce n'est plus seulement l'évaluation des conséquences des événements, mais les événements eux-mêmes qui changent. La nature de l'événement, ses contours, ses buts et ses aspirations sont sujets à révision. Ce que Bernard Kouchner, André Glucksmann ou Daniel Cohn-Bendit pensent à un moment donné est automatiquement assigné à 68 : « ce que le mouvement signifiait ». Tout ce qu'ils sont devenus au cours de leur vie peut alors être projeté rétrospectivement sur Mai, qui contient, étonnamment, toutes les semences de leurs transformations en cours. « *Il n'est pas indifférent que quelqu'un comme André Glucksmann, dont le cheminement politique n'est pas solitaire mais solidaire d'une génération, prenne position.* »[26] *Libération*, en particulier, s'est fait une spécialité de ce genre d'expressions dans lesquelles les « erreurs » autoconfessées ou les nouveaux enthousiasmes de certains sont autorisés à déborder de leurs contours pour devenir ceux d'une génération entière. Dans la phrase déjà citée de Kouchner, « *Nous ne savions pas ce que nous découvririons plus tard* », la collectivité englobée par le « nous » semble être restée la même : elle correspond à une « génération » encombrante et figée, se libérant d'un même aveuglement et d'une même ignorance pour accéder à une même révélation, d'une même naïveté pour trouver une lucidité tout aussi monolithique. Les passions politiques, les blessures, les réalisations et les désillusions de milliers de gens peuvent, en toute confiance, être représentées et incarnées par Kouchner, *ad vitam aeternam* semble-t-il. C'est ce qu'implique son « nous », le fameux « nous » générationnel, celui d'une trajectoire présentée sous la forme d'un drame vécu autrefois et à présent devenu destinée. Nous ne savions pas alors ce que nous savons maintenant. Ou peut-être savions-« nous » ce que nous avons oublié aujourd'hui : ne laissons personne parler à notre place.

L'anti-tiers-mondisme et les droits de l'homme

Pour les ex-gauchistes qui cherchaient à se réaligner sur les valeurs du marché à la fin des années 1970 et au début des années 1980, le problème était *grosso modo* celui-ci : que faire d'une période d'environ vingt ans, comprise entre le milieu des années 1950 et celui des années 1970, et qui, pour le tiers-mondisme, était marquée par la division internationale du travail et la longue tradition du colonialisme ? Comment pouvons-nous comprendre une période de vingt ans (celle de l'axe Nord-Sud) qui ne s'intègre pas dans le discours à présent dominant d'Aron et de Furet sur la guerre froide et l'inexorable marche de la France vers le libéralisme ? Comment le vocabulaire et les éléments constitutifs de ce récit (totalitarisme, goulag), abattus comme des matraques terminologiques par les ex-gauchistes depuis 1975, peuvent-ils être utilisés pour plier ou adapter aux contraintes disciplinaires du récit dominant ces vingt années récalcitrantes, pendant lesquelles « quelque chose d'autre » s'était apparemment passé ? Les années de rébellion anticoloniale et d'accession à la subjectivation par les « damnés de la terre », au sujet desquelles Sartre écrivait en 1964 « *l'événement le plus considérable du second demi-siècle : l'éveil du nationalisme chez les peuples afro-asiatiques* »[27], sont-elles, dans ce récit, une simple parenthèse ? Une erreur ? Une anecdote ? Un mirage ? Une dérive ? La tentative, accomplie grâce à l'anticolonialisme radical de penseurs français et francophones comme Sartre, Vergès, Debray, Fanon, Memmi ou Maspero, de lier les enjeux de l'indépendance algérienne à une alternative gauchiste en France n'a-t-elle plus désormais qu'un intérêt historique ? L'impact de cette période de décolonisation sur le récit historique dominant s'apparente-t-il à ce qu'Annie Kriegel affirme à propos des effets de 68 sur l'université ? S'agit-il, en d'autres termes, d'un facteur inhibant, qui a « retardé » les « prises de conscience » concernant le totalitarisme, prises de conscience qui auraient dû intervenir en France au moment de l'invasion soviétique de la Hongrie en 1956, mais qui ont été retardées jusqu'en 1975, jusqu'à ce que Soljenitsyne soit traduit et que les Nouveaux Philosophes commencent à parler d'illusions perdues ? Le tiers-mondisme représente-t-il simplement un autre recul, un nouveau retard, une perte d'années cruciales pendant lesquelles le totalitarisme aurait pu être combattu ?

Certains problèmes français contemporains, comme la montée de diverses formes de néoracisme centrées sur la figure de l'immigré, le statut nébuleux des habitants de territoires comme la Nouvelle-Calédonie ou la Guadeloupe, ou de celui de certains habitants des banlieues des grandes villes françaises, suggèrent que la page de l'Algérie et des années 1960 n'a pas encore été tournée. Mais l'effort fourni par une partie de la gauche, soucieuse de se défaire d'une identité largement fondée sur le rejet du capitalisme et le désir d'en finir une fois pour toutes avec leur passé, tout en en conservant une vague aura gauchiste légitimant cette condamnation, montre à quel point le tiers-mondisme constitue encore un obstacle.

En effet, les remarques de Kouchner à la télévision sonnent comme un cri de victoire dans le combat idéologique que lui et d'autres anciens gauchistes ont mené dans la presse populaire au cours des dix années précédentes pour démanteler le tiers-mondisme des années 68. Leurs efforts ont pris la forme d'un véritable matraquage médiatique. La critique du tiers-mondisme fut, à l'origine, lancée par Jacques Julliard, Kouchner et quelques autres sous la forme d'une polémique dans les pages du *Nouvel Observateur* en 1978, qui fit tant de bruit qu'elle donna lieu l'année suivante à la publication d'un ouvrage intitulé *Le Tiers-monde et la gauche*, aux Éditions du Seuil. Plus tard, *Le Sanglot de l'homme blanc*, que l'ex-gauchiste Pascal Bruckner fit paraître en 1983 dans une collection éditée par un admirateur de Mao, Jean-Claude Guillebaud, donna à l'« anti-tiers-mondisme » son expression la plus étudiée et la plus durable. En 1985, Médecins sans frontières organisa une grande conférence consacrée à ce débat ; lorsque *Paris Match* entreprit de couvrir cette rencontre et publia un long article à sensation intitulé « Les impostures du tiers-mondisme », (« *On savait que le tiers-mondisme, doctrine qui prétend que la richesse de l'Occident s'est constituée aux dépens des pays pauvres, était malade et vulnérable. Mais on ne s'attendait pas à ce que le coup de grâce vienne de "Médecins sans frontières"* »[28]), certains observateurs ne manquèrent pas de rappeler que le lectorat de *Paris Match* était essentiellement constitué de ces Français estimant qu'il y avait beaucoup trop d'Arabes, d'Asiatiques et d'Africains en France[29].

Ce débat, diffusé pour une bonne part dans les médias populaires, joua sur le sensationnel ; il constituait en soi la dernière étape de l'élaboration post-68 de la figure intellectuelle médiatique s'émancipant de son militantisme passé. Néanmoins, ce fut, dans une certaine mesure, un vrai débat. Et même si on pouvait y voir la nouvelle version mélancolique du refrain des ex-gauchistes, « le dieu qui a échoué », ou la considérer comme une autre étape sur le chemin douloureux ramenant la génération perdue de Mai dans le giron de la société qu'elle avait autrefois condamnée, il s'établit tout de même une distinction entre deux camps. Il y avait d'un côté les anti-tiers-mondistes, représentés par Jacques Julliard, ancien partisan de l'indépendance algérienne, éditeur du *Nouvel Observateur* et futur membre de la Fondation Saint-Simon[30], Bernard Kouchner et d'autres membres de Médecins sans frontières, Pascal Bruckner, d'autres gauchistes repentis comme Jean-Pierre Le Dantec, ancien éditeur de *La Cause du peuple* et activiste breton, ainsi que divers anticommunistes comme Emmanuel Le Roy Ladurie. Le camp opposé, qui affirmait qu'une analyse fondée sur l'impérialisme était toujours valide, était représenté par des correspondants de presse basés à l'étranger comme Guy Sitbon, le géographe Yves Lacoste, Claude Liauzu, spécialiste de la culture islamique, et Samir Amin, économiste.

Dans son essai, Jacques Julliard, qui avait lancé le débat au niveau médiatique, poursuit dans la lignée du programme désormais familier des Nouveaux Philosophes, et étend la carte du goulag au tiers-monde tout entier : « *Il n'y aura de socialisme africain que totalitaire.* »[31] D'un côté, il y a l'Occident, avec sa liberté et sa civilisation, de l'autre, tous ceux qui ne vivent pas comme nous, c'est-à-dire le goulag. Julliard adopte aussi le ton prophétique qu'affectionnent les Nouveaux Philosophes, celui qui prédit avec assurance la « fin » (de divers « vieux dogmes ») en même temps que le « retour » (à la « démocratie », au « marché », à l'« éthique » ou, dans le cas présent, aux « droits de l'homme »). Le ton prophétique a l'avantage de rester à mi-chemin entre le langage constatatif et le langage performatif, fournissant à la fois une description du nouveau monde et une marche à suivre pour le rendre conforme à la description proposée. Le socialisme africain et, par extension, tout socialisme émanant du tiers-monde, écrit Julliard, ne peut être et ne pourra jamais être autre que « totalitaire » (voire tyrannique ou assoiffé de sang). Face à cette sinistre évidence (le discours des Nouveaux Philosophes n'a jamais brillé par sa légèreté), la gauche européenne ne peut rien faire d'autre que dénoncer le « pouvoir » dans le tiers-monde dans le but de soutenir les peuples et les individus opprimés par l'État-nation totalitaire, et adhérer à la Déclaration universelle des droits de l'homme. « *Oui, il y a bien deux camps dans le tiers-monde. Mais ces deux camps ne sont pas l'américain et le soviétique. Ce sont ceux des États tortionnaires et des peuples martyrs.* »[32] Il semblerait que le temps de l'action et de l'analyse politique appartienne au passé ; nous ne pouvons rien faire, sinon aider les victimes des désastres humains et naturels.

Dans sa réponse critique à Julliard, le journaliste Guy Sitbon note que le vocabulaire utilisé par ce dernier pour décrire les régimes du tiers-monde ressemble à s'y méprendre (parfois mot pour mot) au langage employé par les anciens colonisateurs pendant les luttes de libération nationale pour décrire les futurs gouvernements indépendants. À la suite de la décolonisation, les anciennes colonies, selon Julliard, sont retournées à leur état précolonial de misère, de sauvagerie et de barbarie. En fait, le tiers-monde d'avant et d'après l'indépendance semble solliciter les mêmes doctrines impérialistes ; qu'elle soit utilisée par Jimmy Carter aux États-Unis ou par Jacques Julliard en France, la rhétorique des « droits de l'homme » présente une indéniable ressemblance avec les refrains éculés sur la mission morale du colonialisme et les anciens mythes impérialistes des pays inhabités (en tout cas par des êtres parlants et structurés) attendant l'arrivée salutaire de l'Occident. Julliard suggérait-il par hasard que le colonialisme était meilleur que l'indépendance pour les peuples colonisés ? Si c'est le cas, poursuit Sitbon, il devrait chercher à retrouver le gars de l'OAS qui le tabassait au Quartier latin au début des années 1960 pour le féliciter de sa clairvoyance[33].

Le Sanglot de l'homme blanc, de Pascal Bruckner, constitue une sorte de manifeste de l'anti-tiers-mondisme. Versant dans la psychologie, Bruckner examine ce qu'il considère comme la faute et la médiocrité européennes face à la souffrance du tiers-monde, qu'il définit comme un ensemble d'émotions et de réactions mal placées et qu'il résume succinctement comme le « masochisme imbécile du tiers-mondisme ». Selon lui, les Européens devraient se débarrasser de leur sentiment de culpabilité et de leur haine d'eux-mêmes, afin de retrouver un « ego » et une Europe des valeurs renforcés : « *L'Europe est notre chance, notre lot. C'est plus que jamais dans le respect de ses frontières, de ses traditions et de son intégrité territoriale que prend place le développement de nos personnes.* »[34] Il poursuit ainsi : « [V]*ouloir "dépasser l'Europe" selon le risible projet de Frantz Fanon... Il n'y a pas d'au-delà de la démocratie. Peuples du Tiers-Monde, encore un plus d'Occident pour devenir vraiment vous-mêmes !* »[35]

Si Fanon est ridicule, que dire de son préfacier, Jean-Paul Sartre, le vieux tiers-mondiste, qui fut l'allié et le compagnon d'armes d'étudiants comme Bruckner en 1968 ? Les préfaces de Sartre aux *Damnés de la terre,* en 1961, et à *Aden Arabie*, de Nizan, l'année précédente, tous deux publiés chez Maspero, constituent les manifestes du tiers-mondisme en France (Maspero vendit plus de 25 000 exemplaires d'*Aden Arabie*). L'ambiguïté éhontée de Bruckner et d'autres ex-gauchistes vis-à-vis de Sartre suggère que l'une des motivations de cet assaut concerté contre le tiers-mondisme pourrait bien se lire comme la classique revendication « générationnelle » du droit à détruire les anciens systèmes intellectuels afin de s'y installer soi-même. En effet, c'était avec Sartre, entre autres, que tout l'élan utopique de Mai et de l'après-Mai avait été vécu et partagé.

Faisant appel à l'histoire pour contester le discours psychologisant de Bruckner, le géographe Yves Lacoste évoque une préhistoire absente de son récit. Le tiers-mondisme des années 1960, nous rappelle-t-il, constituait en partie une réaction critique aux campagnes d'aide massive lancées par les États-Unis à la fin de la Seconde Guerre mondiale en faveur des pays « sous-développés » (le terme a été créé à cette occasion) dont ils craignaient qu'ils ne deviennent communistes après avoir conquis leur indépendance[36]. Les campagnes d'aide aux pays pauvres étaient une conséquence directe de la guerre froide, entamée en 1947. Loin d'être masochiste ou de pratiquer la haine de soi en s'intéressant aux inégalités et au déséquilibre entre nations riches et pauvres, le discours tiers-mondiste renouvelait de façon agressive la condamnation du système capitaliste – multinationales, programmes d'aide des États-Unis ou d'Europe occidentale – et de l'ensemble de l'appareil néo-impérialiste, qui se manifestaient dans toute leur splendeur au Viêtnam. Les tiers-mondistes ne se sentaient pas personnellement responsables de la misère du tiers-monde, comme Bruckner pouvait l'affirmer ; en revanche, ils montraient énergiquement du doigt ceux qu'ils jugeaient responsables : les militaires, les chefs d'État et le commerce international.

Les arguments anti-tiers-mondistes invoqués par Le Dantec et Kouchner sont substantiellement les mêmes que ceux de Julliard. Cependant, ils présentent un intérêt rhétorique particulier dans la mesure où les deux adoptent le genre « générationnel », celui des autobiographies collectives, pour condamner les illusions de ce que Kouchner appelle « *notre génération tiers-mondiste* »[37], pour fustiger le moment où, selon Le Dantec, ils étaient naïfs, crédules, aveugles (« *Nous avons inventé le tiers-monde* » [sic !][38]). Leur chœur est celui des anciens aveugles qui peuvent à présent voir la réalité dans toute son horreur : ils ont confronté le rêve à la dure réalité. Il est, bien entendu, difficile de concevoir qu'on puisse fonder une nouvelle autorité sur un aveuglement antérieur ; pourquoi croire quelqu'un qui s'est fourvoyé de telle manière dans le passé ? Guy Hocquenghem, militant durant 68 et théoricien homosexuel, a offert la première et la meilleure analyse de ce qu'il considérait à juste titre comme la dimension stylistique ou ritualiste des récits de conversion et des chroniques de désenchantement qui florissaient à l'époque parmi ses anciens camarades – ceux-là mêmes qui, dès le milieu des années 1970, s'étaient empressés de vendre au prix fort la confession de leurs erreurs. Tout en prétendant être l'homme qui a vu les horreurs de la politique de son siècle et qui a courageusement renoncé à ses illusions, le converti participe en fait à un rite ou à une cérémonie célébrant sa propre réintégration sociale. Les « leçons de l'histoire », ou le contenu des idées exprimées, observe Hocquenghem, sont les alibis de ce qui est, en réalité, une initiation. De ce fait, la gestuelle de l'autocritique (un genre maoïste revisité) et de l'autoflagellation s'accompagne inévitablement d'une dose importante d'autocongratulation. Le point de départ doit être inlassablement répété afin de pouvoir être nié, car c'est l'héroïsme du point de départ qui offre la garantie d'un rôle acceptable, voire brillant, dans le monde post-gauchiste. L'autocritique devient ainsi la meilleure façon de faire sa publicité. Et ce « nous » qui fait du choix de la conversion un destin collectif inévitable utilise cette expression fallacieuse, soi-disant « dissidente », de la libre pensée pour exclure *a priori* tout détenteur d'une autre version des faits en le reléguant au rang de vestige préhistorique, ou au mieux d'« aveugle ». Il élimine notamment l'expérience de tous ces individus pour lesquels les difficultés et la douleur de l'après-Mai furent vécues non comme une conversion, mais plutôt comme un déplacement ou une suite de déplacements entraînés par l'inertie du réel, autrement dit, ceux qui quittèrent le militantisme sans le renier ni le répudier pour autant. Et, *a fortiori*, il élimine ceux qui sont restés militants, envers et malgré tout. Comme Jean-François Vilar l'observait déjà lors de la première vague de commémorations, en 1978, « *ceux pour qui Mai n'était ni une surprise divine ni une menace extrême mais simplement une étape dans une longue lutte ne sont pas invités aux commémorations* »[39].

C'est la colère née de cette intégration inéluctable, forcée, dans le « nous » générationnel des fossoyeurs et des poseurs qui incita Hocquenghem, en 1985, à attaquer certains de ses anciens camarades dans sa *Lettre ouverte à ceux qui sont passés du col Mao au Rotary* : « *Génération : pendant des années, je m'étais juré à moi-même de ne pas prononcer ce mot ; il me répugne d'instinct. Je n'aime pas l'idée d'appartenir à ce bloc coagulé de déceptions et de copinages, qui ne se réalise et ne se ressent comme tel qu'au moment de la massive trahison de l'âge mûr. On ne devient génération que lorsqu'on se rétracte, comme l'escargot dans sa coquille, et le repenti dans sa cellule ; l'échec d'un rêve, la strate des rancœurs, le précipité qui retombe d'un soulèvement ancien se nomment "génération". Celle qui, aujourd'hui, va de la trentaine attardée à la cinquantaine précoce s'est déposée comme le sel amer de la désillusion.* »[40]

Hocquenghem est contraint d'adopter le terme « génération » parce que c'est ce que ses anciens camarades sont en fait devenus au milieu des années 1980, c'est-à-dire non pas pendant leur période de contestation des années 1960, mais ensuite seulement, dans leur effacement collectif de la dimension contestataire et des différences idéologiques, ainsi que dans leur propre version de ce récit. Devenir une génération fait partie des actes de renonciation et de narration rétrospective : se poser en star de sa propre histoire. Il observe aussi qu'en inversant simplement deux lettres, le mot « génération » devient « renégation », un phénomène qui, selon lui, relève moins de faits ou d'idées que de formes et d'ethos. Autrement dit, l'apparition (ou la fabrication) d'une génération perdue, dès la fin des années 1970, a permis au désenchantement de l'après-Mai de devenir un genre littéraire, avec les figures et les tropes rhétoriques que cela suppose. Le récit de la conversion d'après-Mai en tant que forme littéraire constitue la version extrême du récit bourgeois rétrospectif dans le roman du XIXe siècle, qui fut décrit par Sartre dans *Qu'est-ce que la littérature ?* Un narrateur observe à distance les événements turbulents de sa jeunesse. Évidemment, il y avait des problèmes, mais ils sont résolus depuis longtemps à présent. La crise est passée ; avec le recul, on peut en parler avec sagesse et maturité, et en entendre parler du point de vue de l'ordre. Ni l'auteur – l'exemple de Sartre est Maupassant – ni le lecteur de ces romans ne courent le moindre risque. À la fin du siècle, l'événement est passé, catalogué, assimilé et raconté par une bourgeoisie stabilisée qui a vécu 1848, la Commune et qui, comme les ex-gauchistes des années 1980 (lesquels, rappelons-le, sont bien plus proches des événements, lorsqu'ils écrivent, que le narrateur de Sartre !), sont convaincus qu'« il ne se passera rien d'autre ». La « génération » récemment constituée d'Hocquenghem est composée d'hommes qui se sont aidés mutuellement à transmuer leur désillusion en or, qui sont devenus directeurs de journaux, champions de l'énergie nucléaire, capitalistes de fraîche date, « idéologues professionnels du réalisme » et « partisans de ce qui existe ». Hocquenghem en offre un portrait composite : « *Il a le nez de Glucksmann, le cigare de July, les lunettes rondes de Coluche, les longs cheveux de Bizot, la moustache de Debray, la chemise ouverte de BHL et la voix de Kouchner.* »[41] En résumé, nous avons affaire à une sorte d'individu que sa surexposition médiatique a fini par transformer en caricature. C'est la gauche et non la droite qui est, selon lui, responsable de la dévaluation généralisée de l'utopie. L'empressement de ces idéologues du réalisme, non seulement à se défaire des illusions du passé, mais à mépriser le passé lui-même, ne permet donc qu'une conclusion : ce ne sont pas des erreurs, des illusions ou des mystifications qu'ils injurient, mais bien le désir d'un changement systémique radical.

« Tiers-mondisme » était l'un des noms de ce désir. À la lecture des arguments anti-tiers-mondistes diffusés au fil des années 1980, on a du mal à se rappeler la réalité qui était au centre du tiers-mondisme et qui n'est mentionnée nulle part par Julliard, Bruckner ou Kouchner, c'est-à-dire les 3 000 tonnes de bombes larguées chaque minute par les États-Unis sur le Viêtnam pendant trois ans[42]. Les luttes menées contre l'agression des États-Unis au cours de ces années étaient-elles une erreur ? L'empire français aurait-il dû être défendu ? L'appel de Bruckner à un retour aux valeurs de l'Europe, terre de rencontre entre les droits de l'homme et l'Occident, terre d'asile aussi, reçut rapidement un écho dans les ouvrages publiés en 1985 par deux autres ex-gauchistes, *La Défaite de la pensée*, d'Alain Finkielkraut, et *La Bêtise*, d'André Glucksmann, bientôt suivis, en 1987, par un troisième, *La Barbarie* de Michel Henry. Le titre de Henry résume en un mot ce que le monde non occidental est devenu dans ces œuvres, c'est-à-dire une force d'invasion face à laquelle il incombe à une petite élite, les intellectuels occidentaux, de rester vigilants. Pour Finkielkraut, la bataille est déjà perdue – « *La barbarie a donc fini par s'emparer de la culture* » –, tandis que Glucksmann lance un vigoureux plaidoyer en faveur du réarmement européen dans le but de défendre la « civilisation »[43]. Le terme de « barbarie », en vogue chez ces écrivains, fut utilisé pour la première fois par Bernard-Henri Lévy dans *La Barbarie à visage humain*, en 1977. Il évoque irrésistiblement l'anthropologie évolutionniste de Gustave Le Bon, pour qui la « barbarie » constitue un stade qui, sans être véritablement qualifié d'inhumain, se caractérise néanmoins par un sous-développement sur le plan moral. Dans chacun de ces ouvrages, les remèdes préconisés pour soigner l'identité en crise sont ceux qui étaient jadis proposés pour les nations individuelles : l'Europe doit retourner à elle-même, à ses valeurs, à ses frontières, et concentrer son essence. Tout l'ethnocentrisme des colonisateurs réapparaît dans un élitisme qui disqualifie une fois encore le non-occidental sous le couvert d'une opposition manichéenne entre barbarie et culture. C'est à l'intellectuel occidental que revient la tâche de maintenir l'incommensurable différence entre les deux, tout en élaborant une conception misérabiliste du « barbare » (entendu comme celui qui n'habite pas le monde occidental), objet de pitié ou de compassion qui ne peut se dispenser de l'aide humanitaire occidentale.

Bien entendu, il n'est pas nécessaire de remonter jusqu'à Le Bon pour repérer l'équivalence entre barbare et altérité absolue. On la retrouve dans un passé plus récent, dans la description des étudiants et des ouvriers en révolte en 1968 par Raymond Aron, qui les définit comme des « *barbares inconscients de leur barbarie* »[44].

Le discours anti-tiers-mondiste du début des années 1980 s'articule donc autour d'une transformation en trois temps. Tout d'abord, en monnayant leur ancienne expérience de contestataires, les ex-gauchistes sont autorisés à faire leur retour sous l'apparence impériale d'« intellectuel dissident officiel » (expression inaugurée par Jacques Rancière dans son analyse de la première manifestation de ce processus, opéré avec grand succès par les Nouveaux Philosophes autoproclamés au milieu des années 1970). On pourrait modéliser le discours de ces ex-gauchistes de la manière suivante : « Nous ne sommes que des individus qui prêtons notre voix aux opprimés, aux exclus ; nous ne pouvons rien faire d'autre que parler pour ceux qui n'ont pas voix au chapitre. Nous-mêmes sommes une minorité persécutée et censurée. » Ce dernier point de vue a de quoi surprendre étant donné leur accès privilégié à tous les médias (journaux, maisons d'édition, télévision et radio) et l'exploitation massive qu'ils en font. Ensuite, la figure de l'autre colonial ou du tiers-monde propre aux années 1960 est transformée ; elle glisse du militant activiste, au discours articulé et réfléchi, à la victime et ce, par la seule vertu d'une défense des droits de l'homme strictement identifiés aux droits de la victime ou de ceux qui n'ont pas les moyens de se défendre ou d'inventer une solution politique à leurs problèmes. L'intérêt suscité par le tiers-monde en Occident devient donc inversement proportionnel à sa force politique, à sa capacité de construire son propre futur ou d'avoir un quelconque impact sur le nôtre. Le pathos des victimes focalise toute l'attention sur les effets immédiats de la crise, aux dépens d'une analyse possible de ses causes ; la rhétorique de l'urgence renforce encore la paralysie de la pensée. Le long travail assidu de documentation sur le contexte historique et politique des opprimés, d'élaboration d'outils leur permettant de faire entendre leurs propres interprétations et revendications, tout ce travail narratif accompli par Maspero et d'autres, appartient désormais à un passé très lointain. La reconfiguration de la victime se produit dans un régime de pure actualité créé par la rhétorique de l'urgence, dans un éternel présent qui non seulement dépossède la victime de sa propre histoire, mais l'écarte de l'histoire elle-même. Dans la nouvelle politique de l'émotion, sujet et objet se définissent de manière fort différente : le sujet occidental jette un regard condescendant sur l'objet, autrement dit les victimes, qui est loin d'être son égal. Cette appellation de « politique de l'émotion » n'est pas totalement appropriée. En effet, dans quelle mesure la figure de celui qui souffre, l'image d'altérité des années 1980 et 1990 présente tous les soirs dans les journaux télévisés occidentaux, peut-elle mener à une politique ? La pitié et l'indignation morale sont-elles des émotions politiques ?

Entre alors en jeu une troisième transformation, qui affecte la relation de l'intellectuel français à l'« autre » du tiers-monde et se manifeste par un passage de la politique à l'éthique. Le tiers-mondisme du début des années 1960 impliquait une relation politique à l'« autre » et donc, une certaine ouverture à ses idées et à ses aspirations ; il était fondé sur la désidentification, ou la rupture avec le système et les modèles d'allégeance qui sous-tendaient auparavant l'identité, par exemple avec l'État français ou avec le Parti communiste. La nouvelle relation éthique à l'altérité est en revanche fondée sur un renforcement, voire une hypertrophie de l'identité, que ce soit celle de l'Occident, de ses valeurs ou de l'intellectuel en tant qu'interprète professionnel de la souffrance. En effet, dans le nouveau régime de représentation de la victime humanitaire, celui qui souffre ne peut pas parler ; la seule façon pour lui d'acquérir une certaine visibilité est d'entrer dans la logique largement surdéterminée de l'esthétique et du marketing. Cette nouvelle relation implique des actes quasi militaires de sauvetage et le parachutage en urgence de médecins ou, comme les appelle Claude Liauzu, de « *commandos en blouses blanches* »[45]. L'expression souligne la ressemblance frappante qui peut exister entre certains de ces médecins parachutés et leurs prédécesseurs coloniaux, les paras ; les prétextes humanitaires masquent parfois le caractère résolument colonial de certaines interventions de sauvetage dans les « points chauds » du tiers-monde. De la réaffirmation d'un moralisme eurocentrique à la justification de telles aventures néocoloniales susceptibles d'être exigées par l'expansion capitaliste, il n'y a qu'un pas – peut-être déjà franchi dans la mesure où l'intervention humanitaire sert bien souvent de prélude à l'opération militaire. On justifie d'abord l'intervention humanitaire par le principe moral, qui se transforme rapidement en obligation que l'on doit assurer armes au poing si nécessaire. En réhabilitant les valeurs de « liberté », de droits de l'homme et d'anti-étatisme forcené, la France a une fois de plus le droit (et le devoir) d'intervenir au Tchad, ainsi qu'elle le fera en 1983 avec le soutien inconditionnel de Kouchner et d'André Glucksmann[46]. De même, il est légitime de prier Reagan et les États-Unis de maintenir et d'accroître leur soutien aux Contras nicaraguayens, en leur adressant une pétition signée par Bernard-Henri Lévy, ainsi que par certains maoïstes convertis comme Jacques et Claudie Broyelle, dans *Le Monde* du 21 mars 1985. Dans sa *Lettre ouverte*, Hocquenghem concentre la plupart de ses attaques cinglantes contre ses anciens camarades de 68 sur ce qu'il appelle le nouveau moralisme guerrier et les fantasmes militaristes des ex-gauchistes. L'émergence de médecins comme Kouchner, qui prescrivent le bon dosage de droits de l'homme et de bombes, pourrait, selon lui, résulter des crises de masculinité non résolues de l'après-Mai. Les aventures occasionnées par les situations d'urgence permettaient d'ajouter un supplément de virilité, une nouvelle aura à l'image physique de l'intellectuel (et c'est à nouveau l'apparence physique de Sartre qui offre le meilleur contraste). C'est la même intelligentsia, note Hocquenghem, qui s'est mobilisée lors de l'installation de missiles Cruise en Europe occidentale au début des années 1980 et lors de l'attentat contre le *Rainbow Warrior*, perpétré par la France en 1985.

Les philosophes à la télévision

En un sens, l'anti-tiers-mondisme n'est qu'une reprise et une continuation de l'épisode des Nouveaux Philosophes, qui, au milieu des années 1970, avait tellement influencé la composition même du paysage politique français. Dans le cas présent, l'intérêt des Nouveaux Philosophes, connus pour leur antimarxisme radical et leur exploitation du « goulag » dans ce que Peter Dews a décrit comme la « *dégénérescence rapide d'une terrible réalité historique en pseudo-concept et en slogan* »[47], réside avant tout dans la fabrication d'une certaine représentation d'eux-mêmes en tant que première

« vraie voix de Mai 68 » à se faire entendre, dix ans après les événements. C'est à travers eux que le mot d'ordre de 68, « égalité », s'est définitivement transformé en « liberté ». Comme le dit Michel Le Bris, ancien éditeur de *La Cause du peuple* qui allait devenir un membre mineur du cercle des Nouveaux Philosophes, une nouvelle expérience de liberté avait été « vécue » pendant Mai 68, mais elle n'avait pu être « pensée » au moment même. Une décennie plus tard, « *il faut vivre le retour de la conscience sur elle-même* » (l'expression permettait de faire fi des ambiguïtés politiques, des désillusions et des développements des années 1970) et la pensée de cette liberté pouvait alors se développer, justement dans les œuvres des Nouveaux Philosophes[48]. C'est ainsi que la « génération » décrite par Hocquenghem, ce « nous » désabusé qui ne prend pas la peine de préciser qui il inclut, apparaît juste à temps pour confisquer la mémoire de Mai à l'occasion de son dixième anniversaire ; elle allait d'ailleurs se consolider pour le vingtième.

Vers le milieu et la fin des années 1970, lorsque les Nouveaux Philosophes commencèrent à occuper le devant de la scène dans les médias intellectuels français, il était difficile de se rendre compte que la cible qu'ils voulaient liquider était en fait Mai et son souvenir. Il est vrai que Mai n'était pas leur cible avouée, mais plutôt une partie de leur passé d'autant plus importante qu'elle leur assurait une légitimité en tant qu'analystes sociaux, et qu'elle leur conférait l'autorité morale dont ils avaient besoin pour asseoir leurs déclarations politiques du moment. Leurs erreurs confessées – et dans certains cas, notamment celui de Bernard-Henri Lévy, elles n'avaient été inventées que pour pouvoir être confessées[49] – offraient un supplément bienvenu de vérité et de vertu, ainsi qu'une réaffirmation de l'« effet de réel » dans le présent. Leur cible explicite, en fait, semblait bien plus large et plus ambitieuse que Mai ; il s'agissait en effet du goulag, « découvert » par les Français en 1974 grâce à une traduction française de Soljenitsyne. Les Nouveaux Philosophes revendiquaient le rôle de prophètes et de pourfendeurs du marxisme, dont ils proposaient une critique largement fondée sur un usage quasi hystérique du mot « totalitarisme », qui fit l'objet d'un véritable matraquage terminologique. Ce terme analytiquement informe et élastique était délibérément confondu, dans leurs discours, avec la catégorie théorique de « totalité » – un concept chargé d'un riche passé philosophique. Pour Lukacs, par exemple, le terme « totalité » faisait simplement référence à l'existence d'une structure offerte par l'économie marchande, qui ne pouvait être relativisée même si elle n'était pas toujours expérimentée en même temps et de la même façon par chaque individu ou chaque groupe. Sartre utilisait le concept philosophique de totalité pour décrire la façon dont « *les perceptions, les instruments et les matières premières étaient reliés et mis en relation les uns avec les autres par la perspective unificatrice d'un projet* »[50].

Grâce à cette confusion entre « totalité » et « totalitarisme », les Nouveaux Philosophes purent affirmer que toute analyse « totalisante » ou systémique, voire toute pensée vaguement utopique, portait naturellement en elle les germes du goulag. Et puisque toute tentative de changement social produisait le goulag, on peut dire du présent que tout va pour le mieux dans le meilleur des mondes.

Pourquoi la parution de l'ouvrage de Soljenitsyne eut-elle un tel impact en France ? La réalité des camps staliniens était connue avant 1974 : les témoignages de Trotsky, Victor Serge et d'autres encore étaient disponibles et lus en France[51]. Ils n'avaient cependant pas encore acquis le statut emblématique de goulag. Pourquoi l'existence d'un phénomène révélé en 1936, puis en 1947, lorsque David Rousset dénonça l'univers des camps, et en 1956, à l'occasion du rapport de Khrouchtchev, devenait-il, en 1974, une révélation choquante, à tel point qu'un chœur d'anciens aveugles – Glucksmann, Lévy, Le Roy Ladurie – se levait pour proclamer le recouvrement miraculeux de la vue grâce à l'ouvrage de Soljenitsyne ? La différence d'impact, soutiennent les inconditionnels de Soljenitsyne, tenait à la différence de genre. Étant donné sa nature, annoncée dans le sous-titre, d'« essai d'investigation littéraire » et non de traité ou de rapport politique, *L'Archipel du goulag* avait le mérite de proposer une approche différente de celle des statistiques et des analyses abstraites et austères, à savoir la représentation de la victime individuelle de la souffrance humaine. Les articles publiés par des gauchistes tourmentés dans *Les Temps modernes*, écrit Bernard-Henri Lévy en 1978, ne peuvent avoir le même impact sur la conscience politique populaire que *L'Archipel du goulag* ; cela n'avait, à ses yeux, rien de surprenant. « *Il leur manque cette part de mythe, de fiction, de symbolique qui fait que le Mal, à défaut d'être pensé, peut se représenter.* »[52] Pour les Nouveaux Philosophes, la figure de l'individu qui souffre pouvait dès lors être mobilisée pour affirmer la primauté de la dimension morale ou éthique sur la dimension politique, la supériorité du ressenti sur la connaissance, des modes de représentation esthétiques sur le scientisme ou la rationalité des sciences sociales. En réalité, cette couverture de froide rationalité, autrement dit toutes les données et tous les chiffres sur les camps, toute l'information disponible avant Soljenitsyne, n'avait servi qu'à étouffer les cris des victimes. La figure de l'individu qui souffre, et qu'André Glucksmann nomme « la plèbe » dans ses écrits, allait rapidement prendre les traits de la victime affamée dans le discours des droits de l'homme.

Cependant, si, à leurs yeux, l'esthétique de la fiction est supérieure au traité objectif, cela n'explique toujours pas pourquoi le groupe d'intellectuels désabusés qui prit le nom de Nouveaux Philosophes avait besoin de Soljenitsyne à ce moment précis, ni pourquoi il devenait urgent de dénoncer le totalitarisme, alors qu'auparavant ils n'y avaient guère prêté attention. La traduction et la publication de *L'Archipel du goulag* dans d'autres pays (aux États-Unis, en Allemagne et en Italie) ne déclenchèrent rien de comparable aux répercussions et aux épanchements médiatiques constatés en France. Ainsi que je l'ai déjà suggéré, la réponse réside dans le besoin de mettre un terme à la mémoire de Mai 68, de réduire l'ensemble de ces discussions et de ces actions politiques à l'expression d'une immense illusion collective définitivement reléguée dans un passé lointain.

La « concordance » fortuite entre, d'une part, la rhétorique des Nouveaux Philosophes (entièrement articulée autour du mot clé « urgence »), leur reconfiguration d'eux-mêmes en tant que dissidents persécutés, « beaux ténébreux » romantiques et, d'autre part, les exigences de condensation et de spectacularisation des médias ne passa pas inaperçue à l'époque : dans le Paris du milieu des années 1970, on disait en plaisantant que le seul critère à remplir pour être un Nouveau Philosophe était de bien passer à la télévision. La présentation extatique des premières déclarations des Nouveaux Philosophes par les médias, alors qu'ils étaient de plus en plus impliqués en tant qu'individus à la tête de différents radios et organes de presse, eut pour conséquence que toute critique de leur discours était aussitôt reformulée et récupérée dans la série à succès des années 1970, celle du « procès du marxisme » par les intellectuels français. Par exemple, les auteurs de *Contre la nouvelle philosophie*, qui avaient eu le malheur de s'attaquer aux idées des Nouveaux Philosophes, furent aussitôt intégrés à ce spectacle, si bien qu'avant même d'avoir réalisé ce qui leur arrivait, ils se retrouvèrent sur le plateau d'« Apostrophes » à débattre et à aider bien malgré eux la Nouvelle Philosophie à acquérir une sorte de substance ou de légitimité en tant qu'école de pensée[53]. (L'émission *Apostrophes*, qui contribua à lancer la carrière de nombreux futurs intellectuels des médias, débuta en janvier 1975.) Gilles Deleuze descendit dans l'arène avec réticence, mais déclara néanmoins de manière énergique que la pensée des Nouveaux Philosophes était, en un mot, « nulle », vide, que c'était un « travail de cochon » fondé sur des oppositions binaires grossières et vides de sens (loi/rébellion, pouvoir/dissidence, bien/mal) dont la vacuité rendait toute discussion impossible. Le contenu n'avait de toute façon aucune importance. Ce n'était pas l'essentiel. L'unique objet de leur discours était la mise en avant d'un sujet d'énonciation démesurément important en soi, le fameux « "nous" désabusé », sujet collectif fondé avant tout sur une répudiation de Mai 68.

« [Le] *thème* [...] *était présent déjà dans leurs premiers livres : la haine de 68. C'était à qui cracherait le mieux sur Mai 68. C'est en fonction de cette haine qu'ils ont construit leur sujet d'énonciation : "Nous qui avons fait mai 68, nous pouvons vous dire que c'était bête, et que nous ne le ferons plus". Une rancœur de 68, ils n'ont que ça à vendre* [...]. »[54]

De la haine certes, mais n'y avait-il pas moyen de faire en sorte que le passé serve à quelque chose, que le plomb puisse se transformer en or ? L'héritage de Mai ne pouvait-il être tout à la fois assumé et refusé ? Le climat politique du milieu des années 1970 offrait d'excellentes raisons de vouloir se défaire d'un passé militant qui devenait de plus en plus embarrassant, que ce soient les campagnes électorales toutes proches de 1977 et 1978 ou l'émergence, en Allemagne et en Italie, de la figure du « terroriste », avec laquelle on ne voulait pas être confondu. Des critiques comme Robert Linhart et Dominique Lecourt ne tardèrent pas à faire remarquer que l'idéologie officielle de la dissidence élaborée par les Nouveaux Philosophes se réduisait à un « réarmement moral du capitalisme », obtenu en détournant l'attention précédemment accordée à la masse des travailleurs algériens des banlieues françaises sur les malheurs d'un petit nombre de scientifiques et d'intellectuels bien connus, les dissidents d'Europe de l'Est[55]. Mais c'est dans l'édition spéciale de *Révoltes logiques* publiée à l'occasion du dixième anniversaire de Mai et intitulée *Les Lauriers de Mai* que nous trouvons l'analyse la plus nuancée du phénomène des Nouveaux Philosophes. Ses auteurs, Danielle et Jacques Rancière, ont pourtant partagé avec plusieurs d'entre eux une même trajectoire politique, d'Althusser au maoïsme de l'après-Mai. En refusant que leurs arguments soient déterminés par le style hautement polémique des Nouveaux Philosophes, mais sans tomber pour autant dans des accusations rhétoriques de « trahison » et d'« opportunisme » telles qu'elles seraient lancées quelques années plus tard par Guy Hocquenghem, ils abandonnent le principe du débat d'opinion pour se tourner vers une analyse historique et dialectique des changements et des virages négociés par le mouvement maoïste et de sa relation avec les intellectuels dans les années cruciales de l'après-Mai. Ils se concentrent, en d'autres termes, sur les conditions du passé immédiat qui ont permis l'émergence en France des Nouveaux Philosophes et de leur conservatisme éthique. En dehors d'une ancienne critique d'André Glucksmann par Jacques Rancière, leur article (ainsi que l'ensemble du numéro de *Révoltes logiques* sur Mai) se distingue de la production littéraire française de l'époque par sa tentative d'offrir une histoire complexe et informée du passé récent, une histoire critique qui, sans adhérer aux attitudes et aux répudiations de la « génération perdue », situe de façon très précise ces répudiations.

Les Rancière soutiennent que l'invocation par les Nouveaux Philosophes du cadre de l'histoire mondiale et de leur propre désillusion (liée à la « découverte » du goulag) constitue non pas la motivation de leurs déclarations, mais leur alibi, celui-ci justifiant pour une part leur incapacité à se réconcilier avec le passé récent de la France. Ce passé inclut non seulement Mai 68, mais aussi les années qui ont mené les luttes immédiates de 68 à leur terme, vers 1973, ou, plus précisément, en 1972, après la mort de Pierre Overney, ouvrier maoïste de chez Renault, tué par un vigile. Le drame n'a pas suscité de mouvement de protestation massive de la part des ouvriers : les grandes vagues de luttes ouvrières étaient terminées et les deux organisations d'extrême gauche avaient disparu, l'une par autodissolution (Gauche prolétarienne), l'autre à la suite d'un changement de ligne (Ligue communiste révolutionnaire). Pour les auteurs, l'émergence des Nouveaux Philosophes correspondait à une reprise perverse et déformée du rêve gauchiste d'unir les voix des intellectuels aux discours du peuple ; en tant que telle, on ne pouvait la comprendre qu'en examinant l'évolution des relations entre les intellectuels et le peuple, c'est-à-dire les hauts et les bas de la thématique de l'égalité qui s'était trouvée au centre de Mai. Les Nouveaux Philosophes représentaient littéralement ces intellectuels qui, suivant la vieille expression maoïste, étaient jadis « descendus de leurs chevaux pour cueillir des fleurs », mais s'étaient ensuite remis en selle, revendiquant la spécificité et le prestige d'une catégorie sociale que Mai avait secouée. En rendant aux intellectuels le prestige et la spécificité qui avaient été mis à mal par Mai, les Nouveaux Philosophes ressuscitaient une certaine conception du social. Claude, l'un des membres du Comité d'action interviewé par Nicolas Daum dans son ouvrage de 1988, donne une description évocatrice du rôle des intellectuels pendant les événements de mai-juin. En résumé, ils n'en avaient aucun : « *De toute manière, les intellectuels, en mai 68, étaient comme les autres, ils ont pris le train en marche, ils sont descendus dans la rue en même temps que les autres. Sur le mouvement de masse, ils pouvaient faire toutes les analyses qu'ils voulaient, mais ils n'avaient rien prévu du tout, pas plus que la CGT ou de Gaulle.* »[56]

Autrement dit, les intellectuels n'avaient pas de place spécifique, pas de rôle particulier ; comme tout un chacun, ils faisaient partie de la foule ou de la « pègre » ; ils ne prétendaient représenter aucune corporation ni aucun corps de métier et ne se qualifiaient pas d'intellectuels. Comme tous les autres, ils ne représentaient aucune catégorie sociale concrète ; c'étaient de simples agents œuvrant dans la rue avec d'autres agents inscrits dans un même projet. En fait, comme le rappellera Maurice Blanchot bien des années plus tard, c'était leur refus même de s'identifier à l'intellectuel qui motivait leurs actes : « *Quand certains d'entre nous ont pris part au mouvement de Mai 68, ils ont espéré pouvoir se préserver de toute prétention singulière, et d'une certaine manière ils y sont parvenus, n'étant pas considérés à part, mais tels que tous les autres, tant la force du mouvement anti-autoritaire rendait presque facile l'oubli des particularités et ne permettait de distinguer ni jeunes, ni vieux, ni les inconnus, ni les trop connus, comme si, malgré les différences et les controverses incessantes, chacun se reconnaissait dans les paroles anonymes qui s'inscrivaient sur les murs et qui finalement, même s'il arrivait qu'elles fussent élaborées en commun, ne s'annonçaient jamais comme paroles d'auteur, étant de tous et pour tous, dans leurs formulations contradictoires. Mais, bien sûr, cela fut une exception…* »[57]

En effet, c'était une exception ; pendant les trois ou quatre années qui suivirent Mai, les militants gauchistes œuvrèrent dans un contexte tout différent, défini à la fois par la disparition des espoirs de lutte massive dans les usines et par une sérieuse répression de l'activité politique sous Pompidou et Marcellin. (À l'automne 1970, plus de 60 militants de la seule ex-Gauche prolétarienne étaient en prison.) En d'autres termes, ces années étaient celles des échecs politiques, de l'émergence de nouvelles contradictions internes et d'un nouveau radicalisme au sein de l'action militante. Par exemple, la nécessité de la clandestinité après l'interdiction des groupes politiques contribua au retour d'une sorte de professionnalisme politique ; des structures autoritaires, ou du moins hiérarchisées, furent réintroduites dans les organisations militantes qui les avaient repoussées jusque-là. La montée du militantisme professionnel incita à définir une nouvelle fois la politique comme une sphère séparée, spécialisée – définition qui était d'ailleurs commune aux démocraties bourgeoises et aux partis léninistes. Ainsi, un des symptômes de la recomposition du pouvoir dans les organisations militantes fut l'établissement progressif d'une distinction entre un ensemble de vérités ou de connaissances réservées aux responsables et tenues secrètes au sein de leur groupe et un autre ensemble de vérités, destinées à tous les « autres ». C'est dans ce contexte de persécution que les intellectuels découvrirent peu à peu l'opportunité d'assumer à nouveau un rôle spécifique et autonome en prêtant leur prestige ou leur notoriété au soutien et à la promotion de diverses causes militantes, comme la création d'une association de lutte contre la répression policière, le Secours rouge, les tribunaux de justice populaire, les campagnes d'information pour défendre la cause de militants poursuivis, l'aide aux immigrés ou les enquêtes sur les conditions de vie en prison, bref, toute une série d'activités militantes dont l'échelle et la persistance justifièrent l'introduction, dans le journal *Le Monde*, d'une rubrique intitulée « Agitations » (jusqu'en 1973). L'exemple le plus célèbre fut bien sûr la prise en charge éditoriale, par Sartre, de *La Cause du peuple*, après l'arrestation de ses éditeurs, Jean-Pierre Le Dantec et Michel Le Bris, accusés de crimes contre l'État et d'incitation au vol, à l'incendie criminel et au meurtre. Parallèlement, Simone de Beauvoir accepta de devenir directrice de *L'Idiot international* afin de garantir la diffusion de la revue. L'objectif de l'intellectuel dans ce cas n'était pas de « parler pour le peuple », selon l'ancien schéma, mais simplement, en protégeant le journalisme révolutionnaire de la censure et des saisies de Marcellin, de permettre aux multiples voix des communautés exploitées, ou « voix du peuple », de s'exprimer. Pour Sartre, qui écrit à propos de ses relations avec les maoïstes et *La Cause du peuple* en 1972, « *la bourgeoisie ne pouvait entendre cette voix : elle tolérait que les révisos lui parlent des masses mais non pas que celles-ci se parlent sans se soucier de savoir si elle les écoutait* »[58]. Parfois, l'appel aux « intellectuels de service », comme les appelait Jean Chesnaux, ne consistait qu'en la pure exploitation de leur prestige par des militants professionnels, qui ne prenaient même pas la peine d'impliquer dans la préparation de telle ou telle activité ceux dont les noms avaient été utilisés, ni même de leur expliquer de quoi il en retournait[59]. Mais selon les Rancière, qui écrivent cinq ans plus tard, affirmer la valeur politique de différents fronts de lutte n'est pas d'un intérêt majeur. Leur attention va plutôt au rôle de l'intellectuel de service qui, en rendant à l'intellectuel son autonomie et sa spécificité dans la lutte militante, lui a paradoxalement permis de retrouver son statut d'avant-Mai. C'est dans cette brèche que les Nouveaux Philosophes allaient s'engouffrer après 1975 : l'intellectuel ou le philosophe renaît en tant que sujet unifié (un faux collectif en réalité, puisqu'il s'agit du « nous » générationnel compris comme un « je » collectif), investi d'une autorité plus grande encore que celle qu'il aurait pu revendiquer avant Mai : celle d'être l'acteur de l'histoire et le sismologue du futur.

Si les Nouveaux Philosophes incarnent la restauration de l'intellectuel dans sa position d'avant-Mai en tant que champion de la liberté contre la domination, c'est avec d'importantes modifications. Lorsqu'un ancien intellectuel humaniste « sartrien » prenait la parole pour parler « au nom du peuple », il ou elle était douloureusement conscient des contradictions qui existaient entre les aspirations des intellectuels et celles des différents mouvements populaires. Dans l'analyse d'avant-Mai, la domination était conçue en termes de classes. L'intellectuel sartrien d'avant-Mai était incapable de s'intégrer dans quelque endroit que ce soit, déchiré par de perpétuelles contradictions et dissensions, et contraint de vivre près de classes défavorisées dont il ne pourrait jamais devenir membre. « *Ce n'est pas en disant "Je ne suis plus un petit-bourgeois, je me meus librement dans l'universel"*, écrivait Sartre en 1965, *que l'intellectuel peut rejoindre les travailleurs. Mais, tout au contraire, en pensant : je suis un petit-bourgeois ; si, pour tenter de résoudre* ma *contradiction, je me suis rangé aux côtés des classes ouvrières et paysannes, je n'ai pas cessé pour autant d'*être *un petit-bourgeois : simplement, en me critiquant et en me radicalisant sans cesse, je puis refuser pied à pied – sans que cela intéresse personne d'autre que moi – mes conditionnements petits-bourgeois.* »[60]

En vertu du fait qu'il est « descendu de son cheval » et qu'il s'est joint au peuple dans la révolte, le Nouveau Philosophe, en revanche, prétend avoir surmonté toutes ces contradictions. Il soutient avoir développé une entente harmonieuse et vaguement spirituelle, ou établi un accord avec les masses populaires, qui partagent sa position de « non-pouvoir » dans un monde où la domination n'est plus une affaire de classes mais bien de fortes polarités éthiques : pouvoir et résistance, société étatique et civile, bien et mal. Son passé militant lui confère aussi la fonction d'incarner le réel et ce, sur un mode auquel l'ancien intellectuel humaniste sartrien n'a jamais aspiré. C'est à Peter Dews que nous devons la meilleure démonstration de la façon dont les Nouveaux Philosophes ont, dans leur combat contre une certaine forme de marxisme, utilisé un vocabulaire de pouvoir aux réminiscences foucaldiennes, « *avec son abandon de l'analyse de classe en faveur de la vision d'un ensemble de forces qui ne cessent de se désagréger et de se fondre* »[61]. Si le pouvoir est une sorte de courant homogène circulant librement à travers le corps social, observe Dews, peu importe de savoir qui le possède et à quelles fins, puisque le but du pouvoir ne peut être que son propre élargissement. L'extension du concept de pouvoir à toutes les relations sociales le vide de tout contenu politique. « *Le bouleversement apparemment radical occasionné par la découverte du fait que, puisque les relations de pouvoir sont partout, "tout est politique", a été rapidement suivi par la découverte que la révolution pouvait ne plus être désirable, et que nous vivions, par conséquent la "fin de la politique".* »[62] Les stratèges de la révolution idéologique, comme André Glucksmann, auteur, en 1968, d'un texte intitulé *Stratégie de la révolution*, sont transformés en théoriciens de la révolution spirituelle, et Mai devient de manière proleptique le moment fondateur de cette généalogie. Il devient, en d'autres termes, un moment de transformation individuelle et spirituelle, lui-même à l'origine d'un retour à l'éthique dans la pensée française, qui est toujours d'actualité.

Alors qu'aucun texte des Nouveaux Philosophes n'a survécu en tant qu'œuvre philosophique, c'est probablement *La Cuisinière et le mangeur d'hommes*, publié en 1975 par Glucksmann, qui a jeté les bases de cette transformation spirituelle en introduisant une nouvelle « légende du peuple » que l'intellectuel pouvait épouser en une sorte d'union mystique[63]. La « plèbe » souffrante des écrits de Glucksmann tirait sa force de son absence de pouvoir politique, de sa dramatique faiblesse et de sa résistance, dans un combat perdu d'avance, qui lui donnait une aura de spiritualité, sinon de grâce divine. En fait, c'était son incapacité à produire ses propres structures et organisations politiques – ce qui l'aurait inévitablement compromise dans les arcanes du pouvoir – qui garantissait la pureté naturelle, sans tache, de son innocente volonté de résistance. Tout comme le « prolétariat » de l'intellectuel marxiste, la « plèbe » offrait une légende du peuple qui « *garantissait la rigueur de notre discours et de notre action* »[64] : de ce fait, le discours de l'intellectuel pouvait encore être légitimé par « ceux d'en bas ». Mais en légitimant son discours par la souffrance du prisonnier d'un lointain goulag, Glucksmann était devenu la voix de ceux qui ne le contrediraient jamais, de ceux qui étaient destinés à ne jamais se faire entendre, et que l'on louait pour cela. Car la plèbe en tant que pure essence de rébellion est neutralisée dès qu'elle s'assigne un but politique, dès qu'elle entre dans les ambiguïtés de l'action politique. Selon l'analyse de Rancière, Glucksmann a élaboré un discours fondé sur le silence des masses, ou plutôt sur leurs plaintes pathétiques. Et le pathos, nous rappelle Kenneth Burke, est directement proportionnel à la faiblesse et à l'impuissance que l'on perçoit chez la victime. En tant que telle, l'autorité de Glucksmann n'est fondée sur rien d'autre que sur la voix solitaire de l'interprète des masses.

Le « procès du marxisme » et le discours du goulag avaient donc plusieurs buts, dont le principal était de faciliter la conversion de certains gauchistes et de leur permettre d'acquérir un rôle de premier plan sur la nouvelle scène du pouvoir intellectuel de l'après-Mai. Les références aux dissidents du bloc de l'Est leur servaient surtout à régler leurs comptes avec leur propre passé. Mieux encore, le fait de revendiquer la position impuissante du « dissident » non aligné sur les partis politiques et situé au-delà des contingences de l'État leur permettait de nier le pouvoir et les privilèges très réels qu'ils avaient déjà commencé à obtenir grâce à leur place dans l'industrie de la communication. Mais cela leur évitait aussi d'avoir à regarder en face les frustrations, les erreurs et les contradictions croissantes qu'ils avaient rencontrées dans leur propre expérience militante au cours de l'après-Mai : contradictions entre le peuple imaginé et le peuple rencontré, entre la hiérarchie militante et la dynamique de la contestation démocratique. Bien loin d'être un éveil tardif aux horreurs du marxisme, ces désillusions sont, selon Rancière, au cœur même de la lecture de Soljenitsyne par Glucksmann. Parler pour la plèbe silencieuse d'un lointain camp russe était certainement plus facile qu'affronter toutes les difficultés de représentation vécues par les militants lors de la négociation de l'alliance entre luttes estudiantines et luttes populaires ; en symbolisant le refus ou le négativisme que chacun de nous porte en lui, la figure de la plèbe permet la « *liquidation par simple dénégation des objectifs et des aspirations des luttes ainsi que des problèmes rencontrés : à la place d'une réflexion sur la volonté de supprimer la rigidité des places sociales, apparaît une critique de la critique marxiste de la division du travail* »[65]. Grâce à cette page blanche que représente la plèbe, le Nouveau Philosophe supprime tout simplement les divisions qui constituent un obstacle à sa propre hégémonie et finit par conclure que la division du travail est, malgré toutes les hiérarchies et les limitations innées qu'elle impose au peuple, une bonne chose.

Bien entendu, le prix à payer pour que les Nouveaux Philosophes puissent incarner un Mai récemment spiritualisé n'était autre que l'histoire du mouvement lui-même. Car l'un des effets évidents de leur émergence a été de retarder toute possibilité d'entamer ou de poursuivre des recherches concrètes à ce sujet : « *Montrer la révolution socialiste comme une idée mise par les maîtres-penseurs dans la tête des ouvriers à leurs fins de domination universelle, c'est peut-être le meilleur moyen de ne plus s'interroger sur le contenu des mouvements populaires, leurs racines et leurs idéaux, sur l'histoire de l'en bas du mouvement révolutionnaire, ni sur les illusions ou désillusions formées dans la rencontre entre les intellectuels révolutionnaires et les luttes populaires. Peut-être la critique "gauchiste" du marxisme a-t-elle pour enjeu beaucoup moins la question de l'oppression à l'Est ou la menace ici du pouvoir marxiste que la liquidation – au sens juridique – de l'histoire de Mai et de l'après-Mai.* »[66]

En liquidant cette histoire, les dix années séparant Mai de sa réécriture disparaissent, ne laissant guère plus derrière elles qu'une reconfiguration révisionniste de Mai comme transformation culturelle et spirituelle, dont la nature souple et accommodante pourra encore être affirmée si nécessaire et modelée à n'importe quelle fin dans les années à venir.

Antitotalitaire, néolibertaire puis néolibérale, la politique suivie par les Nouveaux Philosophes depuis leur première apparition dans les années 1970 jusqu'à leur *come back* dans les années 1980, demeure en fait inchangée : fournir un soutien verbal à des marginaux sans voix, tout en étant profondément engagés dans le libéralisme bourgeois. Et alors qu'aucune de leurs œuvres individuelles n'a marqué les mémoires, le ton rhétorique qu'ils ont mis au point – de l'indignation à l'hystérie en passant par l'inflexion mystique voilée – continue à dominer les déclarations et les affirmations des intellectuels médiatisés de la France d'aujourd'hui. Si les Nouveaux Philosophes de la première mouture cherchaient à contrer et, finalement, à remplacer la figure de l'ouvrier par celle de la plèbe souffrante et silencieuse, les anti-tiers-mondistes des années 1980, qui sont souvent les mêmes, reprennent la figure de l'Autre colonial et transforment ses traits en ceux d'un enfant candidat à l'adoption, ou d'un peuple-objet qui a besoin d'une aide d'urgence. Lorsque le travail assidu consistant à restaurer leur crédit moral après 68 commence à porter ses fruits chez beaucoup d'anciens gauchistes, un nouvel imaginaire du tiers-monde entre en scène. Mais comme je l'ai suggéré, cet imaginaire n'est pas entièrement neuf, plutôt remis au goût du jour : la découverte de l'aventure humanitaire et de la politique d'urgence remobilise les tropes coloniaux néoromantiques, la vieille image du voyageur qui laisse la grise Europe derrière lui. Les opérations de sauvetage dans des situations extrêmes – inondations et famines – offrent à la fois le seul choix « pur », non teinté de politique, et la seule victime « pure ». Toutefois, déjà à l'époque, certains critiques firent remarquer que les dénonciations du totalitarisme du tiers-monde par l'intelligentsia des médias était presque invariablement dirigée contre des régimes de gauche ; le Chili de Pinochet ou l'agression de Reagan contre la Grenade, par exemple, n'entraînèrent aucune intervention d'urgence.

Lorsque Hocquenghem écrivit en 1985 son pamphlet contre les ex-maoïstes qui avaient intégré le pouvoir, il était l'une des rares voix clairement dissonantes dans un contexte de consensus intellectuel relayé par les médias. Dans l'interview qu'il accorda à Élisabeth Salvaresi deux ans plus tard, la possibilité d'élaborer ce type de critique avait, selon lui, pratiquement disparu : « *Ça a changé. Quand j'ai écrit ce livre, il y avait un débat d'idées. Les gens qui avaient décidé de renoncer au sentimentalisme gauchiste et aux utopies de leur jeunesse se croyaient obligés de légitimer leur changement. C'est pourquoi j'ai pu faire ce livre : parce qu'il existait des éditoriaux, des articles, des écrits où ces gens-là, les Bizot, les July, les Kouchner..., revendiquaient d'être, par exemple, contre les révoltes du tiers-monde. Il y avait encore une querelle, et le reniement prenait une forme idéologique, celle d'une véritable croisade qui a duré depuis 77, l'époque des nouveaux philosophes, jusqu'en 84* [...]. *Depuis, il n'y a plus de débat du tout* [...]. *Ils se sentent plus forts – ils le sont – et puis ils n'ont plus d'adversaires. Au total, cela fait une sorte de calme idéologique* [...]. *Non qu'ils aient révisé leurs idées militaristes, affairistes. Mais, simplement, qu'ils ne se sentent plus le besoin de militer avec la même énergie pour ces idées-là.* »[67]

Hocquenghem décrit une situation où les idées se confondent avec le pouvoir de les exprimer et dans laquelle les *doxas* concernant Mai sont bien en place. L'attitude critique ou sa simple possibilité, qui était l'âme de 68, a été perdue. La conversion enthousiaste de certains gauchistes aux valeurs du marché a été déguisée, avec succès, en révolution culturelle ou spirituelle, et Mai peut, semble-t-il, être réinventé en tant que moment fondateur de cette trajectoire. En 1988, dans « Le procès de mai », Kouchner n'a plus besoin de reconnaître le tiers-mondisme de son passé et de beaucoup d'autres, et moins encore de le combattre ou de prendre ses distances vis-à-vis de lui. Il peut se contenter de construire l'histoire comme si elle n'avait jamais eu lieu.

Notes

[1] Jacques Willemont et Pierre Bonneau, *La Reprise du travail aux usines Wonder* (1968).

[2] Voir, en particulier, Jean-François Vilar, *Bastille Tango*, Paris, Presses de la Renaissance, 1986, et *C'est toujours les autres qui meurent*, Arles, Actes Sud, 1997 ; Didier Daeninckx, *Meurtres pour mémoire*, Paris, Gallimard, 1984, et *Le Bourreau et son double*, Paris, Gallimard, 1986 ; François Zamponi, *Mon colonel*, Arles, Actes Sud, 1999, et *In nomine patris*, Arles, Actes Sud, 2000 ; Jean-Patrick Manchette, *Nada*, Paris, Gallimard, 1972. Voir aussi le recueil, très inégal, de courtes fictions sur mai et juin 1968 publié en 1988 et intitulé *Black Exit to 68*, qui comprend des œuvres de Daeninckx et de Vilar, mais aussi d'autres auteurs de romans policiers comme Jean-Bernard Pouy et Thierry Jonquet ; seul le texte de Vilar, « Karl R. est de retour », vaut la peine d'être lu.

[3] Serge Le Roux, cité dans une interview de Serge Toubiana, *Cahiers du cinéma*, février 1997, p. 51.

[4] Le Roux, interview, p. 50. J'ai fait la même hypothèse à propos de l'œuvre de Daeninckx ; *cf.* « Watching the Detectives », *in Postmodernism and the Re-reading of Modernity*, éd. Francis Barker *et al.*, Manchester, University of Manchester Press, 1992, p. 46-65 ; réimpression dans *Postmodern Literary Theory*, éd. Niall Lucy, Londres, Blackwell Press, 1999.

[5] Le Roux, cité dans l'interview de Toubiana, p. 51.

[6] Leslie Kaplan, *Depuis maintenant : Miss Nobody Knows*, Paris, POL, 1996, p. 83.

[7] *Ibid.*, p. 61-63.

[8] Voir l'interview de Le Roux par Toubiana, p. 50-55. Voir aussi, dans le même numéro, l'article d'Emmanuel Bordeaux sur le film, « Lettre à une inconnue », p. 47-49.

[9] Daum, *Des révolutionnaires dans un village parisien*, *op. cit.*, p. 15.

[10] Hervé Le Roux, *Reprise : récit*, Paris, Calmann-Lévy, 1998, p. 151.

[11] Adek, cité dans Daum, *Des révolutionnaires dans un village parisien*, *op. cit.*, p. 24. Le mode d'adhésion très libre des Comités d'action est illustré dans un rapport interne d'un autre comité de ce genre, le Comité d'action Étudiants-Écrivains, publié à l'origine en 1969 sous forme de texte collectif, mais attribué plus tard à Marguerite Duras : « *Parfois quelqu'un vient qu'on n'a jamais vu, revient huit jours d'affilée, puis plus jamais. Parfois quelqu'un vient qu'on n'a jamais vu et revient toujours. Parfois quelqu'un vient qu'on n'a jamais vu – où croit-il être venu ? – lit le journal et disparaît pour toujours. Parfois quelqu'un vient qu'on a déjà vu, ou revu. Parfois quelqu'un vient qu'on n'a jamais vu, revient quelques jours après, puis, à intervalles de moins en moins espacés, puis tout à coup, reste.* » (Marguerite Duras, 20 mai 1968 : « Texte politique sur la naissance du Comité d'action Étudiants-Écrivains », *in Les Yeux verts,* Paris, Éditions de l'Étoile/Cahiers du cinéma, 1996, p. 61.)

[12] Adek, cité dans Daum, *Des révolutionnaires dans un village parisien*, *op. cit.*, p. 27.

[13] Élisabeth Salvaresi, *Mai en héritage*, Paris, Éditions Syros/Alternatives, 1988, p. 18.

[14] *Ibid.*, p. 219-220.

[15] C'est particulièrement vrai dans une émission comme « 68 dans le monde », épisode de la série *Les Dossiers de l'écran*, présenté sur Antenne 2, le 2 mai 1978. Dans cet aperçu international des révoltes des années 1960, la partie française se concentre

entièrement sur le « délire verbal » et sur le graffiti poétique en tant qu'exigence d'imagination ; le Mai français est décrit comme une « révolte à l'état pur », une « révolution sans projet ». Cette émission emboîte le pas à la tendance générale des commémorations télévisées en occultant les ouvriers au profit des étudiants et du Quartier latin de façon extrême, sans faire la moindre mention des grèves.

[16] « Le procès de Mai », animé par Bernard Kouchner, prod. Roland Portiche et Henri Weber, présenté sur la première chaîne française le 22 mai 1988.

[17] Voir Sunil Khilnani, *Arguing Revolution : The Intellectuel Left in Postwar France*, New Haven, Yale University Press, 1993, en particulier les chapitres 5 et 6, où l'on trouve une excellente analyse des différentes interprétations données par Furet sur la Révolution française et le contexte politique et intellectuel de leur production.

[18] Khilnani, *Arguing Revolution...*, *op. cit.*, p. 124.

[19] Voir *Esprit*, juillet-août 1976 et sept. 1976.

[20] Les producteurs du « Procès de Mai » semblent s'être inspirés d'une précédente émission commémorative, celle d'André Campana en 1983, « Mai : connais pas », qui amenait également les étudiants au but mais d'une façon bien moins contrôlée, plus improvisée. Le problème de Campana fut que les étudiants, qui venaient de lycées techniques, étaient bien trop curieux et posaient trop de questions sur les événements de 68, questions qui ne reçurent pour la plupart pas de réponse dans la mesure où Campana sembla perdre le contrôle de l'émission. Par ailleurs, cette émission est l'une des rares à montrer le documentaire sur les usines Wonder. Il montre aussi Daniel Cohn-Bendit affirmant que 1968 était une « révolution sexuelle » à l'échelle mondiale.

[21] En dehors des vues d'usines occupées et de patrons séquestrés insérées dans la séquence sur le retard économique de la France, le thème des travailleurs n'est abordé que brièvement, non pas par les ouvriers eux-mêmes mais par un autre expert, un leader syndical de la CFDT, René Bonety, qui avait participé aux négociations des accords de Grenelle. Bonety qualifie 68 d'« explosion utile ».

[22] Je fais allusion à des commémorations télévisées comme « Mai 68, 5 ans après » (Claude Lebrun, 1973), « 68 dans le monde » (*Les Dossiers de l'écran*, A2, mai 1978) ou « Histoire de Mai » (André Frossard et Pierre-André Boutang, 1978), ainsi qu'à des documentaires sérieux comme *Le Droit à la parole*, de Michel Andreau (1978).

[23] *Cf.* Jean-François Vilar, « Les murs ont la parole », *in Rouge*, 9 mai 1978, p. 8 et 9.

[24] Pour un exposé concernant les débuts du mouvement féministe et sa relation avec le gauchisme et l'atmosphère politique de 68, voir Geneviève Fraisse, « La solitude volontaire (à propos d'une politique des femmes) », *Révoltes logiques. Les Lauriers de Mai*, p. 49-58. L'historien Robert Frank affirme comme moi que le genre en tant que catégorie est absent pendant mai et juin 1968 : « *Tel combat nouveau, celui des femmes par exemple, généré par les grandes évolutions de l'avant-68, est quasi absent de la scène en 68, pour resurgir plus tard dans un cadre modifié par 68.* » (Michelle Zancarini-Fournel *et al.*, *Les Années 68. Le temps de la contestation*, Bruxelles, Complexe, 2000, p. 16.)

[25] C'est l'un des domaines dans lesquels une émission comme « Le procès de Mai » prend une nette distance politique par rapport à des productions télévisées de 1978 comme « 68 dans le monde », avec ses images d'ouverture de l'Algérie, de la Palestine, du Biafra et du Viêtnam. Mais même les émissions qui n'adoptaient pas une perspective internationale établissaient un lien clair entre les événements du tiers-monde et le soulèvement à Paris : une production belge de 1973, le « Mai 68, 5 ans après » de Lebrun, soutient, à raison, que c'est une manifestation contre la guerre au Viêtnam qui a été le

début de tout. De même, le long documentaire d'André Frossard et de Pierre-André Boutang, intitulé « Histoire de Mai » et présenté pour la première fois en 1978, inclut le Viêtnam dans les causes des événements français.

[26] Cité dans *Libération*, 24 nov. 1983.

[27] Jean-Paul Sartre, « Les grenouilles qui demandent un roi », *Situations V*, Paris, Gallimard, 1964, p. 121.

[28] Patrick Forestier, « Les impostures du tiers-mondisme », *in Paris Match*, 22 février 1985, p. 3-29.

[29] Voir Yves Lacoste, *Contre les anti-tiers-mondistes et contre certains tiers-mondistes*, Paris, La Découverte, 1985, p. 6.

[30] La Fondation Saint-Simon, fondée en 1982, tenait à la fois du club de gentlemen anglais (quoique non réservé aux hommes) et de l'institut de recherche. Présidé par François Furet jusqu'à sa mort, le club servait de lieu de rencontre aux intellectuels et aux « décideurs » du gouvernement. Parmi ses 70 à 80 membres figuraient des personnalités issues des médias, du monde des affaires et des différentes disciplines liées aux sciences sociales ; en fait, son existence est significative du réseau qui s'était tissé entre ces trois domaines dans le nouveau contexte idéologique des années 1980. Comme la revue *Le Débat*, il contribua à réhabiliter l'image de l'intellectuel en tant qu'« expert » et conseiller du politique. On trouvait parmi ses membres beaucoup d'auteurs responsables de la production d'une ligne révisionniste sur Mai 68, y compris Gilles Lipovetsky, Luc Ferry, Alain Minc (trésorier de la Fondation) et Serge July. Le club fut dissout en 1999.

[31] Voir Jacques Julliard, « Le tiers-monde et la gauche », *in Le Nouvel Observateur*, 5 juin 1978 ; réimprimé dans *Le Tiers-monde et la gauche*, éd. Jean Daniel et André Burgière, Paris, Seuil, 1979, p. 36-40. Julliard édita également un ouvrage collectif intitulé *Regards froids sur la Chine* (1976) qui fut l'un des premiers signaux de rupture de beaucoup d'intellectuels français avec le maoïsme. Plus récemment, il a été un partisan enthousiaste de la guerre du Golfe, du traité de Maastricht et du plan Juppé, qui déclencha les grèves de novembre et décembre 1995.

[32] Julliard, « Le tiers-monde et la gauche », art. cité, p. 39-40.

[33] Voir Guy Sitbon, « Le temps des méprises », *in Le Nouvel Observateur*, 10 juillet 1978 ; réimprimé dans Daniel et Burgière, *Le Tiers-monde et la gauche*, *op. cit.*, p. 73-76.

[34] Pascal Bruckner, *Le Sanglot de l'homme blanc : tiers-monde, culpabilité, haine de soi*, Paris, Seuil, 1983, p. 284.

[35] *Ibid.*, p. 260-261.

[36] Voir Lacoste, *Contre les anti-tiers-mondistes et contre certains tiers-mondistes*, *op. cit.*, p. 25-28.

[37] Bernard Kouchner, « Les bons et les mauvais morts », *in Le Nouvel Observateur*, 3 juillet 1978 ; réimprimé dans Daniel et Burgière, *Le Tiers-monde et la gauche*, *op. cit.*, p. 44-51.

[38] Jean-Pierre Le Dantec, « Une barbarie peut en cacher une autre », *in Le Nouvel Observateur*, 22 juillet 1978 ; réimprimé dans Daniel et Burgière, *Le Tiers-monde et la gauche*, *op. cit.*, p. 40-44.

[39] Jean-François Vilar, « Le temps des fossoyeurs », *in Rouge*, 11 mai 1978, p. 10.

[40] Guy Hocquenghem, *Lettre ouverte à ceux qui sont passés du col Mao au Rotary*, Paris, Albin Michel, 1986, p. 15-16.

[41] *Ibid.*, p. 17.

[42] Statistique du *Washington Post*, citée dans *Le Monde* du 12 avril 1972.

[43] Voir Alain Finkielkraut, *La Défaite de la pensée*, Paris, Gallimard, 1985, p. 165, et André Glucksmann, *La Bêtise*, Paris, Grasset, 1985. La rhétorique de l'Europe censée constituer un bastion de civilisation contre la barbarie a été utilisée par Daniel Cohn-Bendit lors de débats télévisés, pour justifier les bombardements au Kosovo.

[44] Aron, *La Révolution introuvable*, *op. cit.*, p. 13.

[45] Pour le meilleur résumé critique du matraquage anti-tiers-mondiste, voir Claude Liauzu, *L'Enjeu tiers-mondiste, débats et combats*, Paris, L'Harmattan, 1988, ainsi que « Le tiers-mondisme des intellectuels en accusation », *in Vingtième siècle*, 12 (oct.-déc. 1986), p. 73-80. Lire aussi le dossier du *Monde diplomatique,* « Une bête à abattre : le tiers-mondisme », mai 1986.

[46] Voir « Tchad, l'engagement à reculons », *in Libération*, 12 août 1983. Les éditions de *Libé* d'août et septembre 1983 sont remplies de titres (« Les paras français sur les lignes de front », « Beau comme un para nouveau ») et de photos célébrant le retour du parachutiste français.

[47] Voir Peter Dews, « The *Nouvelle Philosophie* and Foucault », *in Economy and Society*, 8, 2 (mai 1979), p. 127-171. Cet essai ainsi qu'un autre du même auteur, « The "New Philosophers" and the End of Leftism » (*Radical Philosophy Reader*, éd. Roy Edgley et Richard Osborne, Londres, Verso, 1985, p. 361-384) constituent les meilleures analyses critiques du phénomène des Nouveaux Philosophes disponibles en anglais.

[48] Michel Le Bris, interview dans *Génération perdue*, éd. J. Paugham, Paris, Robert Laffont, 1977, p. 93-94.

[49] « *Le jeune Bernard-Henri Lévy était un brillant sujet dont je peux témoigner qu'il n'a jamais été ni marxiste ni maoïste* », Lecourt, *Les Piètres Penseurs*, p. 26.

[50] Voir Fredric Jameson, « On Cultural Studies », *The Identity in Question*, éd. John Rajchman, New York, Routledge, 1995, p. 267.

[51] Voir l'exposé de Daniel Bensaïd et Alain Krivine sur ce qu'ils nomment l'« effet goulag », dans *Mai si !,* Paris, PEC-La Brèche, 1988, p. 74-80.

[52] Bernard-Henri Lévy, cité dans Paugham, *Génération perdue*, p. 176.

[53] Voir François Aubral et Xavier Delcourt, *Contre la nouvelle philosophie*, Paris, Gallimard, 1977.

[54] Gilles Deleuze, « À propos des nouveaux philosophes et d'un problème plus général », supplément à *Minuit*, 24, mai 1977.

[55] Voir Robert Linhart, « Western "dissidence" ideology and the protection of bourgeois order », *in Power and Opposition in Post-revolutionnary Societies*, Londres, Ink Links, 1979, p. 249-260 ; Dominique Lecourt, *Dissidence ou révolution ?*, Paris, Maspero, 1978.

[56] Claude, cité dans Daum, *Des révolutionnaires dans un village parisien*, *op. cit.*, p. 172.

[57] Maurice Blanchot, *Les Intellectuels en question*, Paris, Fourbis, 1996, p. 60.

[58] Jean-Paul Sartre, Introduction à Manceaux, *Les Maos en France*, *op. cit.*, p. 10.

[59] Jean Chesnaux, « Gadgets éphémères, slogans oubliés, "militants" effrontés », texte sur stencil de 1973, « exclusivement destiné à la circulation intérieure dans le mouvement de gauche ». En mai 1971, par exemple, un militant africain de la Gauche prolétarienne fut menacé. Des intellectuels furent mobilisés pour le défendre en occupant un bureau de l'immigration, pour apprendre plus tard qu'il avait en fait été puni pour avoir « trahi » la GP ; aucune explication ne fut donnée à ceux qui s'étaient opposés à son expulsion et dont la présence avait valu à la GP trois lignes dans la rubrique

« Agitations » du *Monde*. À la fin de 1971 et au début de 1972, un groupe d'intellectuels parisiens, parmi lesquels Chesnaux et Jean-Pierre Faye, se mobilisa pour soutenir les luttes maoïstes contre les accidents de travail dans les chantiers navals de Dunkerque. (Voir Jean-Pierre Faye et le groupe d'information sur la répression, *Luttes de classes à Dunkerque*, Paris, Galilée, 1973.) Ils se rendirent à trois reprises sur le site sans pouvoir dire s'il existait ou non un niveau massif de contestation ouvrière derrière l'initiative des maoïstes. Chesnaux, qui estimait que les maoïstes avaient fait preuve d'une réelle aptitude dans les relations avec les masses, d'une créativité révolutionnaire et d'un talent certain pour localiser les nouveaux terrains de lutte, exprimait une certaine amertume à propos de ces nouvelles formes d'« élitisme populiste », de ces gadgets et de ces secrets utilisés par des militants de plus en plus « professionnalisés ». Comme beaucoup de militants de l'époque, il se tourna vers ce que les maoïstes appelaient trop facilement les luttes « secondaires » – femmes, mouvements régionaux, Larzac – qui avaient en fait une base populaire bien plus grande.

[60] Jean-Paul Sartre, « Plaidoyer pour les intellectuels », *Situations VIII*, p. 421.

[61] Dews, « The *Nouvelle Philosophie* and Foucault », art. cité, p. 165.

[62] *Ibid.*, p. 166.

[63] Voir André Glucksmann, *La Cuisinière et le mangeur d'hommes. Essai sur les rapports entre l'État, le marxisme et les camps de concentration*, Paris, Seuil, 1975. 20 000 exemplaires de ce livre furent vendus l'année de sa parution.

[64] Jacques Rancière, « La bergère au goulag », *Révoltes logiques*, 1 (hiver 1975), p. 108.

[65] Danielle et Jacques Rancière, « La légende des philosophes », art. cité, p. 24.

[66] *Ibid.*, p. 22.

[67] Hocquenghem, cité dans Salvaresi, *Mai en héritage*, *op. cit.*, p. 23-24.

Le consensus et sa ruine

À l'approche du vingtième anniversaire de Mai 68, l'amenuisement de la liste des témoins à quelques porte-parole autorisés, l'oubli progressif et la désinformation mise en œuvre dans des représentations comme « Le procès de mai », avaient transformé Mai 68 en une sorte d'énigme. Ses contours s'estompaient peu à peu, tout comme la diversité de ses manifestations ; ses objectifs même semblaient incohérents. Il était facile dans ces conditions de le considérer comme un phénomène purement discursif, comme un ensemble d'idées et non pas comme un événement politique, d'y voir une morale plutôt qu'une véritable forme sociale alternative. Mais il était nécessaire d'entretenir cet aspect énigmatique. Son rôle n'était pas fermement établi dans l'histoire narrative de l'après-guerre ; en tant que point de référence majeur dans la mémoire collective récente des Français, Mai 68 se devait d'imposer une fois pour toutes son héritage dans le présent, en particulier dans ses impératifs politiques. À la fin des années 1970, d'ex-gauchistes, souvent d'anciens maoïstes, avaient proposé une version faisant de Mai le point de départ d'une révolution purement spirituelle ou « culturelle » – « révolution culturelle » du reste très éloignée de la Révolution chinoise qui avait été jadis leur grande préoccupation. Sur la base de cette interprétation, Mai devait dès lors être reconfiguré comme prélude aux années 1980, caractérisées par le retour à l'individualisme, le triomphe des démocraties de marché, et une logique liant de manière indissociable la démocratie au marché et à la défense des droits de l'homme.

Gilles Lipovetsky, l'un des membres du groupe des nouveaux « Nouveaux Philosophes » qui perça juste à temps pour proposer, lors du vingtième anniversaire de Mai, une version quelque peu affinée de la lecture morale avancée par les ex-gauchistes, soutint que « *sous le signe de la révolution, l'"esprit 68" ne faisait que prolonger la tendance pesante de la privatisation des existences* ». Et de poursuivre : « *Non seulement l'esprit de Mai est individualiste mais il a contribué à sa manière* [...] *à accélérer l'avènement de l'individualisme narcissique contemporain, dépolitisé et réaliste, flottant et apathique, largement indifférent aux grandes finalités sociales et aux combats de masse.* »[1] En d'autres termes, Mai a contribué à créer une atemporalité dans laquelle toute *idée* de discontinu, de rupture ou de changement historique a complètement disparu. La seule faille de ce nouveau régime temporel est constituée par cette rupture fondamentale qui sépare notre présent, centré autour de l'individu, d'un passé définitivement obsolète, qui non seulement admettait les possibilités de changement historique et de discontinuité, mais qui quelquefois même les expérimentait. Totalement déterritorialisé, Mai se confond avec une phase du capitalisme qui nie toute étape historique future. En donnant naissance à une post-modernité lisse et sans fracture, la génération 68 a fait d'elle-même la dernière génération.

Mais si les acteurs et les protagonistes d'un événement continuent d'agir, son « esprit » le peut-il ? En fait, non : l'esprit se manifeste, et de ce fait, la route qu'il suit est toute tracée. Mai n'a plus rien à voir avec les choix opérés par ses protagonistes, ou avec leurs discours circonstanciés ; il s'agit plutôt désormais d'une mentalité immatérielle qui permet au pouvoir de s'étendre, comblant peu ou prou le fossé qui sépare les années 1960 des années 1980 pour les unir dans un même récit du progrès et les faire marcher, main dans la main, vers l'individualisme démocratique. Pour fabriquer un « esprit de Mai », il faut d'abord que ses héros lui attribuent arbitrairement certaines réalisations sociales du présent, puis en fassent l'essence même du mouvement, pour ainsi mieux se l'approprier. Loin de constituer une rupture, Mai devient, dans cette perspective, « *un moment d'adaptation de la modernité d'un capitalisme longtemps en sommeil* »[2]. Bref, Mai devient le nettoyage de printemps du capitalisme.

Seul un petit nombre de commentateurs se sont étonnés de la généalogie fantaisiste et de la curieuse théorie historique selon laquelle Mai devenait l'initiateur de l'individualisme contemporain et de l'épanouissement de la vie privée. Comme l'observe Jean-Franklin Narot, cette généalogie repose essentiellement sur la disparition des liens historiques de causalité au profit d'une simple succession temporelle : ce qui vient avant est la cause ; ce qui vient après est l'effet ou le produit. Les caractéristiques des années 1980 sont forcément déjà comprises dans 68, puisqu'elles lui succèdent chronologiquement[3]. Dans cette philosophie de l'histoire, le passé n'existe que pour mieux justifier et magnifier le présent.

En dépit de cette causalité déformée, ou peut-être, précisément, à cause d'elle, la conception de Mai proposée par Lipovetsky réussit quasiment à établir un consensus. Son influence est sensible actuellement encore dans les thèses qui affirment que la technologie de l'Internet et l'actuelle « révolution de la communication » sont directement issues des années 1960, ou, tout au moins, annoncées par elles. Cependant, consensus signifie littéralement « accord sur l'évidence, sur les données sensorielles d'une situation » ; or, ces données font singulièrement défaut aux interprétations des années 1980, qu'elles soient avancées par Lipovetsky, Alain Minc, Luc Ferry ou Alain Renaut[4]. En fait, le consensus repose précisément sur cette absence : d'un commun accord, on décide d'ignorer toute dimension sensible. On a vu, par exemple, très peu d'images de Mai pendant les commémorations télévisées du vingtième anniversaire ; les documentaires sur la violence de rue qui avaient été diffusés en 1978 ont disparu des écrans en 1988. Face à un Mai devenu invisible et muet, il est très facile d'imaginer que ses offensives politiques directes, son antigaullisme acharné et la grève générale de neuf millions de personnes n'ont jamais eu lieu. Et, en dépit de leur interprétation consensuelle faisant de Mai le point de départ de l'individualisme contemporain, les auteurs ignorent totalement les groupes et les individus qui ont fait la révolte. Leurs travaux ne font aucune mention des conceptions, des réflexions ou des ambitions des acteurs de Mai 68, pas plus que de leur langage ou de la portée qu'ils voulaient donner à leurs actions. N'est-il pas plus facile, pour un philosophe, de déterminer le sens d'un événement préalablement réduit au silence ? Dès lors, une fois dégagée de toute dimension concrète, la spéculation abstraite ne peut servir que l'abstraction elle-même. Il en résulte une déplorable, et souvent vertigineuse, « *hégémonie du verbe, une circularité du commentaire* »[5] selon les mots de Jean-Pierre Rioux dans son analyse de l'état des discours sur Mai à la fin des années 1980. Une fois que l'on perd de vue la dimension matérielle de Mai, les arguments se mordent la queue et, comme Isabelle Sommier l'observe si finement, c'est le consensus atteint autour de *cette* interprétation qui témoigne de la nature conciliatrice de Mai[6].

Si les acteurs réussissent tant bien que mal à se faire une place dans leur propre récit, la « ruse de l'Histoire » s'applique à leur couper l'herbe sous le pied. Les résultats de vos actes ont été totalement à l'encontre de ce que vous vouliez ! Pauvres imbéciles. Vous pensiez agir contre le capitalisme mais, à la suite de la victoire d'une « ruse » anarchiste de l'Histoire, vos efforts ont en fait constitué une des étapes clés, sinon l'étape clé, permettant d'accomplir la synthèse pacifique de toutes les relations sociales (économiques, politiques et culturelles) sous l'égide du marché. Si vous vous étiez abstenus d'agir (comme, par exemple, les Norvégiens, qui n'ont pas connu de Mai 68), la modernisation capitaliste aurait tout de même abouti aux résultats (sociologiques et culturels) que nous connaissons. Les femmes auraient quand même fini par troquer leurs jupes contre des pantalons, comme cela s'est passé en Norvège ; les Français auraient quand même connu la généralisation du tutoiement. Mais en étant suffisamment stupides pour avoir tenté de miner ou de supprimer le capitalisme, vous avez en fait accéléré son avènement !

Dans une perspective idéologique toute différente, Régis Debray avait, dès l'époque du dixième anniversaire de Mai, usé du même stratagème narratif, arguant que tout s'était joué dans le dos des acteurs, en coulisse, là où la « ruse du Capital » pèse de tout son poids et manigance des continuités et des répercussions qui échappent inévitablement à la connaissance des acteurs. En fait, c'est la modernisation capitaliste qui, en tant que sujet ou protagoniste du récit quelque peu moqueur de Debray, tire toutes les ficelles et orchestre le complot. La ruse du capital retourne la logique des militants contre eux-mêmes, et produit le résultat que ceux-ci voulaient à tout prix éviter, à savoir l'ouverture de la France aux modes de vie et de consommation américains. La description par Debray des objectifs de Mai, est, notons-le, identique à celle de Lipovetsky : il s'agit de « l'émancipation de l'individu ». Ayant atteint cet objectif, Mai parvient finalement à s'affranchir des contraintes qui freinaient la progression de la consommation de masse dans la société française. Mai fut, selon Debray, le « *berceau d'une nouvelle société bourgeoise* »[7].

La version de Lipovetsky est très similaire : « *Révolution sans projet historique, Mai 68 est un soulèvement cool, sans mort, une "révolution" sans révolution, un mouvement de communication autant qu'un affrontement social. Les journées de Mai, par-delà la violence des nuits chaudes, reproduisent moins le schéma des révolutions modernes fortement articulées autour des enjeux idéologiques qu'elles ne préfigurent la révolution postmoderne des communications. L'originalité de Mai, c'est son étonnante civilité : partout la discussion s'instaure, les graffitis fleurissent les murs* [...], *la communication s'établit dans les rues, dans les amphis, dans les quartiers et les usines, là où d'ordinaire elle fait défaut.* [...] *il s'agissait* [...] *de libérer l'individu de mille aliénations qui quotidiennement pèsent sur lui* [...]. *Libération de la parole* [...]. *Mai 68 est déjà une révolution personnalisée, la révolte se fait contre l'autorité répressive de l'État, contre les séparations et contraintes bureaucratiques incompatibles avec le libre déploiement et la croissance de l'individu.* »[8]

Il est intéressant de noter au passage que le trope de la « civilité » (dans ce cas, une *étonnante* civilité) ou de la conciliation (la conversation pacifique de Kouchner par-dessus des barricades) se fonde sur le déni explicite des morts de mai-juin, sans parler des nombreux suicides au cours des années qui suivirent. Bien que le nombre de morts soit faible selon certains critères – sept, suivant le récent décompte d'un historien –, on est frappé de voir avec quelle vigueur les commentateurs, à commencer par Raymond Aron, ici suivi par Lipovestky et, plus tard, par Pierre Nora, relaient la fausse information selon laquelle « personne n'est mort en 1968 »[9].

Personne ne perdit la vie, semble-t-il, et l'« individu », cette entité parfaite constituée de connaissances, de désirs et de croyances, est « libéré » et engendré par Mai pour servir désormais de preuve fondamentale. L'« individu » garantit l'absence d'idéologie grâce à un « je » supposé contenir dans son opposition (Renaut et Ferry, tout comme Lipovetsky et Debray, résument Mai à l'opposition de l'« individu contre le système ») un degré supérieur d'authenticité à celui de n'importe quel « nous », désormais inévitablement considéré comme bureaucratique, répressif, figurant l'État ou le parti (et non pas la corporation).

La « communication » libre ou latérale entre individus (le mot figure trois fois dans ce bref passage) est liée, selon Lipovetsky, à la libre circulation du marché : c'est à travers le thème dominant de la « communication » et de ses satellites (civilité, libération du discours, libre échange) que les énergies de Mai se retrouvent assujetties à la logique du marché dans les années 1980. Mais que signifie « libération du discours » chez Lipovetsky ? Partant du cliché très commun du « délire verbal » (établi à l'origine par rapport aux graffitis évoqués dans l'extrait), Mai, en tant que fête de l'auto-expression ludique, ressemble à s'y méprendre au consumérisme des années 1980. Les interprétations de Mai, notamment celle de Lipovetsky, privilégiaient nettement les graffitis à tous les autres textes ou preuves documentaires. Résumer le discours de Mai à quelques expressions poétiques du style « *Il est interdit d'interdire* » ou « *Sous les pavés la plage* » facilite considérablement son intégration à une vision de la société propre aux années 1980, libérée de tous les conflits et les confrontations.

Si de nouvelles formes de contact et de solidarité s'établirent en Mai entre des personnes qui, auparavant, n'étaient pas susceptibles de se rencontrer, ce n'était pas grâce aux médias, bien entendu, mais plutôt grâce à la destruction active des formes de médiation qui avaient jusque-là maintenu les gens dans cette ségrégation forcée. Autrement dit, si les militants de Mai eurent recours à des médias reconvertis, pendant la courte période durant laquelle les outils usuels de la communication « verticale » ou bourgeoise (presse établie, télévision d'État, porte-parole officiels du gouvernement, ensemble de l'ordre de classes incarné par l'État) furent mis hors service, et si cette subversion créative pouvait être réinterprétée dans les années 1980 comme présage de l'harmonie supérieure issue de l'interaction d'égoïsmes particuliers sur le marché, peut-être valait-il mieux retourner aux observations de Sartre selon lesquelles le pouvoir des étudiants ne résidait pas dans leur prise de parole, mais dans le refus de la prendre. Le refus du discours faisait tout autant partie de Mai que le désir de s'en saisir. Après tout, c'est le refus des insurgés de négocier avec l'État (« pas de dialogue entre matraqueurs et matraqués ! »), le rejet de la « séduction puante du dialogue »[10], qui a accéléré le désarroi et la terreur du gouvernement ; la négociation aurait, quant à elle, maintenu le conflit dans les limites tolérées par le système. Dans leur bavardage au cours des émissions commémoratives du vingtième anniversaire, certains anciens militants repentis ont littéralement fourni le dialogue avec l'État qui avait été farouchement refusé à l'époque. Dans un texte écrit juste après les événements, Sartre développait le thème du « refus du discours » à propos d'une critique des étudiants, sur ce que l'on a coutume d'appeler, aux États-Unis, la « *relevance issue* » (faute d'équivalent, on peut le traduire par « question pertinente »). Il se réfère à l'impatience qu'ils manifestent vis-à-vis de la dimension métadiscursive de l'analyse culturelle et de l'accumulation de médiations et autres interprétations culturelles. Ils doutent, autrement dit, de la capacité de la culture à offrir des solutions : « *des paroles qui en commentaient d'autres et ainsi de suite à l'infini* »[11]. Le refus des étudiants, en tant que fonctionnaires et spécialistes du domaine de la parole, de produire un discours sur le discours équivaut au refus de parler *en tant qu'*étudiants. Cela revient à partir en grève : leur refus de parler équivaut au merveilleux silence de l'usine lorsque les ouvriers éteignent leurs machines, ou aux huées des ouvriers de Billancourt en réponse aux résultats des négociations de Grenelle. Refuser de parler en tant qu'étudiants et d'exprimer leurs intérêts propres (« *Nous ne nous intéressions pas aux affaires des étudiants* »[12]) faisait nécessairement partie de la volonté de parler un autre langage, celui des affaires générales, chasse gardée des professionnels. C'était une étape nécessaire pour arracher la politique à ceux qui en avaient le monopole et en faisaient leur métier. C'est précisément le refus d'agir comme des étudiants, le refus de demander « des gommes et des crayons », qui exaspéra le ministre de l'Intérieur, Raymond Marcellin. Dans un écrit de 1969, il révèle l'information secrète qu'il a obtenue sur « *l'une des dernières réunions des Comités d'action de lycéens, qui était articulée autour de quatre thèmes. Quel était le premier thème ? La réforme des lycées ou des universités ? Non, la lutte contre l'impérialisme.* »[13] La réaction de professionnels comme Marcellin (de Gaulle, Pompidou et autres...) et de leur police à la remise en cause, par les étudiants et les ouvriers, de la sphère de la politique spécialisée ne s'apparentait pas le moins du monde à une « étonnante civilité », à un moment quasi habermassien de communication transparente, ou à la fausse universalité de l'humanisme libéral. La sphère de communication ne s'ouvre pas d'elle-même ; du coup, son ouverture à un nombre plus ou moins élevé de personnes qui n'ont pas accès au langage constitue un acte symboliquement, voire physiquement, violent, chargé de toute la violence spécifique de l'action politique. Les étudiants cherchaient bien moins à « s'exprimer eux-mêmes » qu'à s'inventer une identité susceptible de les inclure, aux côtés des ouvriers et des paysans, dans un groupe ayant été exclu des affaires du gouvernement.

Lorsque l'on examine un tant soit peu les tracts réunis par Schnapp et Vidal-Naquet, on se rend rapidement compte que les étudiants et les ouvriers de Mai s'engagèrent dans cette lutte en utilisant le vocabulaire de la vulgate marxiste qui dominait alors, et pour laquelle la sphère sociale était divisée entre la bourgeoisie, d'une part, et le prolétariat d'autre part. Le langage de Mai est celui de ces tracts, des petits articles parus dans des revues souvent éphémères, des textes diffusés par toutes sortes de groupes et d'organisations, dont les caractères pâlis trahissent l'usure du stencil et dont le pathos augmente proportionnellement avec le nombre de fautes d'orthographe. C'est aussi celui des textes des « Comités d'action » de quartiers ou d'usines qui survécurent souvent bien après Mai, et qui étaient les fruits de leurs réunions et d'interminables discussions le plus souvent confuses : « *J'ai donc tout gardé, comme s'il m'était impossible de me défaire de ce fatras lourd et encombrant que j'ai accumulé au fil des années. Comme s'il m'était vital de conserver ces tracts, affiches, journaux, brochures, bulletins... Et ça l'est. Car si je n'avais pas ces traces de papier, comment aurais-je la preuve qu'elles ont bien existé, ces années, qu'elles ont bien été vécues par moi et par d'autres, par des milliers d'autres et pas seulement par les quelques "révolutionnaires" plus ou moins repentis, plus ou moins amnésiques qui, devenus des vedettes médiatiques dans les années quatre-vingt, se sont arrogé le monopole de la représentation et de la parole sur ces années-là.* »[14]

Dans les documentaires diffusés à la télévision en 1978, mais qui ne le furent plus en 1988, on assiste entre autres au débat entre des jeunes et certains de leurs aînés sur le mérite des assemblées ouvrières qui se tinrent dans la cour de la Sorbonne, sous l'égide des énormes portraits de Mao et de Che Guevara ; ailleurs, on entend des lycéens réclamer non pas le droit de s'exprimer eux-mêmes en tant qu'individus, mais celui de pouvoir s'organiser librement dans les écoles, manifestant ainsi leur soutien à d'autres étudiants renvoyés pour avoir fait circuler le texte du *Déserteur* dans les lycées[15]. Même les commentateurs favorables à une interprétation de Mai comme « libération du discours », à l'instar de Michel de Certeau, sont forcés de reconnaître que cette libération s'est effectuée dans les limites d'un vocabulaire très restreint : « *On a souvent reproché aux contestataires de s'exprimer avec des moyens intellectuels très limités. Deux douzaines de mots, dont société de consommation, répression, contestation, le qualitatif, capitalisme, etc. Le fait est exact.* »[16] Tellement exact en fait que, dans les années 1980, un Daniel Cohn-Bendit embarrassé, contraint de commenter à la télévision les images d'une réunion de 68 dans laquelle il utilise ce langage, se voit obligé, dans sa volonté de prendre ses distances par rapport à ce qu'il fut, d'inventer sur-le-champ un nouveau slogan : « Sous la langue de bois, le désir »[17]. S'exprimant ensuite dans la nouvelle langue de bois de la génération perdue, il poursuit : « *On avait des idées justes, mais des discours faux, c'était la langue de bois.* » Traduction : les stéréotypes marxistes que nous utilisions n'étaient qu'une façade, derrière laquelle la véritable signification de Mai, sa vérité cachée, le désir et la liberté d'expression individuelle, attendaient pour éclater au grand jour. Le langage de classe gauchiste, qui était en fait au cœur du mouvement, doit être négligé et considéré comme un élément qui empêchait l'émergence d'un Mai plus authentique, celui de l'âme, du désir individuel et de la spiritualité. Il faut oublier la langue que nous utilisions dans les années 1960, car ce que nous voulions vraiment dire, nous ne pourrions l'exprimer que plus tard, dans le nouveau langage des années 1980.

Le fait d'éliminer ou de ne pas tenir compte du langage dominant de Mai ouvre une porte à la ventriloquie : on peut désormais substituer ou prêter le langage que l'on veut aux acteurs de Mai. L'exemple le plus surprenant de cette sorte de ventriloquie apparue pendant l'ère hypocrite des années Mitterrand fut le pamphlet de Luc Ferry et Alain Renaut intitulé *La Pensée 68*, au sujet duquel on est tenté de paraphraser Mary MacCarthy et d'affirmer que tout, dans ce titre, est mensonger, y compris le « la ». Surtout le « la », devrait-on dire. L'article défini laisse entendre, à tort, que l'événement était pourvu de cohérence et d'unité et, pire encore, qu'on peut lui rattacher une pensée unique. (Cette pensée, en l'occurrence, est l'antihumanisme. Le sous-titre de l'ouvrage, *Essai sur l'antihumanisme*, décrit plus fidèlement le contenu du livre, mais aurait indéniablement été moins commercial.) Aujourd'hui encore, un jeune, curieux de connaître les fondements intellectuels du mouvement, pourrait être tenté, en raison de son titre ou de la magnifique illustration rouge de Fromanger qui orne sa couverture, de choisir cet ouvrage. Cependant, les auteurs n'expliquent nulle part la relation entre titre et sous-titre, ni entre les événements de 1968 et la tendance intellectuelle appelée « antihumanisme » qu'ils entendent dénoncer (il s'agit d'un « type idéal » de pensée composite, représentée par les travaux de quatre « philosophistes », comme les baptisent les auteurs, à savoir Derrida, Lacan, Foucault et Bourdieu). Renaut et Ferry sont tenus d'ignorer la relation biographique de ces penseurs à Mai, et ce, pour la bonne raison que, comme l'ont fait remarquer Dominique Lecourt et d'autres, tous sont restés sans voix face aux événements de 68[18]. Derrida s'est fait particulièrement discret pendant les événements et Foucault, qui était en Tunisie, n'était même pas présent lors de l'insurrection[19]. Pierre Bourdieu, qui sera plus tard extrêmement actif et essentiel à l'organisation du soutien des intellectuels aux travailleurs pendant les grèves de novembre et décembre 1995, ne fit pas preuve de la même initiative ou de la même solidarité politique en 1968, selon Christine Delphy, qui faisait alors partie de son équipe de travail. En d'autres termes, il ne « *prit pas le train en marche* »[20]. Louis Althusser, penseur antihumaniste inexplicablement laissé de côté par Renaut et Ferry, était hospitalisé et, comme Cornelius Castoriadis le déclara à propos de Lacan, « *personne à Paris pendant les années 60, en possession de ses esprits, connaissant le personnage et ses écrits, n'aurait rêvé que Lacan eût pu avoir affaire en quoi que ce soit avec un mouvement social et politique* »[21]. Donc, tandis qu'un certain nombre de penseurs étaient actifs en 1968, parmi lesquels Mascolo, Sartre, Lefebvre, Chesnaux, Blanchot, Duras et Faye, les événements politiques plongèrent les penseurs « antihumanistes » dans une sorte de désarroi. Lacan, pour sa part, alla jusqu'à dire, au sujet des manifestants, qu'ils étaient des âmes perdues à la recherche d'un père ou « *aspirant à un maître* »[22].

Il n'y a pas davantage de lien établi entre les écrits ou la pensée de ces intellectuels et les événements de Mai, en dehors de la simple « simultanéité chronologique » (c'est-à-dire qu'ils écrivirent pendant les années 1960). Sur la base de cette relation chronologique, Ferry et Renaut prétendent que leurs écrits doivent être considérés, au même titre que Mai, comme les « symptômes » d'un même phénomène : la montée de l'individualisme contemporain. Une fois de plus, l'analyse de la culture, du langage et de l'histoire de 68 fait totalement défaut. L'unique militant cité dans *La Pensée 68*, Daniel Cohn-Bendit comme par hasard, apparaît dans une note de bas de page qui contredit de manière frappante l'argument du livre : « *On a voulu nous "balancer Marcuse", comme maître à penser : plaisanterie. Certains lisent Marx, bien sûr, peut-être Bakounine et, parmi les auteurs contemporains, Althusser, Mao, Guevara, Lefebvre. Les militants politiques du Mouvement du 22 mars ont à peu près tous lu Sartre.* »[23] La confusion du lecteur est à son comble face au refus de Renaut et Ferry de nier à Mai un aspect « humaniste », même si ce qu'ils entendent par « humaniste » semble être limité, dans ce contexte, à la notion d'individu opposé au système[24]. Les slogans manifestement humanistes de Mai auraient-ils été inspirés par leur exacte antithèse philosophique ? Parmi les commentateurs exaspérés par ce livre, peu furent aussi critiques que Cornelius Castoriadis, pour qui 68 n'était rien sinon un événement qui remettait précisément en cause les structures réificatrices sous-tendant les idées labellisées, vingt ans plus tard, « pensée » de 68.

« *Il est étrange de voir appeler aujourd'hui "pensée 68" un ensemble d'auteurs qui ont vu leur vogue s'accroître après l'échec de Mai 68 et des autres mouvements de la période, et qui n'ont joué aucun rôle dans la plus vague préparation "sociologique" du mouvement, à la fois parce que leurs idées étaient totalement inconnues des participants et parce qu'elles étaient diamétralement opposées à leurs aspirations implicites et explicites* [...]. *Le contresens de Ferry et Renaut est total : la "pensée 68" est la pensée anti-68, la pensée qui a construit son succès de masse sur les ruines du mouvement de 68 et en fonction de son échec.* »[25]

Étant donné l'incapacité du livre à établir un lien entre Mai et les intellectuels choisis, la plupart des critiques ne font tout simplement pas référence à 1968[26]. Dès lors, même une critique favorable comme celle de François Furet commence en admettant que « *la référence à Mai n'est pas indispensable à son intelligence* »[27]. Les autres, qui avaient pris le titre pour argent comptant, s'attendaient à apprendre quelque chose de neuf sur Mai 68 ; ils s'indignèrent de la façon dont les événements eux-mêmes se trouvaient dissouts dans les fulminations des auteurs contre l'antihumanisme et n'y voyaient qu'un pamphlet idéologique, et non pas théorique[28]. Autrement dit, ils le lisaient avant tout comme une polémique politique. En faisant un amalgame extrêmement fallacieux entre ce qu'Althusser appellerait les deux ordres « semi-autonomes » de la réalité, les auteurs ont cherché à faire d'une pierre deux coups et à enterrer Mai tout en dénonçant l'antihumanisme. Au terme de toute une série d'épuisantes contorsions intellectuelles, ils reviennent *in fine* à la vieille proposition aronienne, à savoir que les deux phénomènes, Mai 68 et la pensée antihumaniste, doivent être liquidés pour faire place à la philosophie libérale des droits de l'homme que la France des années 1960 avait eu, selon eux, l'immense tort d'ignorer.

La question de savoir si la pensée structuraliste des années 1960 a été renforcée, ou, tout au contraire, menacée par Mai 68 trouve peut-être sa meilleure expression dans cette phrase écrite sur le tableau de la Sorbonne, et que Lucien Goldman aimait particulièrement citer : « *Les structures ne descendent pas dans la rue.* »[29] Ce sont les gens et non les structures qui font l'histoire et, de plus, être pour ou contre le structuralisme ne suffit pas à entraîner des centaines de milliers de gens dans la rue. Sartre avait déjà démantelé une sorte d'« analphabétisme politique » (selon son expression) similaire à celui de *La Pensée 68* en répondant à l'analyse d'un journaliste qui définissait la pensée de Daniel Cohn-Bendit comme un composé de Thomas Carlyle et de Friedrich Nietzsche. La pensée de Cohn-Bendit, prise comme synecdoque du mouvement en général, doit, selon Sartre, être considérée comme le produit d'une action. Les problèmes que la pensée affronte sont les questions pratiques, pragmatiques et théoriques posées par l'immédiateté d'une situation spécifique – par exemple, le problème de ce que pourrait ou devrait être le rôle d'une minorité activiste. En dépit des théories proposées par Lénine, Blanqui ou Rosa Luxemburg, il n'existe pas de solution métahistorique au rôle d'une minorité agissante au sein d'un mouvement insurrectionnel, de sorte que le mouvement doit examiner le problème dans le vif du sujet. Quel rôle Carlyle et Nietzsche pouvaient-ils bien jouer dans tout cela, se demande Sartre[30] ?

L'idée selon laquelle un mouvement de masse comme Mai peut être réduit à une organisation, à un leader ou, plus particulièrement, à un penseur ou à une école de pensée, produit toujours dans la littérature de Mai des interprétations et des revendications biaisées. La main invisible de Marcuse, dont les travaux, jusque-là peu lus en France, ne commencèrent à se vendre à grande échelle qu'à la fin des événements, continue à être évoquée de manière persistante comme celle qui a dirigé à distance les événements parisiens[31]. Parfois, ces « analphabétismes politiques » sont professés par le penseur lui-même. À la fin de sa vie, le situationniste Guy Debord fit des déclarations de plus en plus mégalomanes sur le rôle déterminant qu'il avait joué dans le déclenchement de l'insurrection, parlant par exemple de « *la grave responsabilité qui* [lui] *avait souvent été imputée concernant les origines, voire le commandement de la révolte de Mai 1968* », et admettant finalement « *être celui qui a choisi le moment et la direction de l'attaque* »[32]. *La Société du spectacle* de Debord (1967), ainsi que la revue à laquelle il collabora, *Internationale situationniste* (publiée entre 1958 et 1969) ont indéniablement contribué à discréditer et à désacraliser la société bourgeoise de consommation au sein de l'élite qui avait accès à ces textes au début des années 1960. Mais ce sont les troubles de 68 qui ont permis à *La Société du spectacle* de devenir un ouvrage lu et reconnu. Si un pamphlet comme « De la misère en milieu étudiant » (écrit non pas par Debord, mais par Mustapha Khayati), qui fut largement distribué, à Strasbourg notamment, en 1966, atteignit une large audience, nombre d'autres textes situationnistes ne furent lus par le grand public qu'après 68, dans l'effort d'accepter ou de comprendre ce qui s'était passé.

C'est peut-être la quatrième de couverture de l'édition actuelle de *La Pensée 68* qui donne la meilleure description des objectifs des auteurs : « *Ce livre, qui a été au centre d'une grosse polémique, témoigne d'un changement de générations intellectuelles.* » La commercialisation de la polémique, comme l'a observé Pierre Macherey, correspond à la « pensée » du livre ; tous deux reposent entièrement sur la transposition dans un champ philosophique de certaines techniques journalistiques, comme le concept marchand de « génération », de telle manière que la nouvelle génération émerge, pleinement constituée, pour déclarer la précédente obsolète. « *Partez, que nous puissions prendre votre place.* »

Qui sont les membres de la nouvelle génération ? Ce sont ceux qui ne sont plus… quoi ? Ici, les ex-gauchistes auraient employé le mot « aveugles », tandis que les philosophes moralistes, comme Ferry, Renaut et leurs amis, choisiraient plutôt (comme ils l'ont d'ailleurs fait dans un pamphlet ultérieur) le label « nietzschéens »[33], ou diraient, de façon plus élaborée, « *nous sommes ceux qui ne sont plus sous l'influence de maîtres penseurs vénéneux* […] ». En vertu de cette seule définition négative ou réactionnaire, nous sommes autorisés à dire « nous » : une nouvelle alliance, un pacte public – « notre génération philosophique » –, a été scellée entre ceux qui se reconnaissent eux-mêmes comme membres d'une génération. Mais n'être rien de plus que la « nouvelle génération », observe Macherey, revient à formuler l'exigence absolue de ne pas être quelque chose ; la prise de position n'est qu'un leurre derrière lequel se dissimule une rancœur. Dans la mesure où des jalons théoriques prétendument fondamentaux sont évalués suivant des critères provisoires, les motivations d'une telle déclaration sont clairement plus idéologiques que théoriques. Elles incluent une accession au pouvoir philosophique à travers la formation d'alliances – « nous », l'union des philosophes « moraux » ou « éthiques » – qui peuvent être rompues dès que vient le moment de se partager concrètement le pouvoir. De plus, la « nouvelle génération » cherche à réhabiliter la philosophie en tant que discipline face aux procédures théoriques abusives de « suspicion » et de « déconstruction ». Autrement dit, elle s'efforce de participer au maintien de l'ordre philosophique, ce qui équivaut, comme l'a observé Bernard Lacroix, à participer au maintien de l'ordre lui-même[34]. Leur intention, clairement articulée autour des concepts de « conflit de générations » ou de « rupture », est de restaurer ou de relégitimer, au nom de la génération des années 1980, les idéaux universalistes indispensables au fonctionnement d'une république démocratique. En effet, il semblerait que ceux-ci aient été abandonnés par la vieille génération qui, dans le vocabulaire journalistique ou commercial cher à Renaut et à Ferry, est désormais présentée comme définitivement passéiste ou « désuète ». C'est sur ce point, note Macherey, que la contradiction de leur entreprise se fait la plus visible. Car les présupposés implicitement historicistes inhérents à la notion de « à chaque génération ses idées » peuvent difficilement être qualifiés d'universalistes. S'il en était ainsi, la pensée deviendrait alors une chose qui apparaît d'elle-même, sans être transmise ou communiquée, car l'inévitable rupture entre générations érigerait une barrière infranchissable. « *L'histoire de la pensée ne se ramène pas, comme voudraient nous le faire croire nos journalistes professeurs, à la succession des générations philosophiques.* »[35]

Dans *Nous cheminons entourés de fantômes aux fronts troués*, roman de Jean-François Vilar publié en 1993, le narrateur, un photographe de presse, tombe par hasard sur une photo de Mai 68 qu'il a prise vingt ans plus tôt. Ce fut sa première photo publiée :

« *Une photo de Mai 68.*

La cour de la Sorbonne, à peine libérée – ou rendue, c'est selon – le 13 mai. Je reviens de Denfert. La nuit tombe. Il y a déjà un piano installé. Après la manif, les copains errent dans la citadelle, fourbus, avec sur le visage cette expression incrédule des vainqueurs. Certains sont réunis, assis sur les marches de la chapelle. Casques et canettes. Faux gavroches et vrais commissaires politiques. On s'est connus, formés, cognés, à l'UNEF. On s'aime bien, on se déteste de cette haine inexpiable qui lie ceux qui ne construisent pas le même embryon du futur et nécessaire parti révolutionnaire. Les "Italiens", les trotsks, les maos, les anars, les spontanéistes, les bordighistes, les archéos-situs, les posadistes, les contre tous les courants et quelques autres. Là, c'est l'instant de grâce crépusculaire, la pause, entre manif historique et prochaine AG-soviet [...].

Marc est sur la photo, au milieu de presque toutes les grandes gueules de l'époque. Lui, presque maigre, lunettes Lissac, costard Bodygraph. Derrière, pas bien loin mais à l'écart, Jeanne.

On ne la distingue pas très bien, faut avoir été là au moment de la photo pour l'identifier à coup sûr. Frange noire, regard charbonneux, la main repliée sur la bouche (cigarette entre les doigts) dissimule le bas du visage (elle n'aimait pas le dessin de sa bouche). Marc et elle s'étaient mariés depuis quelques mois quand Mai a éclaté. Son nom n'est pas mentionné dans la légende de la photo.

Deux ans plus tard, aboutissement de crises, de tentatives de suicide, de fugues, de gesticulations envahissantes, de dépressions fastidieuses, revenue de tous les divans et de toutes les cures, elle avait été internée. À Ville-Évrard [...].

Après Mai, [Marc] *était devenu ce que, dans la terminologie léniniste courante de l'époque, on appelait un "révolutionnaire professionnel". Cela à à peine vingt-cinq ans : il était maoïste. Plus précisément : mao-stal. Tendance guerre du peuple, nouveaux partisans, CGT-Kollabo (important, le K, qui sentait bon son boche), etc. Assez souvent, Marc entrait en clandestine. Il était alors abrité par quelques compagnons de route, intellectuels de renom, intouchables* [...].

Jeanne allait mal, comme tout le monde. Elle disait en riant : "Je souffre du retard du communisme" [...]. *Ne la rencontrant que de loin en loin, je pus mesurer avec quelle rapidité ses traits se défirent. Je n'ai jamais pensé, comme d'autres, d'autres camarades, que Marc se conduisait mal avec elle. Personne ne se conduisit bien dans l'après-Mai.* »[36]

Il s'agit là de deux parcours, de deux vies sommairement esquissées, depuis les événements de Mai jusqu'à leur pénible retombée durant laquelle tout le monde, semble-t-il, fit preuve d'une mauvaise conduite ; à la suite de la dissolution du mouvement et de ses formes de collectivité, chacun fut renvoyé brutalement en arrière, à sa propre vie privée, tentant de survivre à l'isolement et à la marginalisation d'une part, à l'illégalité de l'autre. Marc, un personnage récurrent dans les romans noirs de Vilar, est aujourd'hui l'éminent rédacteur en chef du *Soir*, un quotidien initialement baptisé *Le Grand Soir* aux débuts de sa parution, peu après Mai. À l'époque, Marc était un leader gauchiste qui, pendant un bref séjour en prison au cours du mois d'août 1968, écrivit un livre intitulé *Aujourd'hui : l'heure des brasiers*, ou quelque chose comme ça ; le narrateur ne se souvient plus très bien[37]. Lorsque Marc et lui s'écrivaient à l'époque – que ce soit des cartes postales de vacances ou des essais polémiques –, tous deux signaient avec la formule « salutations communistes fraternelles ». La trajectoire politique de Marc depuis les jours de la fraternité communiste jusqu'en 1989, date à laquelle se déroule le roman, est joliment résumée ailleurs dans l'histoire lorsque Marc (« *Il n'était plus du tout le voyou de presse qu'il avait su être. Il était devenu une puissance, avide de respectabilité* »[38]) téléphone au narrateur depuis le bureau du journal, situé au sommet du building berlinois du groupe Springer. C'était précisément cette institution qui avait été la cible de la première manifestation violente à laquelle Marc et le narrateur avaient participé en février 1968 (les manifestations contre Springer auxquelles il est fait allusion dans le roman ont réellement eu lieu. Le groupe en question, que Karl Dietrich Wolfe, chef du SDS allemand, décrivit un jour comme « instrument de haine et machine à fric », contrôlait 85 % de la presse ouest-allemande en 1968).

La plupart des lecteurs reconnaissent bien évidemment dans le personnage de Marc un pastiche à peine voilé de Serge July, personnalité dont le succès professionnel contemporain en tant qu'éditeur de *Libération* a facilité la production d'une bonne partie des images ou expressions (« Un idéalisme généreux mais naïf », « de la révolution à la réforme », « individualisme », « communication » et, surtout, « génération ») qui ont servi à réencoder Mai 68. « *Il avait renié un à un ces errements et bien d'autres. Sans complexes. Sans cynisme. Ils étaient à mettre aux profits et pertes d'une – Marc affectionnait cette notion – "génération". De la gangue de quelques conneries largement collectives, sans trop d'inventaire personnalisé, une intelligence du temps avait pu s'émanciper.* Le Soir *en était l'expression ou, au moins, la tribune.* »[39]

Le personnage de Jeanne, en revanche, n'est calqué sur aucune « personnalité » connue. Elle apparaît dans l'extrait comme quelqu'un qui se bat pour atteindre la « représentabilité » mais qui échoue, dans la mesure où elle ne devient une « figure de Mai » que par hasard et à travers sa défiguration progressive. Déjà dans l'ombre et mise à l'écart sur la photo, les traits à demi-cachés, elle faisait partie du cercle d'intimes et de camarades qui existait alors – couples, amis, avec une formation politique commune, partageant une forme totalement neuve de sociabilité politique dont les traces, à présent, sont presque impossibles à retrouver. Personne en dehors du cercle ne la connaissait ou n'aurait été capable de l'identifier sur la photo ; d'ailleurs, la légende ne mentionne pas son nom. Mais le cercle, les organisations collectives ou la vie vécue en commun ont disparu et alors que Marc devient une « figure », c'est-à-dire quelqu'un dans la société de l'après-Mai, Jeanne non seulement continue à vivre dans l'anonymat mais perd progressivement pied ; désemparée après la dissémination du groupe, ses traits s'estompent petit à petit sous l'effet de la folie, de l'indifférence et de l'oubli. Interpellé par la photo, le narrateur téléphone à Marc pour avoir des nouvelles de Jeanne et apprend qu'elle a mis fin à ses jours un an plus tôt. Selon ses propres mots teintés d'ironie, sa maladie est d'ordre politique : « *Je souffre d'un retard du communisme.* » Elle souffre de ne plus être en accord avec son époque, « hors-jeu », comme tant d'autres dans les années Giscard du « changement sans risque » ; sa mort n'est celle de personne en particulier.

Tout comme l'ouvrière sur laquelle se focalise la caméra dans *La Reprise du travail aux usines Wonder*, Jeanne pourrait symboliser la disparition de la collectivité et les ravages causés par son oubli. Elle incarne les suicides, les dépressions et le désespoir de ceux qui ont disjoncté, horrifiés ou sidérés par les revirements et les récupérations de l'après-Mai ; elle représente les militants anonymes de Mai et tous ceux qui se sont effondrés à la suite de l'événement, ceux qui ont refusé de suivre la marche en avant vers la modernité, ceux qui sont restés inexorablement coincés entre leurs tentatives de faire durer quelque chose qui avait d'ores et déjà perdu son dynamisme, et leurs efforts pour réintégrer une société qu'ils avaient rejetée avec force et cherché à démolir[40]. Et bien que le narrateur, contrairement à certains de ses camarades, refuse d'imputer personnellement à Marc la responsabilité morale de la maladie de Jeanne, l'auteur, Vilar, couple ces deux trajectoires opposées, semblant suggérer par là que le problème de la représentativité dans les récits de Mai doit être compris de manière dialectique. Au niveau de la représentation, Marc devient donc une figure historique aux dépens de Jeanne ; en aidant à « fixer » le mouvement et à le localiser dans un petit groupe de pseudo-leaders, un quotidien comme *Libération* s'est engagé dans un exercice de contrôle et de neutralisation. Marc, au centre de la photo, a réussi. Il a acquis des privilèges, renforcé sa position d'énonciateur et est devenu un « grand professionnel »[41] parce qu'au fond il était déjà tout ça, il était déjà proche du pouvoir et il avait déjà droit à la parole dans un certain nombre d'assemblées générales. À présent, il conserve ces pouvoirs en exerçant un contrôle sur la fonction de représentativité. De même, l'anéantissement de Jeanne ne résulte pas seulement de sa fragilité psychologique ; il a été entretenu et renforcé par l'énorme volume de travail narratif opéré par ceux qui en étaient venus à dominer la représentation du mouvement, et dans lequel elle devenait de plus en plus insignifiante ou invisible, jusqu'à être réduite à néant. Il s'agit là d'un cas extrême puisque Jeanne en meurt. Mais combien d'autres, toujours en vie, ont tenté tant bien que mal de composer avec les contraintes du réel, la faillite de l'espoir politique et son lent changement d'orientation, combien d'entre eux se sont vu confisquer leur propre histoire ? Des célébrités comme Marc incarnent-elles la vérité du mouvement ou sont-elles au contraire l'arbre qui cache la forêt ? L'actuelle reconnaissance médiatique donne-t-elle à elle seule le droit de parler d'un passé collectif ?

L'ouvrage de Patrick Rotman et Hervé Hamon, pertinemment intitulé *Génération*, a largement contribué à imposer l'image d'un Mai 68 qui serait une sorte de « Who's who » officiel. Lorsque le premier volume parut en 1987, *Libération* en fit un compte rendu élogieux et consacra quatre pages entières à la présentation des auteurs (biographies, interviews), deux journalistes progressistes. L'auteur du compte rendu, Laurent Joffrin, vanta ce portrait d'une « *génération de baby-boomers* », « *d'irrépressibles individualistes* », « *fanatiques de l'anticommunisme* », de « *fous de politique qui se retrouvent, vingt ans plus tard, presque tous, engagés dans la culture ou la communication* »[42]. Le sous-titre du compte rendu, « Un regard intérieur », créait d'emblée chez le lecteur une attente légèrement voyeuriste, l'espoir d'avoir accès à la vie intime et secrète des stars du mouvement ou, au moins, à certains potins gauchistes.

L'ouvrage est écrit avec audace, dans un style « factuel » ou « histoire vécue », mais les auteurs n'ont manifestement pas suffisamment réfléchi aux difficultés posées par la représentation d'un mouvement de masse. La signification politique de limiter le casting aux seuls leaders étudiants parisiens va bien au-delà des énormes exclusions initiales (ouvriers, paysans, provinciaux, gens âgés de quarante ans et plus, et bien d'autres encore) qu'un tel choix suppose. Réduire un mouvement social à quelques leaders supposés ou à quelques représentants accrédités, ce qu'Isabelle Sommier appelle « *la tendance album de famille* »[43], est une vieille tactique de confiscation ; toute politique collective, une fois amoindrie, perd effectivement son autorité en devenant localisable et donc, contrôlable. Un éditorial publié en 1969 dans la revue anarchiste *Noir et Rouge* montrait que, quelques mois seulement après les événements de mai-juin, les mécanismes de cette tactique étaient déjà à l'œuvre : « [La bourgeoisie a] *"personnalisé" à outrance, sachant ce qu'à la longue cette méthode a de rentable. Pour les uns, mai était uniquement une révolte étudiante, les étudiants uniquement Nanterre, Nanterre uniquement le 22 mars et ce dernier uniquement Cohn-Bendit. Pour les autres, la grève ouvrière était uniquement revendicative. Les ouvriers uniquement la CGT, la CGT uniquement Séguy* [...]. *Ainsi pas de discussion possible : les uns suivaient fanatiquement un juif germano-aventuriste, les autres obéissaient calmement aux consignes de leurs "responsables" : pas de mélange entre ouvriers et étudiants, gardons fermement la division manuels-intellectuels. Tout n'était-il pas mieux que ça ?* »[44]

Mais à la fin des années 1980, la décision de Rotman et Hamon de consacrer aux personnages sélectionnés (et à eux seuls) une biographie complète englobant la période précédant Mai, Mai et l'après-Mai, pour finir, en épilogue, sur la situation du moment, revêt une nouvelle signification politique. Seules ces personnalités, en d'autres termes, se voyaient offrir l'occasion de donner une signification ou une cohérence à leur existence, d'avoir une vie séquentielle et de regarder en arrière, avec la condescendance de leurs quarante ans, vers les lointaines agitations et l'ingénuité de leur jeunesse. Par ce biais, *Génération* contribua à imposer l'idée selon laquelle tout ce qui restait de 68 était le parcours de certains leaders étudiants, en particulier ceux qui avaient tiré leçon des événements et qui, après avoir renoncé à l'énergie politique de Mai, en particulier la solidarité avec les ouvriers ou le tiers-monde, étaient ravis à présent de faire partie intégrante de l'ordre établi. En vertu d'une sorte de logique circulaire, c'était en fonction de leur position actuelle (« presque tous engagés dans la culture ou la communication ») que les personnes semblaient avoir été choisies pour occuper les places de leader du mouvement dans le récit que fait le livre. Autrement dit, seuls les individus qui étaient passés directement du Quartier latin à des rôles de premier plan dans l'industrie de la culture ou des médias, étaient représentatifs de Mai, qui, quant à lui, se dépolitisait pour devenir une simple révolution culturelle, une révolte de la communication. Pour retracer Mai 68, les auteurs ont donc choisi de s'inspirer de la téléologie d'une version particulière du soixante-huitard des années 1980 qui transforme en quelque sorte Mai en « école d'apprentissage de la manipulation »[45] – l'expression est de Patrick Demerin – dont on sortait avec les lauriers. Et, comme le remarque Isabelle Sommier, un tel choix de représentation acquiert une énorme efficacité politique dans la mesure où les témoins désignés (ou autodésignés, dans le cas des commémorations) sont jugés représentatifs ou exemplaires précisément en raison de leur position sociale *hic et nunc,* mais aussi parce qu'ils incarnent la ruse de l'histoire et la vanité de 68. La colère de Martine Storti illustre l'incrédulité, sinon la rage, qui accueillit le choix des auteurs de représenter Mai sous forme d'« itinéraires exemplaires » : « *Je me souviens de ma colère à la lecture du livre de Hervé Hamon et Patrick Rotman,* Génération, *paru à la fin des années quatre-vingt. Au début du deuxième tome, il nous est relaté un épisode qui se passe en 1969, à Paris, au lycée Louis-le-Grand. À l'heure du déjeuner, "un commando d'extrême droite" attaque l'établissement et un lycéen a la main déchiquetée par une grenade. Transporté à l'hôpital, il sera amputé. Nous ne connaîtrons jamais le nom de ce lycéen qui sans doute n'a pas été jugé digne de sortir de l'anonymat. Nous savons en revanche tout de l'un de ses camarades, Antoine de Gaudemar, qui au moment de la parution du livre, en 1988, était journaliste à* Libération. »[46]

Selon Martine Storti, *Génération* et la série de documentaires télévisés produits par Rotman et Hamon qui s'en inspirent avaient pour ambition, de même que les autres commémorations télévisées diffusées en 1988, de façonner une « génération » à partir d'une petite clique d'individus, faisant abstraction de l'expérience de milliers d'autres. Représentativité politique et représentativité médiatique étaient devenues synonymes. « *Rares étaient, parmi les centaines de milliers, voire les millions, de Français qui avaient vécu l'espérance des "années 68", ceux qui se reconnaissaient dans le destin des "médiatiques".* »[47]

Ce qu'accomplissait la génération de *Génération* était une révolution purement culturelle. Le fait que le compte rendu de Joffrin dans *Libération* certifiât et réitérât, à l'aide d'un petit nombre de métaphores biologiques bien choisies, les tropes de « génération » et de « révolution culturelle » introduits par Rotman et Hamon n'avait rien de surprenant. Après tout, *Libération* était largement reconnu, dit Paul Thibaud, comme « *le quotidien où la génération de 68 a trouvé un lieu où s'exprimer et une manière de s'exprimer* »[48]. Dès son célèbre éditorial publié à l'occasion du dixième anniversaire de Mai, le directeur du journal, Serge July, avait utilisé une métaphore biologique efficace pour « stigmatiser » la génération : « [D]*ésormais, comme les taureaux de n'importe quel élevage, nous portons une marque indélébile : nous faisons partie d'une génération.* »[49] Joffrin lui-même, qui était devenu, en 1993, rédacteur en chef de *Libé*, confiait dans une interview, non sans une certaine fierté, que *Libération* avait atteint un objectif que Jean-Paul Sartre, son fondateur, n'avait peut-être pas souhaité : « *On a été les instruments de la victoire du capitalisme sur la gauche.* »[50] Dans l'intérêt de cette victoire, rien n'était plus important que de tenter de contrôler et de dépolitiser l'interprétation de 1968. Le compte rendu de Joffrin conteste toute dimension politique à la révolte, allant jusqu'à faire du langage politique de Mai un accessoire artificiel et superflu qui obscurcissait les objectifs culturels et modernisateurs de l'événement : « *Les slogans à symbolique révolutionnaire qu'ils ont greffés sur le mouvement exprimaient souvent mal celui-ci.* » Les objectifs culturels se voient attribuer un statut authentique, presque organique, vis-à-vis desquels les objectifs politiques deviennent un simple ajout arbitraire et expérimental. Joffrin attribue à la génération elle-même la force naturelle d'une marée historique mondiale : « *Nés dans la pénurie, élevés dans la société d'abondance, ils étaient destinés à abattre, comme une immense lame de fond, les digues – familiales, éducatives, culturelles – qu'une paisible nation rurale avait élevées en face d'eux.* » Le trope générationnel contient à lui seul tout le mouvement en avant de la modernisation capitaliste, qui est naturelle et tracée d'avance. Lorsque le second volume de *Génération* parut un an plus tard, ses auteurs avaient fondu les itinéraires individuels du premier volume en une simple destinée collective et le rôle de la génération en tant qu'incarnation du progrès en train d'éclore n'en devint que plus clair. Loin de se révolter contre le capitalisme, la génération s'efforçait de pousser vers le futur une France bloquée et arriérée. La critique de Jean-Michel Helvig publiée à cette occasion dans *Libération* admire « *un parcours générationnel à la fois fulgurant et confus, où on lit peut-être mieux qu'ailleurs le processus chaotique de modernisation de la France contemporaine* »[51].

Génération, le livre des héros, ne tarda pas à devenir le best-seller des récits populaires sur les années 68 en France. Avec l'aide des commémorations télévisées des années 1980, il réussit à réduire le nombre des représentations, ou plutôt des représentations autorisées de Mai 68 au seul trope idéologique de la saga familiale ou générationnelle. Comme nous le rappelle Sartre, ce que l'on nomme idéologie n'est rien d'autre que le processus minutieux selon lequel nos réflexes ont été conditionnés par les formes et les modèles narratifs dominants. Par « idéologie », écrit-il, « *il ne faut pas entendre un système philosophique, une construction rigoureuse* [...]. *Il s'agit en somme d'un dispositif construit et intériorisé de telle manière qu'il soit sinon impossible, du moins très malaisé de former une pensée qui ne soit pas une spécification du modèle et plus difficile encore de passer d'une idée structurée par ces schèmes à des idées qui n'appartiendraient pas au système.* »[52]

Guy Hocquenghem fut, comme nous l'avons vu, parmi les premiers à considérer l'emploi du terme « génération » par ses anciens camarades à la fin des années 1970 comme le symptôme fondateur de leur dénégation du mouvement. Très tôt, il exprima son aversion pour le terme et refusa d'être englobé dans le cercle élitiste qu'il désignait. Cette auto-affirmation générationnelle était d'autant plus difficile à digérer qu'elle intervenait précisément au moment où ceux qui la proclamaient accédaient ostensiblement à l'antichambre du pouvoir institutionnel. Dans ses souvenirs des années 1968, Martine Storti prend également soin de distinguer sa propre stratégie de représentation de la *doxa* générationnelle : « *J'ai écrit ce récit pour dire un cheminement singulier que je ne prétends pas exemplaire. Je n'incarne pas ma génération, ou plutôt je ne l'incarne ni plus ni moins que d'autres.* »[53] Dans son introduction à la traduction française de l'essai, désormais classique, de Karl Mannheim sur la génération (*Le Problème des générations*), Gérard Manger se demande si, effectivement, l'emploi du terme « *ne tend pas à substituer une "nouvelle" vision du monde social clivée selon les âges à la représentation marxiste "traditionnelle" divisée en classes* »[54]. Si tel est le cas, cela contribuerait sans nul doute à expliquer certaines occurrences du terme dans la littérature de 68. Au début de son essai, Mannheim divise la littérature existante en deux camps : l'un positiviste, essentiellement français, et l'autre romantico-historique, essentiellement allemand. Les positivistes, affirme-t-il, sont attirés par le concept de génération parce qu'il fournit une loi générale, fondée sur la loi biologique de la durée de vie, pour définir le rythme du développement historique. Le concept établit un mode intelligible, quantifiable, qui permet de comprendre directement le cadre de la destinée humaine ainsi que les variations des courants intellectuels et sociaux ; en utilisant l'image biologique, ils se placent dans une conception unilinéaire du progrès. La conception germanique, d'autre part, adopte un traitement qualitatif plutôt que quantitatif du concept, et cherche le « ressort interne » d'une génération plutôt que la temporalité mécanique des générations coexistantes qui constituent une époque. Ce « ressort interne », ou « temporalité intérieure », est de l'ordre de la phénoménologie, de ce qui ne peut pas être mesuré, mais seulement expérimenté, et de ce qui, dans sa version heideggerienne la plus extrême, est indissociable de la « *matière et de la substance mêmes du Destin* » : « *Le destin n'est pas la somme des destinées individuelles, pas plus que l'unité ne peut être comprise comme la simple apparition simultanée de plusieurs sujets. L'unité dans le même monde et la résolution d'un ensemble distinct de possibilités déterminent à l'avance la direction des destinées individuelles. La puissance du destin est donc déclenchée par les rapports pacifiques et le conflit de la vie sociale. L'inévitable destin de vivre dans et avec une génération constitue le plein drame d'une existence humaine individuelle.* »[55]

Singulièrement peut-être, le trope de « génération » qui s'est mis en place pendant les années 1980 en tant que modèle dominant de 68 – et qui, comme nous l'avons vu à propos de Ferry et Renaud, s'est étendu jusqu'au domaine de la philosophie – tient à la fois des tendances positivistes et romantico-historiques décrites par Mannheim. La vision positiviste ou biologique sous-tend toutes les réductions psychologiques du mouvement social à une saga familiale (c'est-à-dire la bonne vieille explication du « conflit de générations », pères contre fils, comme moteur de l'histoire), interprétation qui fit son apparition tout de suite après les événements. La psychologie développementale telle qu'elle fut popularisée par Erik Erikson aux États-Unis, considérait la rébellion sociale comme l'élément nécessaire, la soupape de sécurité fonctionnelle, en quelque sorte, qui garantissait un processus de continuité dans ce que Mannheim appelle une conception unilinéaire du progrès. En « se révoltant », les enfants renforcent d'autant plus l'héritage de leurs parents ; par conséquent, la contestation est utile, fonctionnelle, et représente un rite de passage vers l'âge adulte. L'Histoire se réduit au développement mécanique, rythmique, évolutif, de la destinée biologique.

Du point de vue romantico-heideggerien, on pouvait *a posteriori* attribuer le poids de la destinée collective, ou « destin », à n'importe quel effet dont Mai aurait pu être la cause, de l'émergence de l'individualisme lipovetskien à la modernisation de la France en passant par la fin du communisme ; résultats qui, il convient de le préciser, semblaient empêcher qu'un phénomène comme Mai ne se reproduise. Rotman et Hamon concluent leur second volume, qui répertorie un grand nombre des « leçons de Mai », par un épilogue utile : « *Notre génération était généreuse, porteuse de valeurs morales très fortes qui ont été perverties par la politique* »[56], « *notre génération a bouleversé les assises culturelles de la société française* »[57] ou encore, « *j'appartiens à une génération qui a vécu une formidable mutation à travers des errements qui se sont révélés fructueux* »[58].

Génération (le livre et le trope du même nom) apportait quelque chose à tout le monde : d'une part, une biographie hautement romancée, voire héroïque, d'autre part, un cadre sociologique déterministe qui, par un heureux hasard, coïncidait avec une vieille conception anthropologique de l'adolescence comme seuil liminaire vers l'intégration dans le monde adulte de la division du travail. Heureux hasard en effet, parce que jeunesse, aussi turbulente soit-elle, n'a qu'un temps ; elle est par définition limitée et transitoire. Et si la révolte attribuée à la jeunesse perdure, c'est parce qu'elle n'est pas sortie de l'adolescence. Le caractère transitoire de la jeunesse apparaît de manière éclatante dans le titre de l'ouvrage publié en 1986 par Cohn-Bendit, où il est fait usage du temps passé : *Nous l'avons tant aimée, la révolution*. Tous les jeunes se révoltent, cela fait partie de la jeunesse. Des ouvrages tel celui de Cohn-Bendit s'appliquèrent à étendre le trope de la génération au niveau planétaire : « *En 1968, la planète s'embrasa. À croire qu'un mot d'ordre universel avait été donné. À Paris comme à Berlin, à Rome ou à Turin, la chaussée et le pavé devinrent les symboles d'une génération révoltée.* »[59] Lors du trentième anniversaire de Mai, l'image de 68 en tant que conflit générationnel planétaire resurgit dans l'éditorial du *Monde* : « *Autour de l'année 1968, dans tout le monde occidental, apparaît sur la scène publique un nouveau personnage collectif : la classe d'âge adolescente ; [...] elle s'affirme elle-même par opposition au monde adulte. C'est le premier exemple dans l'histoire d'un mouvement international dont la base est l'appartenance à une même génération.* »[60]

Edgar Morin, à qui l'on attribue souvent l'origine de l'interprétation de 68 comme une révolte de jeunes, et, par là même, la défense du déterminisme et du dynamisme d'une « classe d'âge », tenta à cette fin de donner une nouvelle impulsion à l'idée de cohorte d'âge en tant qu'élément déterminant en postulant la formation d'une nouvelle classe d'âge qui ne correspondait pas aux vieilles manifestations traditionnelles[61]. Il est proche en cela des remarques dépolitisantes d'un autre sociologue, Raymond Aron, qui voyait en 68 la pure expression d'une frustration socio-hormonale, une convulsion biologique : « *Nous sommes en présence d'un phénomène biologique autant que social.* »[62] La nouvelle classe « adolescence » apparue en France dans les années 1960, comble, selon Morin, un vide moderne entre l'enfance et l'âge adulte. Il avançait pour ce faire toute une série de faits sociologiques étayant l'hypothèse d'un nouveau vide moderne, parmi lesquels l'extension de la période de scolarité avant l'entrée dans le monde adulte, ou la hausse démographique du nombre de jeunes profitant des nouvelles occasions démocratiques d'accès à l'enseignement supérieur. Mais ce « vide moderne » de l'Occident a-t-il disparu depuis lors ou a-t-il cédé la place à une autre forme d'adolescence ? Sinon, pourquoi l'extrême politisation de la jeunesse française dans les années 1960 ne s'est-elle plus vérifiée ailleurs à un degré similaire ? Pourquoi les jeunes n'ont-ils pas continué à agir en tant que sujets politiques ? Rien dans la catégorie hypostatique de « jeunesse », pas même une jeunesse nouvelle, moderne, ne peut expliquer pourquoi la jeunesse française (et beaucoup d'autres, à la fois non français et non jeunes), tenta, en 1968, de s'approprier la politique. Et si la catégorie sociologique ne peut expliquer cela, à quoi sert-elle ? En ce sens, la notion de Morin de « mouvement de la jeunesse » n'est qu'une version légèrement améliorée de cette autre catégorie idéologique de « mouvement étudiant », une notion-entité qui suggère au moins trois choses, à savoir que la totalité de la classe sociale étudiante était devenue un acteur politique, que son intervention dans la société constituait une donnée irréversible et que les intérêts exprimés étaient identifiables aux « intérêts étudiants ». À propos de ce dernier point, il est utile de rappeler la véhémence avec laquelle les militants refusèrent de se voir sous ce jour, résistant aux tentatives d'identification avec n'importe quelle fonction unique, que ce soit étudiant ou consommateur, ou, pire encore peut-être, le « cher téléspectateur » de la télévision gaulliste. « *Il n'y a plus de problème étudiant. L'*ÉTUDIANT *est une notion périmée.* [...] *Ne nous laissons pas enfermer dans une pseudo* [sic]- *classe d'étudiants avec ses problèmes d'intégration économiques et sociaux.* »[63] Pierre Vidal-Naquet remarque que, parmi les centaines d'affiches produites dans l'atelier populaire de l'école des

Beaux-Arts au moment des événements, presque aucune ne fait allusion à l'existence d'un mouvement étudiant ; toutes ou presque s'inscrivent dans la lutte politique contre le gaullisme et dans une rhétorique de solidarité avec les luttes des travailleurs et la grève générale[64].

Mannheim pensait que le concept de génération constituait une bonne alternative aux classes pour définir socialement les individus. Peut-être est-ce la raison pour laquelle des catégories comme « jeunesse » ou « génération » devinrent si utiles en tant que catégories de marketing ou « niches » sociales localisables (la génération Pepsi, le marché de la jeunesse) pouvant être ciblées par le matraquage de la publicité et des médias. Les situationnistes prirent très rapidement conscience de ce phénomène et dénoncèrent la « jeunesse » comme une catégorie socio-économique surévaluée, un objet de marchandisation ; Pierre Macherey, comme nous l'avons vu, reprit cette idée lorsqu'il décrivit l'invention de la « nouvelle génération de la pensée philosophique », par Renaut, Ferry et d'autres, comme une pure astuce de marketing. Des notions comme « étudiants », « jeunesse » ou « génération » dissolvent la politique dans la sociologie en établissant des lieux sociaux distincts à même d'être circonscrits, autrement dit, en ancrant définitivement le mouvement. Pourtant, en 1968, on voulait fuir avant tout les situations sociales. Mai réunit des groupes et des individus socialement hétérogènes dont les convergences firent oublier les particularités, comme la classe ou l'âge. Il réalisa des alliances imprévisibles à travers les secteurs sociaux. L'incontrôlable extension transversale du mouvement, ses multiples rebondissements, ses innombrables métamorphoses, ou encore la façon dont il se répandit à travers la majorité de l'espace social français sont, selon moi, à l'origine de cette peur du caractère de masse de Mai 68 qui sous-tend la volonté de le réduire, chez les sociologues, à un simple effet d'âge, aux actes d'une catégorie sociologique factice comme la « jeunesse » (ou ses substituts, la « génération » ou les « étudiants ») et, chez les journalistes et les médias, aux actes de « pseudo-leaders ». En fait, la personnalisation des leaders étudiants n'est que l'autre face de la généralisation de concepts comme « jeunesse », ou « génération ». L'anxiété générée par la reconquête de la rue par la foule anonyme alimente à la fois la personnalisation et l'abstraction sociologique. Comme le remarque Jean-Franklin Narot, le potentiel subversif du mouvement résidait dans la création d'une sorte de réaction en chaîne de refus par le champ social, dans le fait aussi qu'il était impossible de le cantonner à l'intérieur d'un cadre ou d'une situation organisationnelle précise. Son potentiel résultait du fait qu'il échappait « *non seulement aux emprises institutionnelles mais encore à la maîtrise des protagonistes eux-mêmes* »[65]. À un mouvement qui avait débuté en démantelant la sociologie et sa version fonctionnaliste du social, c'est donc une réaffirmation triomphante de la sociologie qui succède. Réduire Mai 68 à un acteur sociobiologique, la jeunesse, confirme une fois de plus une définition naturaliste de la politique et du conflit en parfait désaccord avec le mouvement de Mai ; c'est un déterminisme qui donne naissance à une politique qui abolit la politique.

À l'inverse d'une commémoration, une reprise arrive toujours à l'improviste. Lorsque, au cours de l'hiver 1995, les gens descendirent à nouveau en masse dans les rues de France, il était impossible de se méprendre : le mouvement qui avait éclaté ne ressemblait ni de près ni de loin à une insurrection de la « jeunesse ». Deux figures emblématiques se trouvaient au centre de ces grèves tenaces et combatives, qui drainèrent dans la rue des centaines de milliers de manifestants : celle de l'ouvrier des chemins de fer, le cheminot, et celle du préretraité qui bataillait avec le gouvernement pour négocier les conditions de sa retraite. Mais bientôt, ce qui avait commencé comme un ensemble de revendications partielles ou locales de la part des fonctionnaires se transforma en un soulèvement populaire avec d'énormes implications politiques. « *Pour la première fois dans un pays riche, on assiste aujourd'hui, en réalité, à une grève contre la "mondialisation", à une réaction massive et collective contre la "globalisation" financière et ses conséquences.* »[66] Le soulèvement avait pour origine l'annonce d'un plan gouvernemental élaboré par le Premier ministre Alain Juppé qui prévoyait l'institution d'une taxe additionnelle destinée à rembourser la dette de la sécurité sociale ; le plan suggérait aussi d'augmenter le nombre d'années de cotisation pour les fonctionnaires, ainsi que de transférer le contrôle des dépenses sociales, en particulier des soins de santé, des caisses de reversement propres à chaque secteur vers le gouvernement. Le but de ces réformes était, bien entendu, d'aligner la France sur l'establishment économique international. L'ensemble des médias, et le désormais classique groupe d'intellectuels de cour et d'écran dont les noms et les visages, au fil du temps, s'étaient imposés partout (André Glucksmann, Alain Finkielkraut, Pascal Bruckner, Bernard-Henri Lévy, Françoise Giroud, *Libération*, Jacques Julliard, *Esprit*, les membres de la Fondation Saint-Simon, etc.) s'empressèrent de saluer, dans un texte publié dans le journal *Le Monde*, « *une réforme fondamentale allant dans la direction de la justice sociale* »[67]. La première page de *Libération* alla même jusqu'à saluer le plan par un titre admiratif : « Juppé l'Audace ! »[68] Mais les ouvriers du rail, bientôt rejoints par un nombre significatif de travailleurs de la poste, des services publics, de l'éducation, des soins de santé et de l'administration des finances, ne furent pas du même avis, si bien que deux millions de fonctionnaires se mirent en grève. Ce plan représentait à leurs yeux une étape décisive vers un funeste système de sécurité sociale à l'américaine, synonyme de services de santé minimaux et de pensions incertaines. Selon eux, le plan Juppé attaquait de front le système national des soins de santé et les « services publics ». Les grèves mirent Juppé dans une position analogue à celle de Margaret Thatcher ou de Ronald Reagan dans les premières années de leur mandat : à l'image de Thatcher, qui avait débuté son programme de réformes en réprimant la grève des mineurs, et de Reagan, qui avait inauguré sa révolution conservatrice en mettant fin à la grève des contrôleurs aériens en licenciant 16 000 d'entre eux, Juppé et Chirac devaient adopter une position de non-négociation et écraser la grève en France. Les travailleurs du secteur public n'étaient pas les seuls à concevoir les choses de cette manière. Au cours des mois de novembre et de décembre, des centaines de milliers de gens descendirent dans les rues pour soutenir les travailleurs en grève et manifester contre le plan Juppé, faisant fi pour un temps des inconvénients soulevés par la grève des transports dans la vie quotidienne. On n'avait pas vu de telles manifestations en France depuis Mai 68. À certains égards, elles étaient même plus massives.

Mai 68 : la comparaison était inévitable. Mavis Gallant rapporte dans sa chronique de mai et juin 1968 que, pendant ces deux mois, on ne trouvait plus un seul livre sur la Commune de Paris dans les librairies de la capitale et que tous ses amis étaient soudain plongés dans la lecture de Lissagaray et d'autres essais historiques sur les développements, puis l'effondrement de la Commune[69]. L'hiver 1995 fut hanté par l'esprit de Mai 68, tant dans la prose des journalistes que dans les slogans des manifestants. « *Les enseignants, solidaires et indignés, se souviennent d'un certain mois de mai* », pouvait-on lire en première page du *Monde* en décembre[70]. Un autre article notait : « *Comme en mai 1968, le drapeau rouge a été hissé sur le campanile de la gare des Bénédictins qui domine Limoges. Comme dans plusieurs autres villes, la référence au "printemps des étudiants" s'imposait, notamment chez les plus chevronnés des manifestants.* »[71] Mais c'était surtout le gouvernement qui semblait voir planer le spectre de Mai sur le mouvement de grève. Cherchant un moyen de contrer le nombre croissant de manifestants, le gouvernement néogaulliste de Jacques Chirac (dont on raconte qu'il avait mis un revolver à sa ceinture lors d'une des réunions de négociation des accords de Grenelle, où il faisait office de médiateur) se rappela l'appel fructueux lancé par de Gaulle dans le but de rallier les partisans du gouvernement et les « Comités de défense de la République » autour de lui, le 30 mai 1968[72]. Mais cette tentative de répéter l'histoire échoua lamentablement. L'organisation chiraquienne tenta de mettre en place des Comités antigrève de « consommateurs en colère », constitués de gens qui en avaient assez de l'absence de transports en commun. Mais ces comités ne virent jamais le jour. Deux mille personnes seulement avaient assisté au premier rassemblement progouvernemental, et le projet fut immédiatement supprimé.

Très peu d'éléments dans les grèves de 1995 rappelaient directement Mai. En 1968, le pays avait été complètement paralysé. En 1995, la grève des transports publics entraîna certes une paralysie partielle, mais les travailleurs du secteur privé, bien que soutenant leurs collègues du secteur public, ne se joignirent pas à la grève comme ils l'avaient fait en 1968. Les étudiants étaient bien moins directement impliqués dans ce mouvement hivernal. Comme en mai 1968, les partis politiques établis, embarrassés, se contentèrent d'observer les événements ; mais à l'inverse de ce qui s'était passé en 1968, les syndicats suivirent pour la plupart le mouvement. La configuration géographique de la révolte fut également différente. Si des combats de rue et des arrêts de travail massifs avaient eu lieu en province en 1968 (de façon plus significative qu'à Paris, selon certains), les grèves de 1995 étaient caractérisées par des révoltes provinciales d'une ampleur inconnue en Mai, et par une dynamique politique née en dehors du traditionnel centre parisien ; à Paris, l'ampleur des grèves et le nombre de manifestations furent d'ailleurs bien moins significatifs qu'en province. Le mouvement de 1995, que l'on peut caractériser comme un mouvement national et d'intérêt général, partit du sud et de l'ouest du pays, dans des villes comme Toulouse, Nantes, Montpellier et Bordeaux, qui furent du reste le plus touchées. Pas de développement centralisé donc. Comme le remarque Pascal Nicolas-Le Strat, la dimension provinciale de 1995 ne peut se résumer à une dialectique « régions *versus* Paris » ; il ne s'agissait pas de l'éternel combat d'une périphérie aigrie contre le centralisme. Au contraire, les révoltes locales, comme celles de Nice ou de Rouen, avaient une valeur en elles-mêmes et constituaient en fait quelque chose de neuf, une dynamique politique née indépendamment du centre, qui, néanmoins, réussissait à gagner un caractère national, unificateur[73]. Le mouvement de 1995 introduisit également des tactiques et des pratiques de grève distinctes de celles de Mai. En 1968, les ouvriers en grève avaient eu tendance à rester sur leur lieu de travail ; en occupant les usines, ils s'étaient coupés des autres ouvriers et des étudiants. L'une des nouveautés du mouvement de 1995 fut le nouveau degré de communication et de coordination entre secteurs. Dans toute une série de villes, les différents secteurs en lutte se rencontraient chaque matin, au dépôt de locomotives, à Rouen par exemple, pour discuter des prochaines étapes du mouvement.

Il fallait sans doute s'attendre à ce que ce soit Daniel Cohn-Bendit qui tente de mettre en place les termes « officiels » d'une comparaison entre Mai 68 et les révoltes de 1995, manipulant les deux événements de telle sorte qu'une version déformée de Mai puisse être utilisée pour discréditer ce qui était devenu le plus grand soulèvement populaire en France depuis un quart de siècle. Dans son article publié dans *Le Figaro,* dans lequel Raymond Aron avait en son temps fait paraître ses propres dénonciations de Mai, il oppose le

« mouvement de modernisation de Mai » au « mouvement conservateur de 1995 », le dernier se résumant, à ses yeux, au slogan « Ne touchez pas à mes gains »[74] (dernièrement, Cohn-Bendit a déclaré « *Soyons tous plus humains et moins politiques* »[75]). En rappelant dans sa comparaison tous les attributs sociobiologiques du mouvement de 68 en tant que « génération » (sa rapidité, sa jeunesse, son audace de pensée), il ne fait qu'exacerber les différences avec le mouvement de 1995, qu'il présente comme l'exact opposé de son illustre prédécesseur, c'est-à-dire un mouvement de retraités vieillissants, angoissés par leur futur, qui se cramponnent au passé. La comparaison de Cohn-Bendit fait d'une pierre deux coups : en renforçant l'image consensuelle de Mai comme mouvement de modernisation marchant de pair avec l'économie de marché, il fait en sorte que les revendications et les préoccupations des grèves de 1995 soient considérées comme des anomalies anachroniques, qui, en se retranchant dans le cadre national, se retrouvent en total décalage avec les réalités globales – en un mot, rétrogrades et conservatrices.

Dans la version consensuelle élaborée dans les années 1980, Mai était supposé avoir rendu définitivement obsolètes tout renouveau du mouvement ouvrier ou tout mouvement de masse populaire. Après tout, Mai était censé être, du moins dans la conception d'Aron, la dernière des insurrections du XIXe siècle, une sorte de pâle simulacre orchestré par des étudiants en mal de drame historique qui déboucha, en fin de compte, sur un psychodrame. Or, problème : voilà que, malgré tout, il se passait à nouveau quelque chose, quelque chose que les organes de presse de la modernité anglo-saxonne considéraient avec horreur et mépris : « *Des grévistes par millions, des batailles dans les rues : les événements de ces deux dernières semaines en France font ressembler le pays à une république bananière dans laquelle un gouvernement assiégé tente d'imposer une politique d'austérité à une population hostile.* »[76] Cela devait absolument être pris en main le plus vite possible, et ce, par tous les moyens. En cas d'échec, on pourrait, faute de mieux, l'interpréter comme le dernier sursaut, la toute dernière grève archaïque d'un siècle qui touchait à sa fin. La thèse de Cohn-Bendit résumait le point de vue de l'intelligentsia de service à laquelle il appartenait désormais. Consternés et déstabilisés par les interminables grèves qui secouaient le pays, plusieurs des premiers signataires du texte soutenant le plan Juppé (y compris, en plus des personnalités déjà mentionnées, Alain Touraine et Claude Lefort, connus pour leurs écrits sur Mai 68) cherchèrent à valider leur position de départ et s'alignèrent sur Cohn-Bendit pour qualifier les grèves de « corporatistes » et, surtout, d'archaïques ou de passéistes. Ces intellectuels étaient, semble-t-il, des réalistes courageux, éclairés, non sentimentaux et au fait des nécessités économiques. Face à eux, des ouvriers d'un certain âge qui, somme toute, n'exprimaient rien d'autre que leur pathétique retraite du monde moderne et leur crainte d'aller de l'avant dans une société libérale, qui était pourtant clairement en train d'imposer son modèle au monde entier. Courageusement, ils s'opposaient aux fantasmes égalitaires rétrogrades et à l'irrationalité des travailleurs et de ceux qui les soutenaient. Dans leur discours, les grèves de 1995 étaient transformées en une éruption de nostalgie dans le récit (toujours en élaboration) de la disparition des classes et du conflit au sein d'une démocratie consensuelle moderne comme la France. Soir après soir, les spectateurs des journaux télévisés se trouvaient entre les mains des journalistes, des experts et des intellectuels qui soutenaient la position du gouvernement et se faisaient mutuellement écho ; dans son livre sur les médias français contemporains, Serge Halimi évoque les scénarios télévisés typiques de cette période, où l'on pouvait assister à de prétendus « débats » entre quatre intellectuels médiatiques, tous partisans du plan Juppé ou voir des présentateurs télé, gagnant plus de 120 000 francs par mois, accuser les employés du chemin de fer d'être des privilégiés, alors que leur salaire ne dépassait pas les 8 500 francs, même à 50 ans.

Mais le gouvernement, les experts et les intellectuels de cour furent pris au dépourvu par la dimension, l'enthousiasme et l'endurance du soutien populaire au mouvement, preuve que les revendications particulières ou locales des grévistes étaient interprétées comme des revendications d'intérêt général et que les employés du secteur privé sentaient que ceux du public se battaient aussi pour eux. « *Nous ne nous battons plus pour nous-mêmes*, disait l'un des ouvriers du rail après la première semaine de grève. *Nous sommes en grève pour tous les salariés. J'ai d'abord fait la grève en tant que conducteur de train, puis en tant qu'ouvrier du chemin de fer, puis en tant que travailleur des services publics et maintenant c'est en tant que salarié que je suis en grève.* »[77] Un groupe alternatif d'intellectuels, dont Bensaïd, Vidal-Naquet et Bourdieu, rédigea un contre-manifeste destiné à répondre à celui des forces progouvernementales : 560 personnalités le signèrent. On y affirmait que « *les grévistes en lutte pour leurs droits sociaux* [...] *se battent pour des droits égaux pour tous : hommes et femmes, jeunes et vieux, chômeurs et salariés, travailleurs de l'État ou du secteur privé* »[78]. La grève força le gouvernement à négocier et à faire marche arrière sur quelques points, notamment l'augmentation des années de service avant la retraite et la réorganisation des chemins de fer. Il ne céda pas, toutefois, sur la question primordiale des dépenses sociales.

Les grèves de l'hiver 1995 n'étaient pas l'accomplissement d'un potentiel non réalisé en mai 1968. Rien, en mai-juin 1968 n'annonçait un programme politique susceptible d'être complété à une date ultérieure, un processus évolutif dans le cadre duquel les grèves de 1995 ou d'autres événements postérieurs pouvaient être considérés comme les épisodes prévisibles d'un nécessaire déroulement. Mai 68 ne fournissait pas davantage de modèles à reconduire. Mais, en interrompant pour un temps l'ordre établi, chacun des deux événements fut un véritable événement politique qui revendiquait une nouvelle façon de formuler l'égalité, en dehors de l'État et des partis ; chacun concevait la politique comme une polémique autour de l'égalité sociale. Le fossé séparant l'élite politico-médiatico-intellectuelle des « ouvriers » et du « peuple » pendant l'hiver 1995 faisait renaître la division polémique qui avait été au cœur de 68. Les grèves de 1995 cherchaient à surmonter le gouffre séparant « ceux qui savent » – les experts, les technocrates, dont Juppé était un exemple presque caricatural – de ceux qui sont jugés incapables de connaître ou de comprendre les discours assommants sur le franc fort, la monnaie unique et les bilans de société, autrement dit de comprendre l'impératif économique qui se trouvait à la base de la politique libérale ; en résumé, ceux qui sont génétiquement programmés pour ne pas accéder à cette compréhension... Ce faisant, les grèves rouvraient le fossé de Mai et déchiraient le consensus qui s'était formé à la surface des événements de 68.

On observe en France d'autres symptômes de l'arrivée d'une nouvelle conjoncture, d'une nouvelle impatience vis-à-vis de l'ordre libéral, d'une remise en cause de l'idéologie au pouvoir, ou, suivant l'expression qui s'est imposée dans les années 1980, lorsque le mot « idéologie » était devenu lui-même trop idéologique pour être utilisé, de la « pensée unique ». Au niveau populaire, l'empressement avec laquelle la France a acheté et lu les ouvrages critiquant les lois « naturelles » de l'économie peut être considéré comme un véritable signe d'inquiétude ; certains de ces ouvrages sont même devenus les best-sellers de la fin des années 1990. Dans les campagnes, les activités radicales de la Confédération paysanne et de José Bové, son leader, ont bénéficié et continuent de bénéficier d'un large soutien populaire, à la fois en France et à l'étranger. Les intellectuels plus âgés ont pris de plus en plus conscience que l'histoire des trente dernières années, autrement dit leur propre histoire politique et intellectuelle qui avait commencé en 1968, devait être redécouverte et en quelque sorte dédommagée de la confiscation qu'elle avait subie. À la fin des années 1990, une série d'histoires alternatives polémiques ont progressivement été publiées par des intellectuels de gauche – Gilles Châtelet, Pierre Macherey, Emmanuel Terray, Dominique Lecourt, Françoise Proust et d'autres – que l'on n'avait guère entendus auparavant, soit qu'ils écrivaient à l'intérieur de leur spécialité académique, soit que, pour une raison ou une autre, ils s'en étaient jusque-là abstenus. Au même moment, une série de chercheurs, comme Isabelle Sommier et Michelle Zancarini-Fournel, ont entrepris des études historiques sérieuses sur les années 1960.

Tous ces développements ont suivi et suivront leur propre rythme, mais ils ont créé un espace de simultanéité, lancé un travail de sape, encore fragile mais d'importance croissante, contre le carcan libéral imposé à l'histoire et à la pensée depuis 1989. Chacun exprime à sa façon un désir de régler ses comptes avec le passé et avec 68 en particulier. Les jeunes historiens suivent peut-être les exigences chronologiques de leur métier, cette trajectoire professionnelle qui nous a valu, après celles consacrées à Vichy, quantité de nouvelles recherches sur les années de l'Algérie et les prémices d'une réévaluation des années 1960 en France. Leur projet est sans doute en partie déterminé par la conception, propre à leur corporation, selon laquelle les événements de 1960 sont enfin entrés dans l'histoire et qu'à présent une distance temporelle suffisante nous en sépare pour pouvoir les étudier objectivement. Le projet des historiens recoupe, tout en présentant de nettes différences, celui d'intellectuels plus âgés, contemporains de ces événements, qui revendiquent aujourd'hui, trente ans plus tard, le droit de retrouver leur passé partagé après avoir enduré, au cours des années 1970 et 1980, ce qu'ils considéraient comme le détournement et la déformation de leur propre expérience. Quant aux rapports que l'on peut établir entre l'activisme de José Bové et de la Confédération paysanne et les années 68, ils s'apparentent davantage à un lien de continuité ou à un sentiment d'« affaire inachevée ». En effet, leur forme de politique agricole s'apparente davantage aux organisations radicales travailleurs/paysans de Bernard Lambert dans la Bretagne du début des années 1960 qu'au gauchisme urbain de 68.

Les grèves de 1995, Seattle et d'autres manifestations politiques agitées semblent, en dépit des différences, partager un dénominateur commun : l'affirmation à grande échelle du refus du nouvel ordre mondial libéral structuré par l'économie de marché. Toutes ont suscité et continuent de susciter un nouveau regard sur 1968. Avec les développements intellectuels et politiques survenus dans d'autres registres, elles élargissent le cadre dans lequel Mai peut à présent être pensé tout en affinant l'image de telle façon que les figures perdues de Mai, le sujet colonial et l'ouvrier, retrouvent une nette visibilité. Grâce à cette redécouverte, l'anticapitalisme radical du mouvement et la lutte des classes des années entourant Mai 68, depuis la fin de la guerre d'Algérie aux grèves Lip du milieu des années 1970, occupent à nouveau le devant de la scène. En 1995, le refus massif, entre autres des ouvriers, de laisser « ceux qui savent » décider de leur futur à leur place a également eu des répercussions sur le passé. Il a transformé l'événement de 68 en une force, à présent libre d'être déplacée et de se manifester à nouveau dans des événements très différents mais de nature semblable. Il a brisé l'image de Mai en tant que grande réforme culturelle, rendez-vous avec la modernité, naissance d'un nouvel individualisme. Il a mis fin, en d'autres termes, à la fin de Mai, en lui offrant une vie ultérieure dont les contours et les rythmes sont encore à inventer.

Notes

[1] Gilles Lipovetsky, « “Changer la vie” ou l’irruption de l’individualisme transpolitique », *Pouvoirs*, 39 (1986), p. 99, 98.

[2] L’expression est de François Dosse. Voir son « Mai 68, mai 88 : les ruses de la raison », *Espaces temps*, 39/39, numéro spécial, *Concevoir la Révolution. 98, 68, Confrontations* (1988), p. 45-49.

[3] Voir Narot, « Mai 68 raconté aux enfants », art. cité.

[4] Voir la théorie d’Alain Minc sur le « capitalisme soixante-huitard » dans *L’Avenir en face*, Paris, Seuil, 1984 ; Gilles Lipovetsky, « Changer la vie » et *L’Ère du vide*, Paris, Gallimard, 1983 ; Ferry et Renaut, *La Pensée 68, op. cit.*

[5] Rioux, « À propos des célébrations décennales du mai français », art. cité, p. 49 et 58.

[6] Voir Isabelle Sommier, « Mai 68 : sous les pavés d’une page officielle », *in Sociétés contemporaines*, 20 (1994), p. 63-82.

[7] Voir Régis Debray, *Modestes contributions aux cérémonies officielles du dixième anniversaire*, Paris, Maspero, 1978.

[8] Lipovetsky, *L’Ère du vide*, *op. cit.*, p. 244-245. Pierre Nora adopte l’essentiel de l’interprétation de Lipovetsky, avec une légère variation à la conclusion de ses *Lieux de mémoire* : « *L’avènement vrai de la “société du spectacle” est là, avec quoi les “événements” de Mai se proposaient précisément de rompre* », tome 3, *op. cit.*, p. 4689.

[9] Dans « L’autonomie comme absolu », p. 139, Michelle Zancarini-Fournel parle de sept morts. Lipovetsky : « *Sans morts ni traîtres* [...], *Mai 68 se présente comme une révolution “douce”.* » Cité dans « Changer la vie », art. cité, p. 94 ; Raymond Aron, écrivant en 1983 : « *Singulières parmi les journées historiques, celles de 68 n’ont pas répandu de sang ; les Français ne se sont pas entre-tués.* » Cité dans Bernard Pivot et Pierre Boncenne, « 15 ans après Mai 68 : qui tient le haut du pavé ? », *in Lire*, 93 (mai 1983), p. 20. Pierre Nora : « *Il ne s’est passé rien même de tangible ou de palpable* » *Lieux de mémoire*, tome 3, *op. cit.*, p. 4689.

[10] Tract daté du 20 mai 1968 environ, signé « Les enragés de Montgeron » et intitulé « Le crachat sur l’offrande ! » Le passage dit : « *À la puante séduction du “dialogue”, on reconnaît l’ultime déguisement de la répression-récupération. Haleine fétide sous le sourire dégoulinant – une chiennerie policière qui s’est recyclée : la main tendue prolonge la matraque tandis que la culture spectaculaire congelée d’hier et d’aujourd’hui asphyxie, ô combien plus sûrement que les gaz lacrymogènes. “Crachons sur l’offrande !”* » Cité dans Schnapp et Vidal-Naquet, *Journal de la commune étudiante*, p. 580.

[11] Voir Jean-Paul Sartre, « La jeunesse piégée », *Situations VIII*, *op. cit.*, p. 239-261.

[12] Jean-Marcel Bourgereau réitère cette affirmation lors d’une émission télévisée intitulée « Paris, 24 mai 1968 », série *Histoire d’un jour*, prod. Maurice Dugowson (1985) ainsi qu’à la BBC dans l’émission *Fields and Dreams.*

[13] Raymond Marcellin, *L’Ordre public et les groupes révolutionnaires*, Paris, Plon, 1969, p. 49.

[14] Storti, *Un chagrin politique*, *op. cit.*, p. 53.

[15] Voir « Les lycéens ont la parole », documentaire de l’émission *Dim Dam Dom*, prod. Pierre Zaidline (1968). On ignore si le texte en question était la chanson anti-guerre d’Algérie de Boris Vian ou le roman homonyme de Jean-Louis Hurst

[Maurienne], paru aux Éditions de Minuit en 1960. Quoi qu'il en soit, tous les deux avaient été saisis et censurés par le gouvernement.

[16] Michel de Certeau, *La Prise de parole et autres écrits politiques*, Paris, Seuil, 1994, p. 64.

[17] Daniel Cohn-Bendit, cité dans « Paris, 30 mai 1968 », deuxième partie du documentaire de Dugowson.

[18] Voir Lecourt, *Les Piètres Penseurs*, *op. cit.*, en particulier p. 38-51. Lecourt offre une critique approfondie de *La Pensée* 68, arguant qu'« *il n'y a, en fait, jamais eu de véritable unité de pensée entre les groupes qui ont déclenché les manifestations de Mai 68* [...]. *Ce n'est qu'après coup, presque vingt ans plus tard, que les penseurs en mal de notoriété forgèrent la fiction de cette unité pour mieux canaliser et orienter vers leurs positions philosophiques le reflux de la pensée politique qui s'était amorcé dès 1976.* [...] *il n'a nulle part existé une "pensée 68" ni avant, ni après le mois de Mai.* »

[19] Voir Michel Foucault, *Dits et écrits, 1964-1988*, vol. 4, Paris, Gallimard, 1994, p. 78 : « *Pendant le mois de mai 1968, comme pendant la période de la guerre d'Algérie, je n'étais pas en France : toujours un peu en dehors du jeu, dans les marges.* »

[20] Voir Christine Delphy, « La révolution sexuelle, c'était un piège pour les femmes », *in Libération*, 21 mai 1998, p. 35. Delphy raconte que le laboratoire de Bourdieu, au centre de sociologie européenne du CNRS, était le seul qui continua à travailler pendant Mai ; Bourdieu demanda à ses chercheurs de rester à leur poste et de photocopier ses œuvres pour les distribuer aux manifestants.

[21] Cornelius Castoriadis, « Les mouvements des années soixante », *Pouvoirs*, 39 (1986), p. 110.

[22] Voir Jacques Lacan, *Séminaire XVII*, Paris, Seuil, 1991, p. 239.

[23] Daniel Cohn-Bendit, *La Révolte étudiante*, p. 70, cité dans Luc Ferry et Alain Renaut, *La Pensée 68. Essai sur l'anti-humanisme contemporain,* Paris, Gallimard, 1985, p. XVIII.

[24] *Ibid.*, p. XXI.

[25] Castoriadis, « Les mouvements des années soixante », p. 110, 113-114. Dans « L'Auto-constituante », *Espaces temps*, 38/39 (1988), p. 55, Castoriadis fait cet autre commentaire : « *L. Ferry et A. Renaut ont mal lu l'ordre des chiffres : leur Pensée 68 est en fait la Pensée 86.* »

[26] Voir, par exemple, Raymond Boudon, « Sciences sociales : des gourous aux journalistes », *Commentaire*, 35 (automne 1986), ou Olivier Mongin, « Le statut de l'intellectuel : fou ou conseiller du prince ? », *Cosmopolitiques*, 2 (février 1987).

[27] Voir François Furet, « La grande lessive : l'homme retrouvé », *in Le Nouvel Observateur*, 13-16 juin 1986, p. 114-115.

[28] Voir, par exemple, Gérard Guegan, « Touche pas à Mai 68 », *in Le Matin,* 20 déc. 1985, p. 27 ; ou le compte rendu de Marcel Bolle de Balle dans la *Revue de l'institut de sociologie*, 3/4 (1985).

[29] Lucien Goldmann, cité dans Élisabeth Roudinesco, *Jacques Lacan*, Paris, Fayard, 1993, p. 444.

[30] Voir Jean-Paul Sartre, « Les bastilles de Raymond Aron », *in Situations VIII*, *op. cit.*, p. 175-192.

[31] La traduction française de *One Dimensional Man* (*L'Homme unidimensionnel*) de Marcuse a été publiée pendant Mai 1968 et vendue à 350 000 exemplaires en deux mois ; à la fin juin, le Drugstore Saint-Germain en vendait 500 exemplaires par jour. Voir

Patrick Combes, *La Littérature et le mouvement de Mai 68. Écriture, mythes, critique, écrivains,* 1968-1981, Paris, Seghers, 1984.

[32] Guy Debord, cité dans Anselm Jappe, *Guy Debord*, Berkeley, University of California Press, 1999, p. 46 et 100.

[33] Voir A. Boyer, A. Comte-Sponville, V. Descombes, L. Ferry, R. Legros, P. Raynaud, A. Renaut et P.-A. Taguieff, *Pourquoi nous ne sommes pas nietzschéens*, Paris, Grasset, 1991.

[34] Voir Bernard Lacroix, « À contre-courant : le parti pris du réalisme », *Pouvoirs*, 39 (1986), p. 117-127.

[35] Voir Macherey, *Histoires de dinosaure*, *op. cit.*, en particulier p. 183-206. Une version plus longue de la critique de Macherey, incluant une lecture fine et détaillée du contenu philosophique de leur argumentation et intitulée « Réflexions d'un dinosaure sur l'anti-anti-humanisme », a paru dans un supplément de *Futur antérieur, Le Gai Renoncement*, Paris, L'Harmattan, 1991, p. 157-172.

[36] Jean-François Vilar, *Nous cheminons entourés de fantômes aux fronts troués*, Paris, Seuil, p. 100-102.

[37] *Ibid.*, p. 177.

[38] *Ibid.*, p. 65.

[39] *Ibid.*, p. 178.

[40] Voir, par exemple, la réponse de René à la question de savoir comment il a vécu la fin du mouvement : « *Désespoir est un bien grand mot. Je n'ai plus eu espoir qu'il y ait une révolution, un autre Mai 68, ou que le mouvement continue. Tout ce vent de liberté que j'avais ressenti très fort était passé. J'avais des idées que je ne pouvais pas appliquer et je ne pouvais pas non plus appliquer des idées qui n'étaient pas les miennes. Ce n'était pas possible pour moi de m'intégrer et d'aller au boulot dans cette société que j'avais tant critiquée, que j'avais voulu casser.* [...] *j'ai continué à traîner dans les milieux anarchistes, au fil du temps ça s'est un peu liquéfié. Comme le Comité d'action, qui marchait bien au début, peu à peu s'est désintégré, on était de moins en moins nombreux, nos activités étaient de plus en plus clairsemées, les réunions devenaient de plus en plus des réunions de copains.* » Cité dans Daum, *Des révolutionnaires dans un village parisien*, *op. cit.*, p. 213.

[41] Vilar, *Nous cheminons*..., *op. cit.*, p. 65.

[42] Laurent Joffrin, « Génération : un regard intérieur », *in Libération*, 23 mars 1987.

[43] Sommier, « Sous les pavés », art. cité, p. 64.

[44] Cité dans « L'extraordinaire », *Noir et Rouge*, 44 (avril-mai 1969), p. 1.

[45] Patrick Démerin, « Mai 68-Mai 88. Choses tues », *Le Débat*, 51 (sept.-nov. 1988), p. 173-178.

[46] Storti, *Un chagrin politique*, *op. cit.*, p. 15-16.

[47] Démerin, « Mai 68-Mai 88 », art. cité, p. 175.

[48] Paul Thibaud, « De la politique au journalisme : *Libération* et la génération de 68. Entretien avec Serge July », *in Esprit*, mai 1978, p. 2.

[49] Serge July, *in Libération*, 18 mai 1978.

[50] Laurent Joffrin, France 2, 2 juin 1993. Cité dans Serge Halimi, *Les Nouveaux Chiens de garde*, Paris, Éditions Liber-Raisons d'agir, 1997, p. 502.

[51] Jean-Michel Helvig, « Le roman du gauchisme », *in Libération*, 8 janvier 1988.

[52] Sartre, *L'Idiot de la famille*, vol. 3, Paris, Gallimard, 1972, p. 220-221.

[53] Storti, *Un chagrin politique*, *op. cit.*, p. 14.

[54] Gérard Mauger, « Préface à la traduction de Karl Mannheim », *Le Problème des générations*, Paris, Nathan, 1990.

[55] Martin Heidegger, *Sein und Zeit*, cité dans Karl Mannheim, « The Problem of Generation », *in Essays on the Sociology of Knowledge*, Londres, Routledge and Kegan Paul, 1952, p. 282. [NdT : Cet extrait de *Sein und Zeit* est traduit de la façon suivante par Emmanuel Martineau : « *Le co-destin ne se compose pas de destins individuels, pas plus que l'être-l'un-avec-l'autre ne peut être conçu comme une co-survenance de plusieurs sujets. Dans l'être-l'un-avec-l'autre dans le même monde et dans la résolution pour des possibilités déterminées, les destins sont d'entrée de jeu déjà guidés. C'est dans la communication qui partage et dans le combat que se libère la puissance du co-destin. Le co-destin destinal du Dasein dans et avec sa "génération" constitue le provenir plein et authentique du Dasein.* » (Martin Heidegger, *Être et temps.* Traduction nouvelle et intégrale du texte de la dixième édition par Emmanuel Martineau, Paris, Authentica, 1985, p. 265.)

[56] Jean-Paul Ribes, cité dans Hervé Hamon et Patrick Rotman, *Génération*, vol. 2, *Les Années de poudre*, Paris, Seuil, 1988, p. 636. Voir aussi vol. 1, *Les Années de rêve*, Paris, Seuil, 1987.

[57] Tiennot Grumbach, cité dans Hamon et Rotman, *Génération*, vol. 2, *op. cit.*, p. 639.

[58] Serge July, cité dans l'ouvrage ci-dessus, p. 636.

[59] Daniel Cohn-Bendit, *Nous l'avons tant aimée, la révolution*, Paris, Barrault, 1986, p. 10. En dépit de l'étendue de l'image, Cohn-Bendit présente une version résolument urbano-centrique du Mai 68 global. Comme Claudes Rives le remarque, la rue pavée est un phénomène urbain ; à la campagne, le déversement de fumier devant la préfecture était plus courant, même si les confrontations avec la police étaient tout aussi violentes. Voir son « Le viticulteur du pays d'Oc », *in Le Monde*, 27 mai 1998, p. 13.

[60] Dominique Dhombre, « Retour sur une révolte mondiale de la jeunesse », *Le Monde*, 12 mai 1998.

[61] Voir Edgar Morin, dans « Mai 68 : complexités et ambiguïtés », *Pouvoirs*, 69 (1986), p. 71-80.

[62] Aron, *La Révolution introuvable*, *op. cit.*, p. 53.

[63] Thèses de la commission « Nous sommes en marche », Censier, salle 453 (13-20 mai 1968).

[64] Voir Schnapp et Vidal-Naquet, *Journal de la commune étudiante*, *op. cit.*, p. 549.

[65] Narot, « Mai 68 raconté aux enfants », art. cité, p. 182.

[66] Erik Izraelewicz, « La première révolte contre la mondialisation », *in Le Monde*, 9 décembre 1995.

[67] « Pour une réforme de la Sécurité sociale », *Le Monde*, 3-4 décembre 1995. La pétition pro-Juppé fut notamment lancée par des journalistes de la revue *Esprit*. Parmi les cent premiers signataires, on trouve Rony Brauman, Pierre Rosanvallon, de la Fondation Saint-Simon, Alain Touraine et Jacques Julliard.

[68] *Libération*, 6 novembre 1995.

[69] Une version rééditée du classique de Prosper-Olivier Lissagaray, *Histoire de la Commune de 1871*, a paru dans la Petite Collection Maspero en 1967.

[70] Michel Braudeau, « Les enseignants, solidaires et indignés, se souviennent d'un certain mois de mai », *Le Monde*, 9 décembre 1995.

[71] « Le mouvement est plus suivi dans l'ouest du pays », *Le Monde*, 7 décembre 1995, p. 5.

[72] Voir Jean-Louis Saux, « Sous les mots, les fantasmes de mai 1968 », *Le Monde*, 3-4 décembre 1995, p. 9. Sur Chirac en négociateur armé des accords de Grenelle, voir Jean-Marie Colombani, *Le Résident de la République*, Paris, Stock, 1998, p. 48 ; Philippe Alexandre, *L'Élysée en péril*, Paris, Fayard, 1969, p. 156-157.

[73] Voir Pascal Nicolas-Le Strat, « Sujets et territoires du mouvement social (Marseille, Nantes, Toulouse et les autres) », *Futur antérieur*, 33-34 (1996/1), p. 113-126 ; voir aussi l'article d'Alain Bertho dans le même numéro. Les meilleurs comptes rendus du mouvement de 1995 sont : Daniel Singer, *À qui appartient l'avenir ? Pour une utopie réaliste,* Bruxelles, Complexe, 2004, et Christophe Aguiton et Daniel Bensaïd, *Le Retour de la question sociale : le renouveau des mouvements sociaux en France*, Lausanne, Éditions Page deux, 1997. Je me suis fondée sur ces exposés pour rédiger le mien.

[74] Daniel Cohn-Bendit, *Le Figaro*, 11 décembre 1995.

[75] Daniel Cohn-Bendit, *Libération*, 6 avril 1999.

[76] *The Economist*, 9 décembre 1995, cité dans Halimi, *Les Nouveaux Chiens de garde*, p. 71.

[77] Activiste de la CFDT, cité dans P. Barets, « Journal de grève. Notes de terrain », *Actes de la recherche en sciences sociales*, 115 (1996), p. 12.

[78] *Le Monde*, 6 décembre 1995. Parmi les signataires du manifeste soutenant la grève, il y avait aussi des chercheurs et des historiens remarqués pour leurs travaux sur 1968 comme Danièle Linhart, Jacques Kergoat et René Mouriaux.

Liste des abréviations

CA	Comité d'action. Organisation militante de base créée au cours des événements. Fondée sur les quartiers, les campus, les usines et les secteurs particuliers.
CAL	Comités d'action lycéens. Nés à la fin de 1967 des organisations anti-guerre du Viêtnam CVB et CVN. Les premiers membres étaient le plus souvent des militants de mouvements de jeunes d'extrême gauche qui avaient rompu avec la jeunesse communiste en raison de l'attitude trop molle du PCF vis-à-vis de la guerre du Viêtnam. Ils publiaient notamment *Barricades* et *La Commune*. Les CAL avaient l'habitude de rebaptiser leur école ; par exemple, le lycée de Thiers devint ex-lycée Thiers, puis lycée de la Commune de Paris.
CDR	Comité pour la défense de la République. Groupe de soutien au gaullisme créé par Charles Pasqua.
CFDT	Confédération française démocratique du travail. Deuxième plus grand syndicat de France. Plus gauchiste que la CGT.
CGT	Confédération générale du travail. Principal syndicat français, très proche du PCF.
CRS	Compagnies républicaines de sécurité. Police anti-émeutes.
CVB	Comité Viêtnam de base. Organisation militant pour le peuple vietnamien, créée en mai 1967 à l'instigation de groupes maoïstes, du PCMLF et de l'UJC (m-l). Disparaît après Mai 68.
CVN	Comité Viêtnam national. Fondé en novembre 1966 pour regrouper les mouvements et organisations opposés à la guerre du Viêtnam, à l'exception des maoïstes. Organise d'importantes manifestations anti-américaines en 1967-1968. Disparaît après Mai 68.
FER	Fédération des étudiants révolutionnaires. Groupe trotskiste.
FHAR	Front homosexuel d'action révolutionnaire. Mouvement informel fondé en 1971 sous les auspices du MLF ; disparaît vers 1976.
FLN	Front de libération nationale algérien.
FNL	Front national de libération vietnamien.
FO	Force ouvrière.
FUA	Front universitaire antifasciste.
GP	Gauche prolétarienne. Organisation maoïste émanant de l'UJC (m-l). Publie *J'accuse*, puis *La Cause du Peuple*. Apparaît à l'automne 1968 pour se dissoudre en 1973.
IDHEC	Institut des hautes études cinématographiques.
IS	Internationale situationniste. Groupe fondé en 1958, éditeur de la revue du même nom. Produit une critique de la société contemporaine centrée sur la facilité et le

culte de l'image (d'où le concept de « société du spectacle »). Publie immédiatement avant Mai 68 un pamphlet qui touchera un public nombreux, intitulé *De la misère en milieu étudiant*.

JCR — Jeunesse communiste révolutionnaire. Mouvement né en avril 1966 d'une scission au sein de l'UEC. Publie un mensuel intitulé *L'Avant-Garde. Jeunesse*. Trotskiste, favorable à Castro, actif dans le CVN. Bien représenté en province : Caen, Rouen, Rennes, Marseille. Dissout en juin 1968 par le gouvernement. Se reforme en septembre autour d'une nouvelle revue, *Rouge*.

LC — Ligue communiste. Fondée en 1969 par les militants de l'ancien JCR. Dissoute le 21 juin 1973 par Raymond Marcellin.

LCR — Ligue communiste révolutionnaire. Fondée en 1974. Prend le relais de la LC. Poursuit la publication de *Rouge*.

MLF — Mouvement de libération des femmes. Créé en août 1970, regroupe trois grandes tendances (Féministes révolutionnaires, Psychanalyse et politique, Femmes en lutte) ainsi que de nombreux petits groupes et revues. Disparaît en 1981.

OAS — Organisation de l'armée secrète. Paramilitaires colonialistes en Algérie.

ORTF — Office de radiodiffusion télévision française.

PCF — Parti communiste français.

PCMLF — Parti communiste marxiste léniniste de France. Organisation maoïste fonctionnant sur le mode du centralisme démocratique et défendant des positions prochinoises, créée en 1967.

SNESup. — Syndicat national de l'enseignement supérieur.

UEC — Union des étudiants communistes. Syndicat étudiant allié au PCF. Le plus ancien des groupuscules de l'UNEF. Sa revue était *Le Nouveau Clarté*.

UJC (m-l) — Union des jeunesses communistes (marxiste-léniniste). Également née d'une scission à l'intérieur de l'UEC en novembre 1966, à l'École normale supérieure de la rue d'Ulm. Milite pour la Chine en créant des contacts avec les milieux ouvriers. Se dissout à l'automne 1968, donnant naissance à la GP et au VLR.

UNEF — Union nationale des étudiants de France. Syndicat étudiant qui subit un glissement vers la gauche dans le contexte des mobilisations contre la guerre d'Algérie et des réformes universitaires.

VLR — Groupe maoïste né de l'UJC (m-l) en opposition au puritanisme moral de la GP. Édite la revue *Tout*. Se dissout en 1973.

Bibliographie

Action, 1-47 (1968-1969).

Aguiton, Christophe et Bensaïd, Daniel, *Le Retour de la question sociale : le renouveau des mouvements sociaux en France*, Lausanne, Éditions Page deux, 1997.

Aisenberg, Andrew, *Contagion : Disease, Government, and the "Social Question" in Nineteenth-Century France*, Stanford, Stanford University Press, 1999.

Alland, Alexander, *Le Larzac et après : l'étude d'un mouvement social innovateur*, Paris, L'Harmattan, 1995.

Alleg, Henri, *La Question*, Paris, Minuit, 1958 ; réimpr. 1961 avec postface, « La Victoire », par Jean-Paul Sartre.

Analyses et documents, 154 (18 mai 1968), « De la lutte étudiante à la lutte ouvrière » ; 155 (7 juin 1968), « De l'occupation des usines à la campagne électorale » ; 156 (27 juin 1968), « Le mouvement de mai : de l'étranglement à la répression ».

Andro, P., Dauvergne, A. et Lagoutte, L.-M., *Le Mai de la révolution*, Paris, Julliard, 1968.

Arguments, 1-27/28 (1956-1962).

Aron, Raymond,
- *Mémoires : 50 ans de réflexion politique*, Paris, Julliard, 1983.
- *La Révolution introuvable*, Paris, Fayard, 1968.

Artous, Antoine, *Retours sur Mai*, Paris, La Brèche-PEC, 1988.

Aubral, François et Delcourt, Xavier, *Contre la nouvelle philosophie*, Paris, Gallimard, 1977.

Autogestion, 1-42 (1967-1978).

Backmann, René et Angeli, Claude, *Les Polices de la nouvelle société*, Paris, Maspero, 1971.

Badiou, Alain, interview « Penser le surgissement de l'événement », *Cahiers du cinéma*, numéro spécial, « Cinéma 68 » (1968), p. 10-19.

Baynac, Jacques, *Mai retrouvé*, Paris, Robert Laffont, 1978.

Beauvoir, Simone de, *La Cérémonie des adieux. Entretiens avec Jean-Paul Sartre, août-septembre 1974*, Paris, Gallimard, 1981.

Bedarida, Francois et Pollak, Michael, éds, « Mai 68 et les sciences sociales », *Cahiers de l'IHTP*, 11 (avril 1989).

Bénéton, Philippe et Touchard, Jean, « Les interprétations de la crise de Mai-Juin 1968 », *Revue française de science politique*, XX, 3 (juin 1970), p. 503-544.

Bensaïd, Daniel,
- *Moi la révolution : Remembrances d'un bicentenaire indigne*, Paris, Gallimard, 1989.
- *Le Sourire du spectre : nouvel esprit du communisme*, Paris, Éditions Michalon, 2000.

Bensaïd, Daniel et Weber, Henri, *Mai 1968 : une répétition générale*, Paris, Maspero, 1968.

Bertho, Alain, « La grève dans tous ses états », *Futur antérieur*, 33-34 (janvier 1996), p. 63-78.

Biard, Roland, *Dictionnaire de l'extrême gauche de 1945 à nos jours*, Paris, Belfond, 1978.

Blanchot, Maurice,
– *L'Entretien infini*, Paris, Gallimard, 1969.
– « Sur le mouvement », *Les Lettres nouvelles* (juin-juillet 1969) ; réimpr. dans *Lignes*, 33 (mars 1998), p. 163-183.
– *Les Intellectuels en question. Ébauche d'une réflexion*, Paris, Fourbis, 1996.

Britton, Celia, « The Representation of Vietnam in French Films Before and After 1968 », *May '68 : Coming of Age*, éd. D. L. Hanley et A. P. Kerr, Londres, Macmillan, 1989, p. 163-181.

Broyelle, Claudie, *La Moitié du ciel. Le Mouvement de libération des femmes aujourd'hui en Chine*, Paris, Denoël, 1973.

Broyelle, Claudie et Broyelle, Jacques, *Le Bonheur des pierres, carnets rétrospectifs*, Paris, Seuil, 1978.

Broyelle, Claudie, Broyelle, Jacques et Tschirart, Évelyne, *Deuxième retour en Chine*, Paris, Seuil, 1977.

Bruckner, Pascal, *Le Sanglot de l'homme blanc*, Paris, Seuil, 1983.

Cahiers de la Gauche prolétarienne (1970-1971).

Cahiers du cinéma, numéro spécial, « Cinéma 68 » (1998).

Cahiers du Forum-Histoire, 1-10 (1976-1978).

Cahiers de mai, 1-40 (1968-1973).

Cahiers marxistes-léninistes (février-avril 1966, janvier-février 1967).

Cassou, Jean, *Art et contestation*, Bruxelles, La Connaissance, 1968.

Castoriadis, Cornelius et Chabrol, Claude,
– « La Jeunesse étudiante », *Socialisme ou Barbarie*, 34 (mars 1963), p. 46-58.
– *La Cause du peuple*, 1 (1968) ; 32 (1970) ; 34, 36, 38 (1971).

Certeau, Michel de, *La Prise de parole et autres écrits politiques*, Paris, Seuil, 1994.

Châtelet, Gilles, *Vivre et penser comme des porcs. De l'incitation à l'envie et à l'ennui dans les démocraties-marchés*, Paris, Exils Éditeur, 1998.

Chesnaux, Jean,
– « Gadgets éphémères, slogans oubliés, "militants" effrontés », ronéotype.
– « Réflexions sur un itinéraire "engagé" », *Politiques*, 2 (printemps 1992), p. 1-10.
– « Vivre en mai… », *Les Lettres nouvelles* (1969).

Cohen-Solal, Annie, *Sartre, 1905-1980*, Paris, Gallimard, 1985.

Cohn-Bendit, Daniel, *Nous l'avons tant aimée, la révolution*, Paris, Barrault, 1986.

Cohn-Bendit, Daniel et Cohn-Bendit, Gabriel, *Le Gauchisme, remède à la maladie sénile du communisme*, Paris, Seuil, 1968.

Collectif Viêtnam de Jussieu, « Loin du Viêtnam ! », *Les Temps modernes*, 344 (mars 1975), p. 1196-1216.

Colombani, Jean-Marie, *Le Résident de la République*, Paris, Stock, 1998.

Combes, Patrick, *La Littérature et le mouvement de Mai 68. Écriture, mythes, critique, écrivains, 1968-1981*, Paris, Seghers, 1984.

Comité d'action Étudiants-Écrivains au service du Mouvement,
– *Comité*, 1 (octobre 1968), extraits réimpr. dans Dionys Mascolo, *À la recherche d'un communisme de pensée*, Paris, Fourbis, 1993, p. 299-322.
– « Un an après, le Comité d'action Écrivains-Étudiants », *Les Lettres nouvelles* (juin-juillet 1968), p. 143-188, réimpr. dans Dionys Mascolo, *À la recherche d'un communisme de pensée*, Paris, Fourbis, 1993, p. 323-363.

Comité de vigilance sur les pratiques policières, *POLICE : recueil de coupures de presse*, Paris, Charles Corlet, 1972.

CFTC, « Face à la répression », pamphlet (30 octobre 1961).

Critique communiste, numéro spécial, « Mai 68-Mai 78 » (1978).

Daeninckx, Didier,
– *Le Bourreau et son double*, Paris, Gallimard, 1986.
– *Meurtres pour mémoire*, Paris, Gallimard, 1984.

Daniel, Jean et Burgière, André, éds, *Le Tiers-monde et la gauche*, Paris, Seuil, 1979.

Daum, Nicolas, *Des révolutionnaires dans un village parisien*, Paris, Londreys, 1988.

Le Débat, 39 (mars-mai 1986), « Y a-t-il une pensée 68 ? » ; 50, 51 (mai-août 1988, septembre-octobre 1988), « Le mystère 68 ».

Debray, Régis, *Modeste contribution aux discours et cérémonies officiels du dixième anniversaire*, Paris, Maspero, 1978.

Deleuze, Gilles, « À propos des nouveaux philosophes et d'un problème plus général », *Minuit*, supplément 24 (mai 1977).

Démerin, Patrick, « Mai 68-Mai 88. Choses tues », *Le Débat*, 51 (septembre-octobre 1988), p. 173-178.

Descamp, Christian, « Jean Chesnaux, historien du présent et de l'avenir », *Le Monde dimanche* (4 septembre 1983).

Dews, Peter,
– « The "New Philosophers" and the End of Leftism », *Radical Philosophy Reader*, Roy Edgley et Richard Osborne, éds, Londres, Verso, 1985, p. 361-384.
– « The *Nouvelle Philosophie* and Foucault », *Economy and Society* VIII, 2 (mai 1979), p. 127-171.

Document L'Idiot international, *Minutes du procès Geismar*, préface de Jean-Paul Sartre, Paris, Hallier, 1970.

Dollé, Jean-Paul, *L'Insoumis : vies et légendes de Pierre Goldman*, Paris, Grasset, 1997.

Dreyfus-Armand, Geneviève, « L'arrivée des immigrés sur la scène politique », lettre d'information, 30, *Les Années 68 : événements, cultures politiques et modes de vie*, Institut d'histoire du temps présent (juin 1998).

Dreyfus-Armand, Geneviève et Gervereau, Laurent, éds, *Mai 68 : les mouvements étudiants en France et dans le monde*, Paris, BDIC, 1988.

Droz, Bernard et Lever, Évelyne, *Histoire de la guerre d'Algérie, 1954-1962*, Paris, Seuil, 1984.

Dugrand, Alain, éd., *Black Exit to 68 : 22 nouvelles sur mai*, Paris, La Brèche-PEC, 1988.

Duprat, François, *Les Journées de mai 68 : les dessous d'une révolution*, introduction et postface de Maurice Bardèche, Paris, Nouvelles éditions latines, 1968.

Durandeaux, Jacques, *Les Journées de mai 68*, Paris, Desclée de Brouwer, 1968.

Duras, Marguerite, « 20 mai 1968 : texte politique sur la naissance du Comité d'action Étudiants-Écrivains », *Les Yeux verts*, Paris, Éditions de l'Étoile/Cahiers du cinéma, 1996, p. 59-70.

Einaudi, Jean-Luc, *La Bataille de Paris, 17 octobre 1961*, Paris, Seuil, 1991.

L'Enragé, 1-12 (1968).

Epistemon, *Les Idées qui ont ébranlé la France. Nanterre : novembre 1967-juin 1968*, Paris, Fayard, 1968.

Erhel, Catherine, Aucher, Mathieu et La Baume, Renaud de, éds, *Le Procès de Maurice Papon*, 2 tomes, Paris, Albin Michel, 1998.

Eribon, Didier, *Michel Foucault*, Paris, Flammarion, 1989.

Espaces Temps, 38/39, « Concevoir la révolution. 89, 68, confrontations » (1988).

Esprit, 7/8 (juillet-août 1976) ; 9 (sept. 1976) ; 242 (mai 1998).

Faye, Jean-Pierre et le groupe d'information sur la répression, *Lutte de classes à Dunkerque*, Paris, éd. Galilée, 1973.

Ferry, Luc et Renaut, Alain, *La Pensée 68. Essai sur l'anti-humanisme contemporain*, Paris, Gallimard, 1985.

Fields, A. Belden,
- « French Maoism », *in* Sohnya Sayers *et al.*, éd., *The 60s Without Apology*, Minneapolis, Minnesota University Press, 1984, p. 148-177.
- *Trotskyism and Maoism : Theory and Practice in France and the United States*, Brooklyn, Autonomedia, 1988.

Finkelstein, Norman, *L'Industrie de l'Holocauste : réflexions sur l'exploitation de la souffrance des juifs*, Paris, La Fabrique, 2001.

Foccart, Jacques, *Le Général en Mai. Journal de l'Élysée*, vol. II, *1968-1969*, Paris, Fayard, 1998.

Forestier, Patrick, « Les impostures du tiers-mondisme », *Paris Match* (22 février 1985), p. 3-21.

Foucault, Michel, *Dits et écrits, 1964-1988*, vol. IV, Paris, Gallimard, 1994.

Fraser, Ronald, *1968 : A Student Generation in Revolt*, Londres, Chatto and Windus, 1988.

Furet, François,
- « La grande lessive : l'homme retrouvé », *Le Nouvel Observateur* (13-19 juin 1986), p. 114-115.
- éd., *Terrorisme et démocratie*, Paris, Fayard, 1985.

Gallant, Mavis, *Chroniques de Mai 68*, trad. Françoise Barret-Ducrocq, Paris, Rivages, 1998.

Garde rouge, 1-8 (1966-1967).

Garnier, Jean-Pierre et Lew, Roland, « From the Wretched of the Earth to the Defence of the West : An Essay on Left Disenchantment in France », trad. David Macey, *The Socialist Register* (1984), p. 299-323.

Gastaut, Yvan, *L'Immigration et l'opinion en France sous la Ve République*, Paris, Seuil, 2000.

Gavi, Philippe, Sartre, Jean-Paul et Victor, Pierre, *On a raison de se révolter*, Paris, Gallimard, 1974.

Geismar, Alain, July, Serge et Morane, Erlyn, *Vers la guerre civile*, Paris, Éditions et publications premières, 1969.

Giorgini, Bruno, *Que sont mes amis devenus ? (Mai 68-été 78, dix ans après)*, préface de Félix Guattari, Paris, Savelli, 1978.

Glucksmann, André,
- *La Cuisinière et le mangeur d'hommes. Essai sur les rapports entre l'État, le marxisme, et les camps de concentration*, Paris, Seuil, 1975.
- *1968 : Stratégie et révolution en France*, Paris, Christian Bourgois, 1968.

Goldman, Pierre, *Souvenirs obscurs d'un juif polonais né en France*, Paris, Seuil, 1975.

Gombin, Richard, *Les Origines du gauchisme*, Paris, Seuil, 1971.

Goslin, Richard, « Bombes à retardement : Papon and 17 October », *Journal of European Studies*, 28 (1998), p. 153-172.

Goulinet, Isabelle, « Le gauchisme enterre ses morts », mémoire de maîtrise en histoire, Université Paris I, Panthéon-Sorbonne (1993).

Gretton, John, *Students and Workers : An Analytical Account of Dissent in France, May-June 1968*, Londres, MacDonald, 1969.

Guegan, Gérard, « Touche pas à mai 68 », *Le Matin* (décembre 20, 1985), p. 27.

Guin, Yannick, *La Commune de Nantes*, Paris, Maspero, 1969.

Halimi, Serge, *Les Nouveaux Chiens de garde*, Paris, Éditions Raisons d'agir, 1997.

Hallier, Jean-Edern, *La Cause des peuples. Une autobiographie politique*, Paris, Seuil, 1972.

Hamon, Hervé et Rotman, Patrick,
- *Génération*, I, *Les Années de rêve*, Paris, Seuil, 1987.
- *Génération*, II, *Les Années de poudre*, Paris, Seuil, 1988.
- *Les Porteurs de valises. La résistance française à la guerre d'Algérie*, Paris, Albin Michel, 1979.

Hanley, D. L. et Kerr, A. P., éds, *May '68 : Coming of Age*, Londres, Macmillan, 1989.

Harvey, Sylvia, éd., *May '68' and Film Culture*, Londres, BFI Publications, 1978.

Hempel, Pierre, *Mai 68 et la question de la révolution : pamphlet*, Paris, Librairie « La Boulangerie », 1988.

Hocquenghem, Guy,
- *L'Après-Mai des faunes*, préface de Gilles Deleuze, Paris, Grasset, 1974.
- *Lettre ouverte à ceux qui sont passés du col Mao au Rotary Club*, Paris, Albin Michel, 1986.

Hollier, Denis, « 1968, May. Actions, No ! Words, Yes ! », Denis Hollier, éd., *A New History of French Literature*, Cambridge, Harvard University Press, 1989, p. 1034-1040.

L'Internationale situationniste, 1-12 (juin 1958-sept. 1969).

L'Internationale situationniste. De la misère en milieu étudiant considéré sous ses aspects économique, politique, psychologique, sexuel et notamment intellectuel et de quelques moyens pour y remédier, Paris, Champ Libre, 1976, 1re édition 1966.

Jameson, Fredric,
- *Brecht and Method*, Londres, Verso, 1998.
- « On Cultural Studies », *The Identity in Question*, John Rajchman, éd., New York, Routledge, 1995, p. 251-295.
- « Periodizing the 60s », *The 60s without Apology*, Sohnya Sayres *et al.*, éds, Minneapolis, Minnesota University Press, 1984, p. 178-209.

Jappe, Anselme, *Guy Debord*, Berkeley, California University Press, 1994.

Jarrel, Marc, *Éléments pour une histoire de l'ex-Gauche prolétarienne. Cinq ans d'intervention en milieu ouvrier*, Paris, NBE, 1974.

Kaplan, Leslie, *Depuis maintenant : Miss Nobody Knows*, Paris, POL, 1996.

Kessel, Patrick, *Le Mouvement « maoïste » en France. Textes et documents*, 2 vols, Paris, Union générale d'édition, 1972, 1978.

Khilnani, Sunil, *Arguing Revolution : The Intellectual Left in Postwar France*, New Haven, Yale University Press, 1993.

Krivine, Alain et Bensaïd, Daniel, *Mai Si ! 1968-1988 : rebelles et repentis*, Paris, PEC-La Brèche, 1988.

Labro, Philippe, éd., *Ce n'est qu'un début*, Paris, Éditions et publications premières, 1968.

Lacan, Jacques, *Séminaire XVII*, Paris, Seuil, 1991.

Lacoste, Yves, *Contre les anti-tiers-mondistes et contre certains tiers-mondistes*, Paris, La Découverte, 1985.

Lambert, Bernard, *Les Paysans et la lutte de classe*, Paris, Seuil, 1970.

Langlois, Denis, *Les Dossiers noirs de la police française*, Paris, Seuil, 1971.

Lecourt, Dominique,
- *Dissidence ou révolution ?*, Paris, Maspero, 1978.
- *Les Piètres Penseurs*, Paris, Flammarion, 1999.

Le Dantec, Jean-Pierre, *Les Dangers du soleil*, Paris, Les Presses d'Aujourd'hui, 1978.

Lefebvre, Henri,
- *L'Irruption de Nanterre au sommet*, Paris, Anthropos, 1968.
- *Le Temps des méprises*, Paris, Stock, 1975.

Le Roux, Hervé,
- *Reprise : récit*, Paris, Calmann-Lévy, 1998.
- Entretien avec Serge Toubiana, *Cahiers du cinéma* 511 (mars 1997), p. 50-55.

Levine, Michel, *Les Ratonnades d'octobre*, Paris, Ramsay, 1985.

Leys, Simon, *Les Habits neufs du président Mao : chronique de la Révolution culturelle*, Paris, Champ libre, 1971.

Liauzu, Claude,
- *L'Enjeu tiersmondiste : débats et combats*, Paris, L'Harmattan, 1987.
- « Mémoire, histoire et politique : à propos du 17 octobre 1961 », *Tumultes*, 14 (avril 2000), p. 63-76.
- « Le tiersmondisme des intellectuels en accusation », *Vingtième siècle*, 12 (octobre-décembre 1986), p. 73-80.

Libération, mai 1978 ; mai 1988 ; mai 1998.

Lidsky, Paul, *Les Écrivains contre la commune*, Paris, Maspero, 1970.

Lignes, 33, « Avec Dionys Mascolo. Du Manifeste des 121 à Mai 68 » (mars 1998) ; 34, « Le devenir de Mai » (mai 1998) ; 35, « Haine de la nostalgie » (octobre 1998).

Linhart, Robert,
- *L'Établi*, Paris, Minuit, 1978.
- « Western "dissidence" ideology and the protection of bourgeois order », *Power and Opposition in Post-revolutionary Societies*, trad. Patrick Camiller, Londres, Ink Links, 1979, p. 249-260.

Linhart, Virginie, *Volontaires pour l'usine.Vies d'établis, 1967-1977*, Paris, Seuil, 1994.

Lipovetsky, Gilles, *L'Ère du vide. Essai sur l'individualisme contemporain*, Paris, Gallimard, 1983.

« Loin du Viêtnam », *Cinéma*, 122 (1968), p. 37-55.

Luxemburg, Rosa, *The Mass Strike, the Political Party and the Trade Unions*, trad. Patrick Lavin, New York, Harper Torchbook, 1971.

Macherey, Pierre,
- *Histoires de dinosaure. Faire de la philosophie, 1965-1997*, Paris, PUF, 1999.
- « Réflexions d'un dinosaure sur l'anti-anti-humanisme », *Le Gai Renoncement*, supplément à *Futur antérieur*, Paris, L'Harmattan, 1991, p. 157-172.

Magri, Lucio, « Réflexions sur les événements de Mai-I », *Les Temps modernes*, 277/278 (août-septembre 1969), p. 1-45 ; « Réflexions sur les événements de Mai-II », *Les Temps modernes*, 279 (oct. 1969), p. 455-492.

Manceaux, Michèle, *Les Maos en France*, préface de Jean-Paul Sartre, Paris, Gallimard, 1972.

Mandarès, Hector, éd., *Révolution culturelle dans la Chine populaire : anthologie de la presse des Gardes rouges (mai 1966-janvier 1968)*, Paris, Union générale d'éditions, 1974.

Mannheim, Karl, *Essays on the Sociology of Knowledge*, Londres, Routledge and Kegan Paul, 1952.

Mao Tse-tung, *Selected Works of Mao Tse-tung*, vol. III, Pékin, Foreign Languages Press, 1965.

Marcellin, Raymond,
- *L'Importune Vérité*, Paris, Plon, 1978.
- « Objectifs et méthodes des mouvements révolutionnaires d'après leurs tracts et leurs journaux » (août 1968).
- *L'Ordre public et les groupes révolutionnaires*, Paris, Plon, 1969.

Marshall, Bill, *Guy Hocquenghem : Beyond Gay Identity*, Durham, Duke University Press, 1997.

Maspero, François,
- « Comment je suis devenu éditeur », *Le Monde* (26 mars 1982).
- Interview par Guy Dumur, « Maspero entre tous les feux », *Le Nouvel Observateur* (17-23 septembre 1973), p. 58-60.
- Interview par Jean-Francis Held, *Le Nouvel Observateur*, 93 (24-30 août 1966), p. 26-30.
- Interview « Le long combat de François Maspero », *Le Nouvel Observateur* (27 septembre 1976), p. 56-60.

Mauger, Gérard,
- « "Étudiants, ouvriers, tous unis !" (Éléments pour l'histoire des avatars d'un mot d'ordre) », *Les Temps modernes*, 370 (mai 1977), p. 1879-1897.
- « Introduction », Karl Mannheim, *Le Problème des générations*, trad. Gérard Mauger et Nia Perivolaropoulou, Paris, Nathan, 1990, p. 7-18.

Maupeou-Abboud, Nicole de, *Ouverture du ghetto étudiant : la gauche étudiante à la recherche d'un nouveau mode d'intervention politique*, Paris, Anthropos, 1974.

Mauss-Copeaux, Claire, *Appelés en Algérie. La parole confisquée*, Paris, Hachette, 1998.

Monchablon, Alain, « Le mouvement étudiant », lettre d'information, 6, Institut d'histoire du temps présent (septembre 1995).

Le Medec, François, *L'Aubépine de mai : Chronique d'une usine occupée*, Nantes, 1988.

Le Monde, Mai 1968 ; mai 1978 ; mai 1988 ; novembre-décembre 1995 ; mai 1998.

Morin, Edgar, Lefort, Claude et Coudray, Jean-Marc, [Cornelius Castoriadis], *Mai 1968 : la brèche : premières réflexions sur les événements*, Paris, Fayard, 1968 ; réimpr. Bruxelles, Complexe, 1988.

Mouriaux, René, Percheron, Annick, Prost, Antoine et Tartakowsky, Danielle, éd., *1968 : Exploration du Mai français*, 2 vols, Paris, L'Harmattan, 1992.

Mouvement du 22 mars, *Ce n'est qu'un début, continuons le combat*, Paris, Maspero, 1968.

Mouvement social, 143, « Mémoires et histoires de 1968 » (avril-juin, 1988).

Narot, Jean-Franklin, « Mai 68 raconté aux enfants. Contribution à la critique de l'inintelligence organisée », *Le Débat*, 51 (septembre-octobre 1988), p. 179-192.

Nicolas-Le Strat, Pascal, « Sujets et territoires du mouvement social (Marseille, Nantes, Toulouse et les autres) », *Futur antérieur*, 33-34 (1996/1), p. 113-126.

Nizan, Paul, *Les Chiens de garde*, Paris, Maspero, 1974.

La NEF, 48, « Les Gauchistes » (juin-septembre 1972).

Noir et rouge : Cahier d'études anarchistes-communistes, 1-46 (1956-1970).

Nora, Pierre,
- « L'ère de la commémoration », *Les Lieux de mémoire*, vol. III, Paris, Gallimard, 1997, p. 4687-4719.
- éd., *Essais d'égo-histoire*, Paris, Gallimard, 1987.

Notre arme c'est la grève, travail réalisé par un collectif de militants du Comité d'action qui ont participé à la grève de Renault-Cléon du 15 mai au 17 juin 1968, Paris, Maspero, 1968.

Nouvelle Revue socialiste, 76, « Où en sommes-nous avec Mai 68 ? » (août-septembre 1985).

Novick, Peter, *L'Holocauste dans la vie américaine*, Paris, Gallimard, 2001.

Papon, Maurice, *Les Chevaux du pouvoir, 1958-1967*, Paris, Plon, 1988.

Passerini, Luisa, *Autobiography of a Generation : Italy, 1968*, trad. Lisa Erdberg, Wesleyan, Wesleyan University Press, 1996.

Partisans, 1-68 (1961-1972).

Paugham, J., éd., *Génération perdue*, Paris, Robert Laffont, 1977.

Péju, Paulette, éd., *Les Ratonnades à Paris*, Paris, Maspero, 1961.

Perrault, Gilles,
- *Un homme à part*, Paris, Bernard Barrault, 1984.
- *Les Parachutistes*, Paris, Seuil, 1961.

Perrier, Jean-Claude, *Le Roman vrai de « Libération »*, Paris, Julliard, 1994.

Perrot, Michelle, *Les Ouvriers en grève*, 2 vols, Paris, Mouton, 1974.

Pesquet, Alain, *Des Soviets à Saclay ?*, Paris, Maspero, 1968.

Peuchmaurd, Pierre, *Plus vivants que jamais*, Paris, Laffont, 1968.

Le Peuple, 1041, « Colloque sur Mai 68 : Paris, 17 et 18 mai, 1978 » (1-15 juillet 1978).

Le Peuple français, 1-10 (1971-1980).

Pivot, Bernard et Boncenne, Pierre, « 15 ans après Mai 68 : Qui tient le haut du pavé ? », *Lire*, 93 (mai 1983).

Pompidou, Georges, *Pour rétablir une vérité*, Paris, Flammarion, 1982.

Poulantzas, Nicos, *State, Power, Socialism*, trad. Patrick Camiller, Londres, Verso, 2000.

Pouvoirs, 39 (1986).

Queysanne, Bruno, « Les étudiants français et la crise de l'université bourgeoise », *Révolution*, 4 (décembre 1963), p. 6-12.

Rajsfus, Maurice,
- *Mai 68 : Sous les pavés, la répression (mai 1968-mars 1974)*, Paris, Le Cherche-midi, 1998.
- *Le Travail à perpétuité*, Paris, Manya, 1993.

Rancière, Danielle et Rancière, Jacques, « La légende des philosophes (Les intellectuels et la traversée du gauchisme) », *Révoltes logiques*, éd. spéciale, *Les Lauriers de Mai ou les chemins du pouvoir, 1968-1978* (février 1978), p. 7-25.

Rancière, Jacques,

– *Aux bords du politique*, 2e éd., Paris, La Fabrique, 1998.

– « La bergère au goulag », *Révoltes logiques*, 1 (hiver 1975), p. 96-111.

– « The Cause of the Other », trad. David Macey, *Parallax*, 7 (avril-juin 1998), p. 25-34.

– « Democracy Means Equality », interview, trad. David Macey, *Radical Philosophy*, 82 (mars-avril 1997), p. 29-36.

– « Les hommes comme animaux littéraires », interview, *Mouvements*, 3 (mars-avril 1999), p. 133-144.

– *The Ignorant Schoolmaster : Five Lessons in Intellectual Emancipation*, traduction et introduction par Kristin Ross, Stanford, Stanford UP, 1991.

Reader, Keith, « The Anniversary Industry », *Screen*, XXVIX 3 (été 1988), p. 122-126.

Reader, Keith et Khursheed, Wadja, *The May 1968 Events in France : Reproductions and Interpretations*, Londres, St. Martin's Press, 1993.

Reid, Donald,

– « Introduction », Jacques Rancière, *The Nights of Labor : The Worker's Dream in Nineteenth Century France*, Philadelphie, Temple University Press, 1989, p. XV-XXXVII.

– « The Night of the Proletarians : Deconstruction and Social History », *Radical History Review*, 28-30 (1984), p. 445-463.

Révoltes logiques, 1-15 (1975-1981).

Révolution (1963-1964).

Ricœur, Paul, *La Mémoire, l'histoire, l'oubli*, Paris, Seuil, 2000.

Rieffel, Rémy, *La Tribu des clercs : les intellectuels sous la Ve République, 1958-1990*, Paris, Calmann-Lévy, 1993.

Rifkin, Adrian, « A Space Between : on Gérard Fromanger, Gilles Deleuze, Michel Foucault and some others », introduction à *Photogenic Painting/La Peinture photogénique*, Sarah Wilson, éd., Londres, Black Dog Press, 1999, p. 21-59.

Rifkin, Adrian et Thomas, Roger, éds, *Voices of the People : The Social Life of "La Sociale" at the End of the Second Empire*, trad. John Moore, Londres, Routledge and Kegan Paul, 1988.

Rioux, Jean-Pierre,

– « À propos des célébrations décennales du mai français », *Vingtième siècle*, 23 (juillet-septembre 1989), p. 49-58.

– *La Guerre d'Algérie et les Français*, Paris, Fayard, 1990.

Rioux, Jean-Pierre et Sirinelli, Jean-François, éd., *La Guerre d'Algérie et les intellectuels français*, Bruxelles, Éditions Complexe, 1991.

Ross, Kristin,

– *The Emergence of Social Space : Rimbaud and the Paris Commune*, Minneapolis, Minnesota University Press, 1987.

– *Fast Cars, Clean Bodies : Decolonization and the Reordering of French Culture*, Cambridge, MIT Press, 1995.

– « Lefebvre on the Situationists : An Interview », *October*, 79 (hiver 1997), p. 69-84.

– « Watching the Detectives », *Postmodernism and the Re-reading of Modernity*, Francis Barker *et al.*, éds, Manchester, Manchester University Press, 1992 ; réimpr. dans *Postmodern Literary Theory*, Niall Lucy, éd., Londres, Blackwell Press, 1999.

Roudinesco, Élisabeth, *Jacques Lacan. Esquisse d'une vie, histoire d'un système de pensée*, Paris, Fayard, 1993.

Rousso, Henry, *Le Syndrome de Vichy de 1944 à nos jours*, Paris, Seuil, 1987.

Salvaresi, Élisabeth, éd., *Mai en héritage*, Paris, Syros, 1988.

Samuelson, François-Marie, *Il était une fois « Libération »*, Paris, Seuil, 1979.

Sarazin, James, *La Police en miettes : le système Marcellin*, Paris, Calmann-Lévy, 1974.

Sartre, Jean-Paul,
- *Les Communistes ont peur de la révolution*, Paris, Éditions John Didier, 1968.
- *L'Idiot de la famille*, 3 vols, Paris, Gallimard, 1972.
- *Situations V*, Paris, Gallimard, 1964.
- *Situations VIII, Autour de 68*, Paris, Gallimard, 1972.
- *Situations IX, Mélanges*, Paris, Gallimard, 1972.
- *Situations X, Politique et autobiographie*, Paris, Gallimard, 1976.

Sauvageot, Jacques, Geismar, Alain, Cohn-Bendit, Daniel et Duteuil, Jean-Pierre, *La Révolte étudiante*, Paris, Seuil, 1968.

Schnapp, Alain et Vidal-Naquet, Pierre, *Journal de la commune étudiante. Textes et documents. Novembre 1967-Juin 1968*, Paris, Seuil, 1969.

Seale, Patrick et McConville, Maureen, *Drapeaux rouges sur la France. Les causes, les thèmes, l'avenir de la révolution*, trad. Jean-René Major, Paris, Mercure de France, 1968.

Singer, Daniel,
- *Prelude to Revolution*, New York, Hill and Wang, 1970.
- *À qui appartient l'avenir ? Pour une utopie réaliste*, Bruxelles, Éditions Complexe, 2004.

Smith, William Gardner, *The Stone Face*, New York, Farrar, Straus, 1963.

Sommier, Isabelle,
- « Mai 68 : Sous les pavés d'une page officielle », *Sociétés contemporaines*, 20 (1994), p. 63-84.
- *La Violence politique et son deuil : l'après 68 en France et en Italie*, Rennes, Presses universitaires de Rennes, 1998.

Stora, Benjamin, *Appelés en guerre d'Algérie*, Paris, Gallimard, 1997.

Storti, Martine, *Un chagrin politique : De mai 1968 aux années 80*, Paris, L'Harmattan, 1996.

Stovall, Tyler, « The Fire Next Time : African-American Expatriates and the Algerian War », *Yale French Studies*, 98 (2000), p. 182-200.

Talbo, Jean-Philippe, éd., *La Grève à Flins*, Paris, Maspero, 1968.

Les Temps modernes, 310 bis (1972), « Nouveau fascisme, nouvelle démocratie ».

Terray, Emmanuel, *Le Troisième Jour du communisme*, Arles, Actes Sud, 1992.

Thibaud, Paul, « De la politique au journalisme : *Libération* et la génération de 68. Entretien avec Serge July », *Esprit*, 5 (mai 1978), p. 2-24.

Tout, 1-16 (1970, 1971).

Trebitsch, Michel, « Voyages autour de la révolution : les circulations de la pensée critique de 1956 à 1968 », actes du colloque « Les années 68 », Institut d'histoire du temps présent, 18-20 novembre 1998.

Tricontinentale (1968-1971).

UNEF et SNESup., *Le Livre noir des journées de mai (du 3 mai au 13 mai)*, Paris, Seuil, 1968.

« Une société sans mémoire ? », *Vendredi* (23 novembre-6 décembre 1979).

Viansson-Ponté, Pierre, *Histoire de la république gaullienne, Mai 1958-Avril 1969*, Paris, Fayard, 1971.

Vidal, Daniel, « Les conditions du politique dans le mouvement ouvrier en mai-juin 1968 », *Grèves revendicatrices ou grèves politiques ?*, éd. Pierre du Bois, Paris, Anthropos, 1971, p. 443-547.

Vidal-Naquet, Pierre,
- « Une fidélité têtue. La résistance française à la guerre d'Algérie », *Vingtième siècle*, 10 (avril-juin 1986), p. 3-18.
- *Mémoires*, II, *Le Trouble et la lumière, 1955-1998*, Paris, Seuil, 1998.

Vigier, Jean-Pierre, « The Action Committees », *Reflections on the Revolution in France : 1968*, Charles Posner, éd., Middlesex, Penguin Books, 1970, p. 199-211.

Vive la révolution, 1-7 (1969-1970).

Vilar, Jean-François,
- *Bastille tango*, Paris, Presses de la Renaissance, 1986.
- *C'est toujours les autres qui meurent*, Arles, Actes Sud, 1997.
- « Les murs ont la parole », *Rouge*, 642 (9 mai 1978), p. 8-9.
- « La Prise de parole », *Rouge*, 643 (10 mai 1978), p. 8-9.
- « Le temps des fossoyeurs », *Rouge*, 644 (11 mai 1978), p. 10.
- *Nous cheminons entourés de fantômes aux fronts troués*, Paris, Seuil, 1993.

Wolfreys, Jim, « Class Struggles in France », *International Socialism*, 84 (1999), p. 31-68.

Zancarini-Fournel, Michelle,
- « L'autonomie comme absolu : une caricature de Mai et des années 68 », *Mouvements*, 1 (novembre-décembre 1998), p. 138-141.
- « Histoire, Mémoires, Commémoration », lettre d'information, 1, « Les années 68 : événements, cultures politiques et modes de vie », Institut d'histoire du temps présent (décembre 1994).

Zancarini-Fournel, Michelle, Dreyfus-Armand, Geneviève, Frank, Robert et Lévy, Marie-Françoise, éds, *Les Années 68. Le temps de la contestation*, Bruxelles, Éditions Complexe, 2000.

Zamponi, Francis,
- *In nomine patris*, Arles, Actes Sud, 2000.
- *Mon colonel*, Arles, Actes Sud, 1999.

INDEX

Table des matières

Achevé d'imprimer
en février 2005
sur les presses de l'imprimerie Tournai Graphic
en Belgique (UE)

En couverture :
Manifestation du 13 mai 1968,
Boulevard Saint-Michel
© Roger-Viollet

SA Diffusion Promotion Information
24, rue de Bosnie
1060 Bruxelles

n° 710

Si vous désirez recevoir le catalogue des ÉDITIONS COMPLEXE,
découpez ce bulletin et adressez-le à :

ÉDITIONS COMPLEXE
24, rue de Bosnie
1060 Bruxelles
BELGIQUE

Nom ....
Prénom ....
Adresse ....
....
Profession ....
Âge ....
Livre duquel vous avez tiré ce bon ....
....

Suggestions :
....
....
....
....

Nom et adresse des personnes auxquelles vous nous suggérez de faire parvenir notre catalogue :
....
....
....
....